WINDOWS PHONE FÜR EINSTEIGER

PC-SCHULE FÜR SENIOREN

WINDOWS PHONE

für Einsteiger

Andreas Erle

Stiftung Warentest

INHALT

7 IHR WINDOWS PHONE

7 Aus grauer Vorzeit: Die Historie
8 Windows Phone und die Konkurrenz
11 Los geht's: Das Microsoft-Konto
15 Ein Gang um das Gerät
19 Der erste Start
24 Die grundlegenden Schritte und Einstellungen
29 Auf in die weite Welt: Der Zugang zum Internet
33 Ihr persönliches Windows Phone: Anpassen der Oberfläche

41 SYNCHRON AUF PHONE & PC

41 Einmal Outlook und zurück
46 Musik und Filme aktuell: die Desktop-App
51 Zugriff auf den Speicher des Windows Phones mit dem PC

55 VIEL MEHR ALS EIN TELEFON

55 Mobile Telefonzelle: Telefonieren
59 Das Infocenter
65 Die elektronische Postkarte: SMS und Kurznachrichten
68 Der elektronische Brief: Das E-Mail-Konto
81 Kommunikation per Skype und Facebook

87 FUNKTIONEN FÜR JEDEN TAG

87 Einen schönen Tag: Ihr Kalender
99 Meine Visitenkarten: Die Kontakte
113 Bitte recht freundlich: Die Kamera
126 Im Rhythmus der Zeit: Musik und Videos
131 Einkaufen leicht gemacht: Die Stores
137 Das mobile Büro: Mobile Office
142 Wegweiser unterwegs: Bank, Bahn, Karten
148 Der Sprachassistent Cortana

155 DIE ONLINEWELT NUTZEN

155 Die verschiedenen Verbindungsmethoden
164 Teilen der Internetverbindung
166 Online mit dem Internet Explorer

177 TIPPS UND TRICKS

177 Netz und doppelter Boden: Das Backup
181 Neustart und Reset
184 Kleine Probleme – schnelle Lösungen

188 SERVICE

188 Register

1011010
101111000000100
001011000110111010
01110111 01110111
0000101 0110000
000010 101000
01101 011110
1000010
1100101
00011001
101111100
00001111
0000011
100110
100100
011010
010100
010100
011000
000010

IHR WINDOWS PHONE

Sie haben sich ein Windows Phone gekauft oder planen die zeitnahe Anschaffung? Eine gute Wahl. Warum? Weil Sie damit eines der jüngsten und frischesten mobilen Betriebssysteme verwenden, die auf dem Markt erhältlich sind. In diesem Buch zeigen wir Ihnen die wichtigsten Funktionen und Tricks, mit denen Sie alles aus Ihrem Gerät herausholen können.

AUS GRAUER VORZEIT: DIE HISTORIE

In grauer Vorzeit hatte Microsoft den Plan, ein mobiles Windows zu schaffen, das dem auf dem PC sehr ähnlich sah: Selbst das Startmenü war auf den kleinen Bildschirmen der sogenannten „Pocket PCs" vorhanden, nur war deren Bedienung aufgrund der Größe eine Herausforderung. Nicht der Finger war das Standard-Eingabemittel, sondern ein separater Stift.

Mit Windows Phone ist Microsoft Ende 2010 dann genau den anderen Weg gegangen: die charakteristische Oberfläche des aktuellen Desktop-Betriebssystems Windows 8 wurde zuerst auf den mobilen Geräten eingeführt, und erst dann auf dem PC. Das führte aber auch dazu, dass Windows Phone ein komplett eigenes Betriebssystem ist, das so gut wie nichts mit seinem Vorgänger zu tun hat. Sowohl die Synchronisierung von Daten mit dem PC als auch die Auswahl und Installation von Zusatzprogrammen ist komplett anders. Das verunsichert Sie jetzt? Keine Sorge, dafür haben Sie ja dieses Buch in den Händen, das Ihnen Ihre Fragen dazu beantwortet.

WINDOWS PHONE UND DIE KONKURRENZ

Wichtig zu wissen ist, dass es kein „gutes“ und kein „schlechtes“ Betriebssystem für Smartphones gibt. Windows Phone, Googles Android oder Apples iOS – jedes dieser Betriebssysteme hat seine eigenen Vor- und Nachteile, die jeder Benutzer anders empfindet. Im Laufe dieses Buches werden sie für Windows Phone die meisten davon kennenlernen.

Die Oberfläche: Kachelwelt

Was unterscheidet nun Windows Phone von iOS oder von Android? Vor allem die Oberfläche: Windows Phone verwendet wie Windows 8 auf dem PC auch die sogenannten „Kacheln“, kleine, animierte Rechtecke, die aktuelle Informationen enthalten können (neue Nachrichten, den nächsten Termin, das aktuelle Wetter zu Hause oder am kommenden Urlaubsort) und sich kontinuierlich verändern. Damit können Sie Ihr Telefon ganz individuell so einrichten, dass Sie die Informationen, die für Sie wichtig sind, auf einen Blick sehen können.
Das führt dazu, dass Sie Ihr Telefon zu Ihrem persönlichen Gerät machen können und Informationen genau so auf dem Startbildschirm präsentieren, wie es Ihren Interessen und Ansprüchen entspricht. Es wird keine zwei Windows Phones geben, deren Startbildschirm komplett identisch aussieht. Es gibt Sie schließlich ja auch nur ein einziges Mal!

Die Einbettung in die Microsoft-Welt

Dann hat Windows Phone natürlich den Vorteil, dass es Teil der großen, geräteübergreifenden Windows-Familie ist: Legen Sie ein Dokument auf Ihrem Rechner zu Hause an und bearbeiten Sie es auf Ihrem Windows Phone mit den mobilen Versionen von Word, Excel und Powerpoint weiter. Oder beginnen Sie ein Spiel auf Ihrer XBOX und nehmen Sie all Ihre Auszeichnungen, Spieleinladungen, Freunde und vieles mehr mit auf Ihr Smartphone und sorgen Sie für Unterhaltung unterwegs.

Auch Apple und Google haben viele Dienste und Funktionen, die deren Smartphones mit anderen Geräten wie dem PC oder dem Tablet verbinden, bei Microsoft ist dies aber am weitesten ausgebaut: Ihre Dokumente und Daten (und immer mehr auch die Anwendungen) können auf dem PC, auf dem Notebook, dem Tablet und dem Smartphone verwendet werden und stehen Ihnen immer zur Verfügung, egal, an welchem Gerät Sie sich gerade befinden. Dies können die Konkurrenten nur zum Teil sicherstellen.

Sicherheit über alles

Zu Zeiten von Windows Mobile sollte das mobile Windows möglichst nahe dem des PCs sein, was unter anderem auch diverse Einflussmöglichkeiten auf Systemfunktionen (die sagenumwobene „Registry") beinhaltete. So schön aber die Möglichkeiten waren, mit entsprechendem Fachwissen ganz detaillierte Einstellungen vornehmen zu können, so sehr sind solche Änderungen im System aber auch „Operationen am offenen Herzen". Sie können ein Smartphone instabil machen, ja sogar in einen Zustand versetzen, in dem es nicht mehr funktioniert. Und wenn ein Anwender die Rechte hat, solche Veränderungen vorzunehmen, dann kann dies auch durch Schadsoftware wie Viren erfolgen – ein Problem, mit dem beispielsweise Android immer wieder kämpft.

All das hat dazu geführt, dass Microsoft bei Windows Phone den Sicherheitsaspekt in den Vordergrund gestellt hat: Der Benutzer kann keine Änderungen im System mehr vornehmen, die nicht explizit freigegeben sind. Apps laufen nur in einer sogenannten „Sandbox", einem abgetrennten Bereich, der keine Verbindung zu den anderen Daten auf dem System hat. Damit kann kein Virus im System Schaden anrichten. Allerdings hat dieser Sicherheitsaspekt auch einen Nachteil: Zusatzprogramme können nur aus dem Windows Phone

Store installiert werden, als Benutzer sind Sie also darauf angewiesen, dass eine App, die Sie gerade benötigen, dort auch offiziell vorhanden und von Microsoft geprüft ist. Das Angebot im Windows Phone Store wächst stetig, ist aber in Einzelfällen immer noch geringer als das für andere mobile Plattformen.

Zentrale Aktualisierungen

Ein Smartphone mag zwar keine Anschaffung fürs Leben sein, einige Monate oder gar Jahre sollte sie aber überdauern. In dieser Zeit bleibt die Entwicklung nicht stehen, und so werden kontinuierlich Fehler behoben und neue Funktionen in das Betriebssystem aufgenommen. Da ist es wichtig, dass diese regelmäßigen Aktualisierungen auch für die Geräte bereitgestellt werden können. Für Apple ist dies relativ einfach, gibt es doch nur wenige iPhone-Modelle, die zusätzlich noch von Apple selbst angeboten werden. Da ist die Entwicklung der Aktualisierungen im eigenen Hause unproblematisch. Bei Android gibt es verschiedene Telefon-Anbieter, die zumindest intensiv an der Entwicklung der Aktualisierungen beteiligt sein müssen. Das führt dazu, dass es oft lange dauert, bis eine Aktualisierung für ein Gerät verfügbar ist, wenn dies überhaupt der Fall ist.

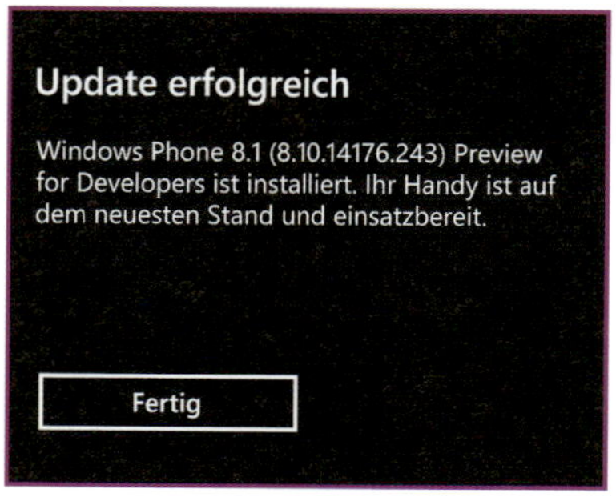

Microsoft hat versucht, diese Situation bei Windows Phone zu vermeiden, indem zum einen sehr genau vorgeschrieben ist, wie die Hardware, also die technischen Komponenten, beschaffen sein muss. So kann eine Aktualisierung entwickelt werden, die dann auf den unterschiedlichen Geräten installierbar ist. Zum anderen entwickelt Microsoft selber die Aktualisierungen, der Gerätehersteller oder Netzbetreiber muss diese „nur noch" testen und eine Freigabe erteilen, damit Microsoft wiederum diese auf die Geräte bringt. Dies minimiert den Aufwand für den Anbieter und erhöht seine Bereitschaft, die Aktualisierungen freizugeben.
All diese Punkte und noch viel mehr werden Sie auf den kommenden Seiten kennen- und lieben lernen. Viel Spaß dabei!

LOS GEHT'S: DAS MICROSOFT-KONTO

Ein Kern der Arbeit mit Windows Phone ist die Tatsache, dass Sie eine Vielzahl Ihrer Daten und Einstellungen quer über Ihre Windows-Geräte synchronisieren können, egal, ob es nun Telefone, PCs, Notebooks, Tablets oder Ihre Spielekonsole ist. Damit dies funktioniert, bedarf es einer zentralen Sammelstelle: dem Microsoft-Konto. Darin werden Ihre Kontakte, Termine, Aufgaben, Ihre App- und Musik-Käufe, Ihre Dateien und vieles mehr gespeichert, damit Sie von jedem Gerät, das dieses Konto verwendet, darauf zugreifen können.

Die Vorteile und Aufgaben des Microsoft-Kontos

Mit dem Microsoft-Konto eng verbunden ist der Begriff der „Cloud", also der Speicherung Ihrer Daten im Internet. Dies bedeutet nicht, dass Sie die Kontrolle über Ihre Daten verlieren, denn Microsoft als Anbieter unterliegt strengen Vorgaben an die Sicherheit und die Verwendung der Daten, die Sie im Microsoft-Konto speichern. Eines muss Ihnen aber klar sein: Ohne ein Microsoft-Konto können Sie ein Windows Phone kaum sinnvoll betreiben, denn die meisten Funktionen Ihres Gerätes benötigen dieses.

E-Mails, Kontakte, Termine

Zu dem Microsoft-Konto gehört der Dienst Outlook.com, der eine komfortable Verwaltung Ihrer E-Mails, Kontakte und Termine darstellt. Dies hindert Sie nicht daran, auch andere Anbieter wie Google, Yahoo, GMX etc. zu nutzen, allerdings gibt es auch keine Speicherung dieser Elemente lokal auf Ihrem Windows Phone.
Wenn Sie Skype als Nachrichten- oder (Video-Telefonie)-Dienst nutzen (mehr dazu Seite 81), dann werden Ihre dort gespeicherten Kontakte automatisch in das Microsoft-Konto übertragen.

Musik- und App-Käufe

Ein Smartphone macht erst dann richtig Spaß, wenn Sie es durch Programme und Musik oder Videos erweitern, und natürlich bietet

Windows Phone dafür auch eigene virtuelle Läden, in denen Sie zusätzliche Inhalte erwerben können. Der Kauf ist einfach, denn dafür wird automatisch Ihr Microsoft-Konto verwendet und die dort hinterlegte Zahlungsweise. Ohne Microsoft-Konto also keine Käufe.

Neben der Verwendung als Zahlungsweise sorgt Ihr Microsoft-Konto in diesem Zusammenhang auch dafür, dass Sie Ihre Käufe nur mit einer begrenzten Anzahl von Geräten nutzen können.

TIPP **Es soll nur eine geben**

Der eine oder andere Anwender kommt auf den Gedanken, für unterschiedliche Geräte auch unterschiedliche Microsoft-Konten anzulegen. Das sollte man tunlichst vermeiden: Das Microsoft-Konto dient vor allem der Verbindung all Ihrer Geräte mit dem Microsoft-Betriebssystem und soll Ihnen den möglichst nahtlosen Zugriff auf Ihre Daten ermöglichen. Das funktioniert natürlich nur, wenn die Informationen aus den verschiedenen Geräten in einem zentralen Microsoft-Konto gebündelt sind.

Office und OneDrive

Um in der Lage zu sein, Dokumente und Einstellungen auf verschiedenen Geräten parallel nutzen zu können, bedarf es eines zentralen Speichers, auf den alle diese Geräte zugreifen können. Zu Ihrem Microsoft Account gehört das sogenannte OneDrive (früher: SkyDrive), das einen kostenlosen Speicher von mehreren Gigabyte (GB) mitbringt. Dort werden automatisch alle Gerätesicherungen abgelegt, auf Wunsch die Bilder, die Sie mit der Kamera Ihres Windows Phones gemacht haben, Dokumente, die Sie mit Word oder Excel erstellen und vieles mehr. Natürlich ist auch dieser Speicher von allen Geräten aus zugreifbar.

Erreichbarkeit über Skype

Skype ist vor allem bekannt als Programm, mit dem man kostenlos über das Internet telefonieren kann. Neben dieser Funktion hat es nach der Übernahme durch Microsoft noch eine weitere, wichtige Funktion im Windows (Phone) Umfeld bekommen: Es wird im Hintergrund verwendet, um mit Kontakten Nachrichten austauschen zu können (und diese bei Bedarf auch direkt anrufen zu können). Auch hierfür müssen Sie sich über Ihr Microsoft-Konto identifizieren.

Identifikation Ihres Telefons

Windows Phone bietet Ihnen die Möglichkeit, Ihr Telefon bei Verlust oder Diebstahl suchen, orten und im schlimmsten Fall sie Daten darauf löschen zu können. Die Identifikation Ihres Gerätes funktioniert einmal mehr über das Microsoft-Konto. Um die Sicherheitsfunktionen nutzen zu können, müssen Sie sich mit Ihrem Microsoft-Konto anmelden.

Anlegen eines neuen Microsoft-Kontos

Wenn Sie bereits ein Gerät mit Windows 8 einsetzen, dann ist die Wahrscheinlichkeit hoch, dass Sie bereits ein Microsoft-Konto in Gebrauch haben, und wenn dies der Fall ist, dann können Sie direkt zum nächsten Abschnitt springen.

1 Ein neues Microsoft-Konto anzulegen gelingt am bequemsten an Ihrem PC, indem Sie über den Internet Explorer die Internetseite www.outlook.de aufrufen.

2 Dort klicken Sie ganz unten auf Jetzt registrieren.

3 Auf der sich nun öffnenden Internetseite können, dürfen und müssen Sie Ihre Daten wie Name, Postleitzahl, Telefonnummer etc. eingeben. Diese Daten sind nötig, damit Sie eindeutig identifiziert werden und bei Problemen mit Ihrem Konto erreicht werden können. Sie bekommen keine Werbung, weil Sie

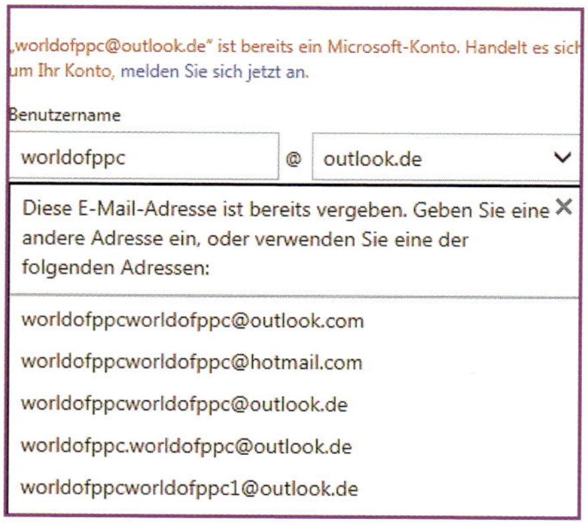

diese Angaben gemacht haben, es sei denn, Sie setzen ganz unten auf der Seite den Haken bei „Ich möchte E-Mails mit Werbeangeboten von Microsoft erhalten“.

4 Sie können sich Ihre E-Mail-Adresse (die auch als Anmeldename für Ihr Microsoft-Konto fungiert) frei auswählen, natürlich nur so lange, wie diese noch nicht existiert. Sollte das der Fall sein, dann bekommen Sie eine Meldung und gleichzeitig auch Alternativen angeboten. Probieren Sie ein wenig mit dem Benutzernamen und der Domäne (dem Teil nach dem „@“, also outlook.de, outlook.com, hotmail.com) herum, bis Sie eine Kombination finden, die Ihnen gefällt und die noch frei ist.

5 Besonders wichtig ist in diesem Zusammenhang, dass Sie Ihr Geburtsdatum richtig eingeben. Ein falsches Geburtsjahr kann dazu führen, dass Ihr Windows Phone Sie als noch nicht volljährig einordnet und verlangt, dass Ihre Eltern Ihnen Rechte für das Herunterladen von Apps einrichten – was im Zweifel schon ein wenig sonderbar anmuten kann. Eine nachträgliche Änderung des Geburtsdatums ist mit einigem Aufwand verbunden!

6 Wenn Sie alle Daten eingegeben haben, schließen Sie die Einrichtung des Kontos durch einen Klick auf Konto erstellen ab.

Herzlichen Glückwunsch: Jetzt haben Sie ein Microsoft-Konto und können anfangen, die diversen Dienste von Microsoft auf Ihrem Windows Phone oder Ihrem PC, Tablet und Notebook zu nutzen!

EIN GANG UM DAS GERÄT

Die verschiedenen Modelle der Windows Phones haben einen großen Vorteil: Sie sind von ihren Funktionen und Tasten relativ ähnlich, sodass Sie sich nach kurzer Gewöhnung relativ einfach zurecht finden werden.

1. Stromversorgung herstellen

Als Allererstes sollten Sie das Netzteil an Ihr Gerät anschließen, damit der Akku schon einmal laden kann, während Sie gleich die Grundeinrichtung durchführen. Der Anschluss für das Netzteil (und auch für das Datenkabel, wenn Sie später beispielsweise Ihre Musik auf das Gerät kopieren möchten) befindet sich meist oben oder unten am Gehäuse Ihres Windows Phones. Es handelt sich beim Stecker um einen standardisierten Mikro-USB-Anschluss, der für alle Windows Phones (und auch die meisten Android-Geräte) identisch ist. Dieser ist an einer Seite abgeschrägt, achten Sie also darauf, dass Sie ihn richtig herum und nicht mit Gewalt einstecken.

Eine spannende Eigenschaft von Windows Phone ist, dass das Gerät automatisch angeht, sobald Sie das Netzteil anschließen. Warum auch immer das so ist: Lassen Sie sich nicht auf einen Machtkampf ein und versuchen, es wieder auszuschalten. Sie werden den Kürzeren ziehen.

2. Die Lautstärke-Tasten

Ihr Windows Phone hat an der Seite eine Wippe (eine große Taste, die Sie sowohl oben als auch unten drücken können) oder zwei einzelne, nah beieinanderliegende Tasten. Mit diesen können Sie die Lautstärke erhöhen oder verringern. Wenn Sie die Taste für „Lauter" und den Ein/Aus-Schalter gleichzeitig gedrückt halten, wird ein Bildschirmfoto erstellt.

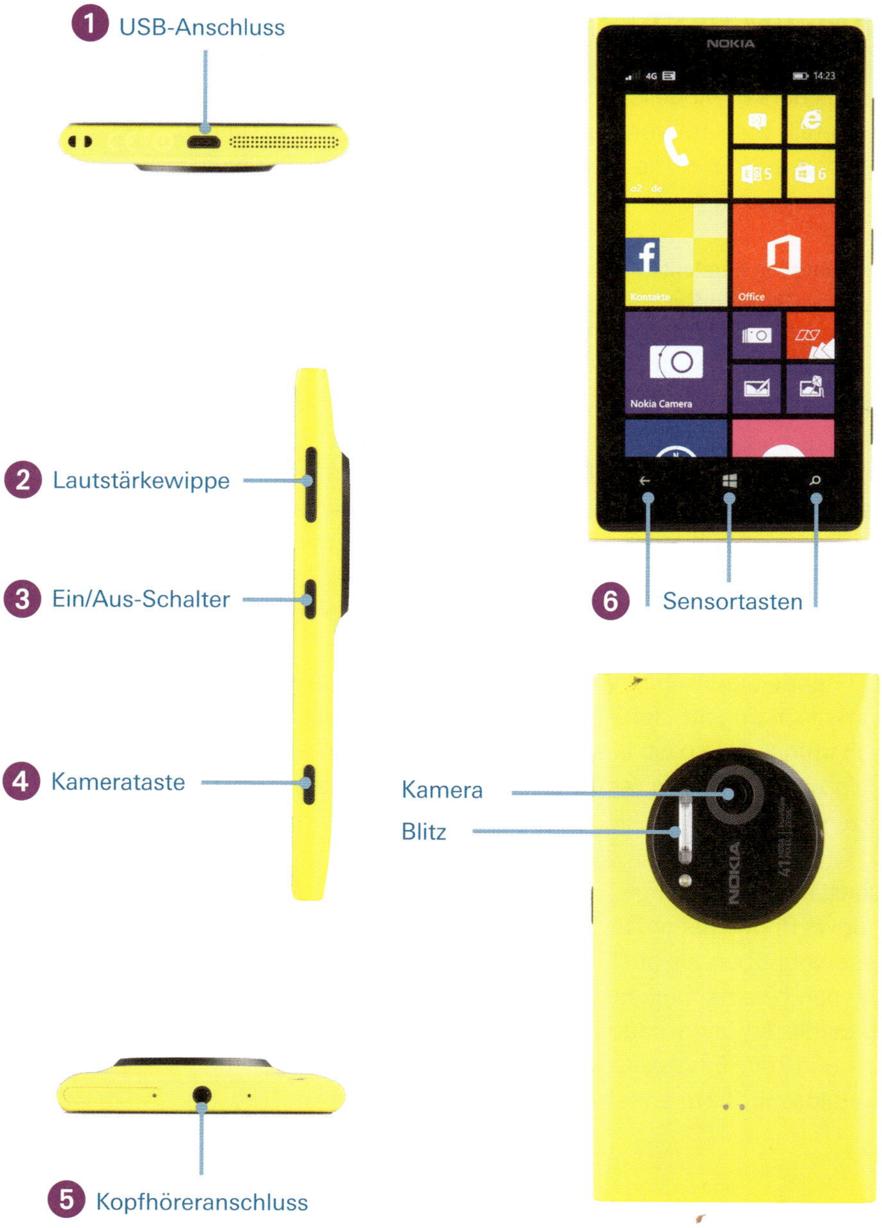
1 USB-Anschluss
2 Lautstärkewippe
3 Ein/Aus-Schalter
4 Kamerataste
5 Kopfhöreranschluss
6 Sensortasten
Kamera
Blitz
NOKIA
Kontakte
Office
Nokia Camera

3. Der Ein/Aus-Schalter

Bei den meisten Geräten finden Sie den Ein/Aus-Schalter an der Seite in der Mitte des Gehäuses. Drücken Sie diesen länger, um das Gerät ein- oder auszuschalten

INFO **Durchführen eines Neustarts**

Manchmal mag Ihr Windows Phone Sie scheinbar nicht mehr, reagiert auf keine Ihre Eingaben und lässt sich nicht einmal ausschalten. Dann kann es hilfreich sein, einen Neustart (den sogenannten Softreset) durchzuführen. Drücken Sie dazu die „Leiser"-Taste und den Ein/Aus-Schalter gleichzeitig für mehr als zehn Sekunden, bis Ihr Gerät leicht vibriert und neu startet. Der Softreset löscht keine Daten, sondern startet das Gerät einmal sauber neu (Seite 182).

4. Die Kamerataste

Mit dem Windows Phone kann man hochwertige Fotos schießen. Je nach Modell sogar so gut, dass das ein oder andere Mal die eigene Digitalkamera zu Hause bleiben kann. Um diese Funktion schnell und effektiv zu nutzen, haben die meisten Modelle eine separate Taste, um die Kamera zu starten. Diese befindet sich auf der rechten Seite des Gerätes ganz unten oder, wenn Sie das Gerät wie eine Digitalkamera im Querformat halten, an der Stelle Ihres rechten Zeigefingers – dort, wo bei einer Kamera der Auslöser wäre. Fotografieren kann man aber auch ohne diese Taste (Seite 114). Wenn Sie diese Taste – selbst bei ausgeschaltetem Gerät – für wenige Sekunden gedrückt halten, startet die Kamera-App. Durch ein weiteres, kurzes Drücken machen Sie schnell und unkompliziert einen Schnappschuss.

5. Der Kopfhöreranschluss

Wenn Sie ein Spiel spielen oder Musik hören möchten, ohne andere Leute zu stören, kann es sinnvoll sein, den Ton nicht über die

Handylautsprecher abzuspielen, sondern einen Kopfhörer zu verwenden. Dazu hat jedes Windows Phone einen normalen 3,5-mm-Klinkenanschluss, in den Sie einen beliebigen Kopfhörer stecken können. In der Kopfhörerbuchse sorgt ein kleiner Kontakt dafür, dass beim Einstecken des Steckers automatisch der Lautsprecher ausgeschaltet und auf die Tonausgabe über Kopfhörer umgestellt wird.

6. Sensortasten – die Tasten unter dem Bildschirm

So gut wie alle Windows Phones haben unter dem Bildschirm drei Tasten, die entweder auf Berührung reagieren (sogenannte Sensortasten) oder aber wirklich hineinzudrücken sind (physische Tasten).

Mit der linken, pfeilförmigen Taste können Sie innerhalb eines Programms auf den vorherigen Bildschirm wechseln, wenn Sie im Startbildschirm eines Programmes sind, dann beendet ein Drücken auf diese Taste das Programm. Wenn Sie die Pfeiltaste länger gedrückt halten, gelangen Sie in eine Übersicht, die alle geöffneten Apps anzeigt. Die Ansicht kann nach links und rechts geschoben werden. Wenn Sie eine der Apps beenden möchten, schieben Sie sie einfach nach unten, bis sie „herunterfällt".

Die mittlere Taste mit dem Windows-Symbol wechselt immer auf den Startbildschirm Ihres Gerätes, den Sie gleich noch als zentrale Stelle für die Bedienung Ihres Windows Phones kennenlernen werden.

Die rechte Taste schließlich deutet in Ihrer Form als Lupe schon an, wofür sie da ist: Drücken Sie sie, dann können Sie Ihr Gerät oder das Internet nach Suchbegriffen durchsuchen.

Immer mehr Geräte verzichten zugunsten einer komplett glatten Oberfläche ganz auf die physischen Tasten und blenden diese stattdessen ganz unten im Display ein. Die Funktion bleibt dabei aber dieselbe.

DER ERSTE START

Nachdem Sie das Netzteil angeschlossen haben, sollte Ihr Windows Phone schon gestartet sein und auf dem Willkommens-Bildschirm stehen. Ist das nicht der Fall, dann drücken Sie den Ein/Aus-Schalter, um Ihr Gerät zu starten.

Die Wahl der Bediensprache

Als Erstes erscheint jetzt die Nachfrage auf dem Bildschirm, in welcher Sprache Sie Ihr Windows Phone benutzen möchten. Wenn Sie das Gerät im deutschsprachigen Einzelhandel gekauft haben, dann ist Deutsch als Sprache direkt voreingestellt. Bei Kauf bei einigen Online-Händlern kann es Ihnen passieren, dass sich Ihr Windows Phone in Englisch (oder einer anderen Sprache) meldet. Das ist normalerweise kein Problem, denn Sie können die Sprache sowohl hier bei der Ersteinrichtung als auch später noch problemlos ändern.

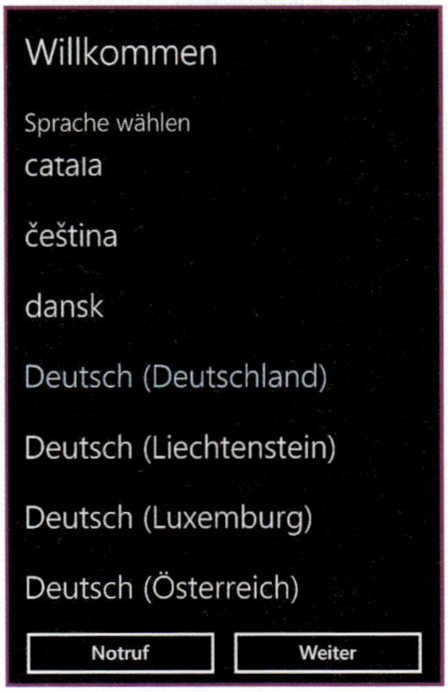

1 Tippen Sie einfach die gewünschte Sprache an. Damit der eventuelle Wechsel der Bediensprache erfolgreich ist, muss das Gerät nun einmal automatisch neu starten.

2 Akzeptieren Sie dann nach dem Neustart einfach die Nutzungsbedingungen, indem Sie auf Annehmen tippen. Natürlich können Sie diese auch vorher durchlesen, indem Sie auf die entsprechenden Verknüpfungen tippen, am Ende bleibt Ihnen aber sowieso nichts übrig: ohne Annahme der Benutzungsbedingungen kein Betrieb Ihres Windows Phones.

3 Wenn Sie später einmal eine andere Sprache einstellen möchten, dann können Sie dies jederzeit unter Einstellungen, Sprache ändern.

Die Auswahl des Netzes und des WLANs

Wenn Sie eine SIM-Karte in Ihr Gerät eingelegt haben (dazu konsultieren Sie bitte vorher das Handbuch oder den kleinen Beileger, der im Gerätekarton liegt), dann müssen Sie Ihre PIN, also die per-

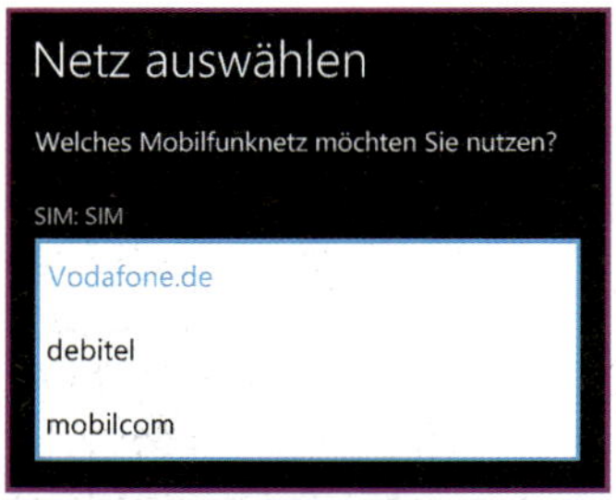

sönliche Identifikationsnummer Ihrer SIM-Karte eingegeben, damit Sie mit dem Mobilfunknetz verbunden werden können. Nun nutzt ein Smartphone das Telefonnetz aber nicht nur zum Telefonieren, sondern verschickt und empfängt darüber auch Daten. Dafür sind einige Einstellungen nötig, die auch bei gleichem Mobilfunknetz (im Beispiel vodafone) zwischen einzelnen Anbietern variieren. Im Bildschirm **Netz auswählen** tippen Sie nun auf das Feld **SIM** und wählen Sie dann aus der Liste den korrekten Anbieter aus. Tippen Sie dann auf **Weiter**.

Wenn Sie ein WLAN bei sich zu Hause eingerichtet haben, sollten Sie sich auch damit verbinden – dies geschieht im nun erscheinenden Bildschirm. Die Einrichtung Ihres Windows Phones verbraucht Daten, die ohne Verwendung eines WLANs vom Freikontingent Ihres Mobilfunkvertrages abgehen.

Tippen Sie Ihr WLAN-Heimnetz an, mit dem Sie sich verbinden möchten, und geben Sie dann die Zugangsdaten ein, wenn diese verlangt werden. Tippen Sie dann zweimal auf **Weiter**. Wenn Sie kein WLAN in der Nähe haben, dann tippen Sie einfach auf **Überspringen**. Sind Sie ein-

INFO **Internet-Flatrate bevorzugt**

Sie haben es schon mitbekommen: Ihr Windows Phone ist datenhungrig. Viele Informationen und Daten werden kontinuierlich synchronisiert – und damit dies auch unterwegs problemlos und ohne große Zusatzkosten funktioniert, sollten Sie zu Ihrem Mobilfunkvertrag eine sogenannte „Datenflatrate" mitbuchen. Diese enthält dann je nach Auswahl eine bestimmte Menge an Megabyte bzw. Gigabyte, die über das Mobilfunknetz übertragen werden können. Haben Sie diese Datenmenge im Monat ausgeschöpft, dann drosselt Ihr Netzbetreiber automatisch die Geschwindigkeit. Fragen Sie einfach bei Ihrem Anbieter nach, welche Optionen er Ihnen bietet. Aus Erfahrung sollten Sie mindestens 500 MB im Monat buchen.

mal bei einem Freund zu Besuch, können Sie sich später auch in dessen WLAN mit dessen Zugangsdaten einwählen.

Einstellen von Land, Region, Datum und Uhrzeit

Um das Datum festlegen zu können, muss Ihr Handy zunächst wissen, in welcher Region sie sich befinden. Tippen Sie daher im folgenden Bildschirm auf Empfohlen und gelangen Sie in die Einstellungen zu Zeit und Region.

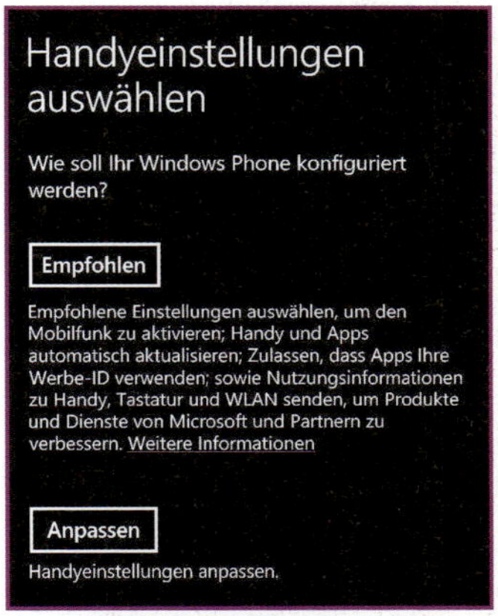

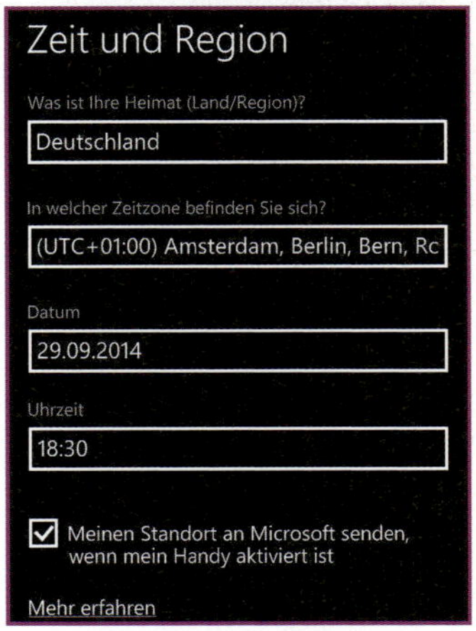

Die Region

1 Ihr Windows Phone wählt hier die Standardeinstellungen, die sich aus Ihrer Sprache ergeben: Wenn Sie vorhin Deutsch angewählt haben, dann wähnt es Sie auch in Deutschland. Das muss aber nicht richtig sein: Wenn Sie stattdessen in Österreich oder der Schweiz leben, gibt es dafür eigene Regionseinstellungen. Und da diese Auswirkungen auf die angenommene Währung und noch einige andere Dinge haben, sollten Sie in einem solchen Fall auf Was ist Ihre Heimat (Land/Region) tippen und die richtige Einstellung in der Liste wählen.

2 Sie sehen beispielsweise die Schweiz nicht in der Liste auf dem Bildschirm? Dann rollen sie mit dem Finger durch die Liste hindurch, als wäre sie ein ellenlanges Blatt Papier: Wischen Sie mit dem Finger von unten nach oben durch die Liste, rollt der Text nach unten, Wischen mit dem Finger von oben nach unten, rollt er wiederum nach oben. Diese Art der Navigation werden Sie an vielen Stellen von Windows Phone finden (Seite 24).

Die Zeitzone

3 Eine wichtige Einstellung ist die Zeitzone. Diese wird als Abweichung von der „koordinierten Weltzeit" UTC (Universal Time Coordinated) angegeben. So ist die Mitteleuropäische Standardzeit MEZ, die in Deutschland gilt, die Zeitzone UTC+1, während der Firmensitz von Microsoft in Redmond in der Pacific Standard Time

PST liegt, der Zeitzone UTC-8 entspricht. Also: Wenn wir in Mitteleuropa 20:00 Uhr abends haben, entspricht dies in UTC 19:00 Uhr, in Redmond wäre es dann 11:00 Uhr morgens.
Wichtig ist diese Einstellung deshalb, weil Ihre Termine, die Sie später eingeben werden, die Zeitzone „im Bauch“ haben. Haben Sie also in unserem Beispiel oben ein Telefonat um 20:00 Uhr deutscher Zeit eingetragen, fliegen dann in die USA und ändern in Ihrem Windows Phone die Zeitzone entsprechend, dann erinnert Ihr Windows Phone Sie trotzdem um 11:00 Uhr US-amerikanischer Zeit an diesen Termin – denn er gilt ja für 20 Uhr nach deutscher Zeit. Sollte die Zeitzone nicht korrekt sein, dann ändern Sie diese auf die für Sie zutreffende, indem Sie In welcher Zeitzone befinden Sie sich antippen und wie gewohnt aus der Liste den richtigen Eintrag auswählen.

Datum und Uhrzeit

4 Mit der Zeitzone haben Sie nur die Basis festgelegt, Datum und Uhrzeit müssen Sie noch zusätzlich einstellen. Eine schöne Gelegenheit, eine zweite Eingabemethode von Windows Phone kennenzulernen, die Ihnen immer wieder begegnen wird. Wenn Sie auf Datum oder Zeit tippen, öffnet sich ein Bildschirm, auf dem Sie mehrere Vierecke mit Zahlen finden. Für das Datum beispielsweise den Tag, den Monat und das Jahr.

5 Tippen Sie nun eines der Kästchen an, dann öffnet sich eine Liste mit Werten, durch die Sie wie mittlerweile gewohnt hindurchrollen können. Sobald Sie den richtigen Wert sehen, können Sie diesen antippen und damit auswählen. Machen Sie das bei Datum und Uhrzeit für alle Elemente und schließen Sie die Eingabe dann durch ein Tippen auf den Haken ab. Tippen Sie anschließend auf Weiter. Einige weitere Zeiteinstellungen können sie erst später vornehmen (Seite 28).

6 Wenn Sie die Uhrzeit später einmal korrigieren wollen, können Sie dies unter Einstellungen, Datum + Uhrzeit jederzeit ändern.

Einrichten des Microsoft-Kontos

Jetzt ist der Zeitpunkt gekommen, an dem Sie Ihr Windows Phone mit Ihrem gerade angelegten (oder schon vorhandenen) Microsoft-Konto verknüpfen können. Tippen Sie dazu auf Anmelden.

1 Geben Sie nun die E-Mail-Adresse des Microsoft-Kontos als Benutzername und das zugehörige Kennwort ein und tippen Sie dann auf Weiter.

Wiederherstellen einer Sicherung

Wenn Sie schon einmal ein Windows Phone Ihr Eigen genannt haben (oder die Neueinrichtung durchführen, weil Sie das Gerät auf den Werkszustand zurückgesetzt haben), dann nimmt Ihnen Windows Phone eine Menge Arbeit ab: An dieser Stelle sucht das System nämlich nach vorhandenen Sicherungen auf Ihrem Online-Speicher OneDrive und bietet Ihnen diese zur Wiederherstellung an. Tippen Sie dazu einfach auf den Namen der Sicherung, den Sie wiederherstellen möchten, und auf Weiter, dann werden das Aussehen Ihrer persönlichen Startseite, Ihre Nachrichten, Einstellungen, E-Mail-Konten und die Liste der installierten Programme auf das Gerät zurückgesichert.

2 Wenn dies aber Ihr erstes Windows Phone ist oder Sie lieber ganz von vorne beginnen möchten, rollen Sie in der Liste der Sicherungen einfach bis zu Keine Sicherung verwenden und tippen dann auf Weiter.

3 Nach der Wiederherstellung startet Ihr Windows Phone einmal neu, und schon sind Sie bereit dafür, in die Welt von Windows Phone einzutauchen und die vielfältigen Möglichkeiten zu entdecken.

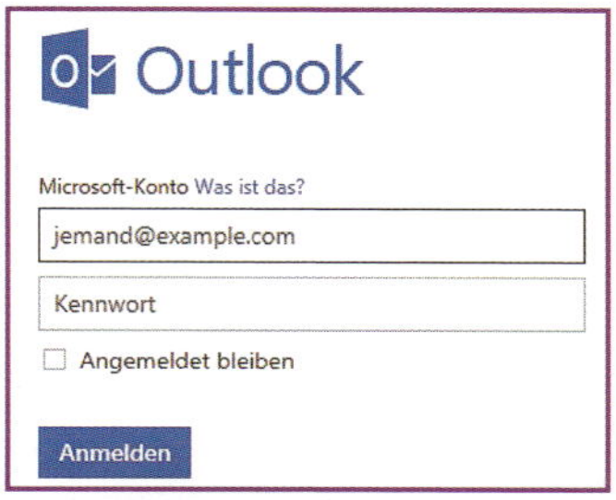

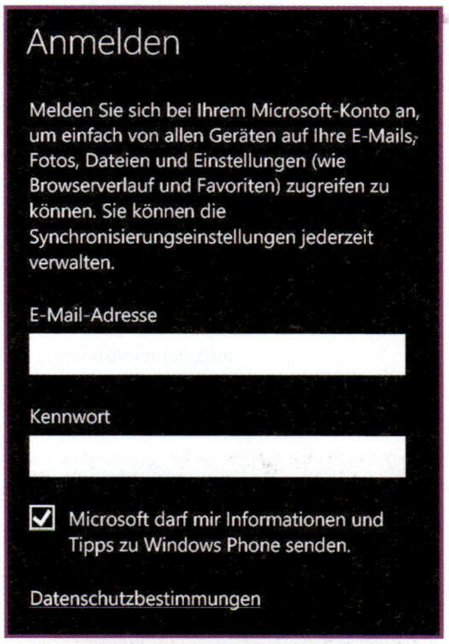

INFO **Alles auf null: Der Hardreset**

Falls irgendwann einmal gar nichts mehr geht, Ihr Windows Phone fürchterlich zickt, nicht mehr richtig funktioniert oder Sie einfach von vorne anfangen wollen, dann müssen und können Sie einen sogenannten „Hardreset" durchführen. Dieser setzt das Gerät auf die Werkseinstellungen zurück und bringt Sie quasi an den Anfang dieses Abschnittes zurück. Alle Daten, die Sie nicht gesichert haben, sind damit natürlich verloren. Überlegen Sie sich diesen Schritt also sehr gut. Um einen Hardreset durchzuführen, tippen Sie in der Anwendungsliste auf Einstellungen, Info, Handy zurücksetzen (siehe auch „komplettes Zurücksetzen", Seite 182).

DIE GRUNDLEGENDEN SCHRITTE UND EINSTELLUNGEN

Während des ersten Starts haben Sie schon einiges an wichtigen Einstellungen vorgenommen, um Ihr Windows Phone benutzen zu können. Neben den vom System angeforderten Informationen bleibt aber noch das ein oder andere übrig, was Ihnen die Arbeit vereinfachen kann.

Bedienen der Oberfläche von Windows Phone

Die Oberfläche eines Windows Phones ist komplett darauf ausgelegt, mit dem Finger bedient zu werden. Dabei ist es egal, ob sie es in einer Hand halten und zur Bedienung den Daumen der gleichen Hand verwenden, lieber den Zeigefinger Ihrer anderen Hand als biologischen Stift nutzen oder es quer in beide Hände nehmen und mit beiden Daumen herumwischen.

Alle Bildschirme von Windows Phone verhalten sich quasi wie ein Blatt Papier, auf dem Sie bestimmte Informationen direkt sehen können, andere wiederum nur ins Sichtfeld bekommen, wenn Sie das Blatt mit dem Finger nach links, rechts, oben oder unten verschieben.

Die Gestensteuerung

Dazu gibt es sogenannte Gesten, die sich in fast allen Apps (und auch auf Smartphones anderer Hersteller) wiederfinden. Nicht alle funktionieren aber in allen Apps:

- Wischen: Wischen mit dem Finger oder Daumen von links nach rechts lässt den Bildschirminhalt weiter nach rechts rollen, sodass links eine neue Fläche zum Vorschein kommt. Klappt immer nach links und rechts, in manchen Apps auch nach oben und unten.
- Spreizen und Kneifen: Werden zwei Finger (oder Daumen und Zeigefinger) auf das Display gelegt und auseinandergeschoben, wird in das Objekt hineingezoomt – man kommt z.B. näher an ein Bild heran. Die umgekehrte Bewegung, ein Kneifen, führt zum Gegenteil.
- Gedrückt halten: Ein anhaltendes Tippen auf ein Objekt aktiviert meist zusätzliche Eigenschaften wie Verschieben, Löschen oder etwa Kopieren. Ein dann auftauchender Dialog klärt über die Funktion auf.
- Doppeltipp: Zweimaliges kurz hintereinander auf-ein-Bild-Tippen zoomt automatisch so nah heran wie das Bild es zulässt. Erneutes Doppeltippen und die Bildansicht schrumpft wieder.
- Drehen: Einige App-Ansichten, etwa die in der Karten-App (Seite 143) lassen sich drehen. Dazu werden zwei Finger aufgelegt und mit dem oder gegen den Uhrzeigersinn verschoben.
- Spezialgesten: Im Buch werden Ihnen noch weitere Spezialgesten auffallen, die zum Teil zwei oder drei Finger benötigen.

Der Sperrbildschirm

Den Sperrbildschirm sehen Sie immer dann, wenn Sie Ihr Gerät einschalten, weil es zuvor automatisch oder auf Ihren Wunsch hin in den Stromsparmodus gegangen ist. Es

ist also nicht komplett ausgeschaltet, sondern harrt mit ausgeschaltetem Bildschirm Ihrer Wünsche.
Um es daraus zu erwecken, drücken Sie einfach den Ein/Aus-Schalter: schon befinden Sie sich auf dem Sperrbildschirm, der Ihnen bereits die aktuelle Uhrzeit, das Datum, Hinweise auf neue E-Mails, Nachrichten, Anrufe und den nächsten Termin anzeigt – gleichzeitig aber die weitere Bedienung noch verwehrt, falls der Knopf mal aus Versehen in der Tasche aktiviert wurde. Um Ihr Windows Phone bedienen zu können, muss noch die Entsperr-Geste ausgeführt werden: Legen Sie den Finger auf den unteren Bildschirm und wischen Sie dann beherzt nach oben: Der Sperrbildschirm wird nach oben weggewischt und Sie befinden sich am Hauptausgangspunkt Ihres Windows Phones, dem Startbildschirm.

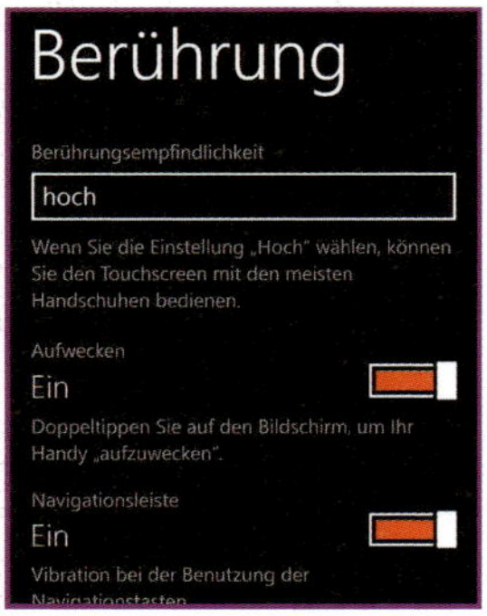

INFO **Anstupsen zum Wecken**

Wenn Sie ein Windows Phone von Nokia haben, dann bietet sich noch eine intuitivere Möglichkeit, Ihr Gerät aufzuwecken. Wenn Sie unter Einstellungen, Berührung die Option Aufwecken aktiviert haben, dann reicht es, zweimal schnell hintereinander mit dem Finger auf den Bildschirm zu tippen, damit dieser angeht und Sie den Sperrbildschirm „wegwischen" können.

Der Startbildschirm

Die zentrale Bedienschnittstelle eines Windows Phones ist der sogenannte Startbildschirm, der Bildschirm, auf dem sich die vielen bunten, sich bewegenden und aktualisierenden Kacheln befinden. Auf diese gelangen Sie jederzeit, indem Sie die mittlere Taste unter dem Bildschirm drücken.
Die einzelnen Kacheln sind jeweils stellvertretend für ein Programm und zeigen Ihnen in den meisten Fällen auch die aktuells-

ten Informationen. Tippen Sie eine der Kacheln an, um das entsprechende Programm zu starten. Wie auch bei anderen Listen können Sie durch Ihre Kacheln rollen, indem Sie mit dem Finger von unten nach oben über den Bildschirm streichen. Zum Starten eines Programmes tippen Sie dann einfach die entsprechende Kachel an.

Die Programmliste

Während auf dem Startbildschirm nur eine Auswahl von Programmen als Kacheln auftaucht, müssen Sie natürlich auch eine Möglichkeit haben, auf die Programme, Einstellungen und E-Mail-Postfächer zuzugreifen. Dafür hat Windows Phone die Programmliste. Diese erreichen Sie ganz einfach dadurch, dass Sie auf dem Startbildschirm mit dem Finger nach links über den Bildschirm wischen.
Auch durch die Programmliste kann wieder wie gewohnt mit dem Finger hindurchgerollt werden. Hier gibt es aber eine Besonderheit, die Ihnen häufiger begegnen wird, wenn die Einträge in einer Liste alphabetisch sortiert sind (wie beispielsweise die Programme oder die Namen in den Kontakten): Über den Einträgen finden Sie kleine Kästchen, in denen sich jeweils der Anfangsbuchstabe der Einträge darunter befindet, der sogenannte Index.
Um jetzt nicht die gesamte Liste durchrollen zu müssen, wenn Sie beispielsweise ein Programm starten wollen, dessen Name mit dem Buchstaben „Z" beginnt, bietet der Index eine Abkürzung. Tippen Sie im Beispiel einfach den Buchstaben Z an, dann springen Sie automatisch in die alphabetische Übersicht, in der alle Programme angezeigt werden, die mit diesem Buchstaben beginnen.
Wenn Sie nun aber den Anfangsbuchstaben nicht kennen, sondern nur einen Teil des Namens, dann hilft Ihnen die Suche, die es ebenfalls an vielen Stellen beim Windows Phone gibt. Tippen Sie mit dem Finger auf die kleine Lupe oben links auf dem Bildschirm und tippen Sie dann

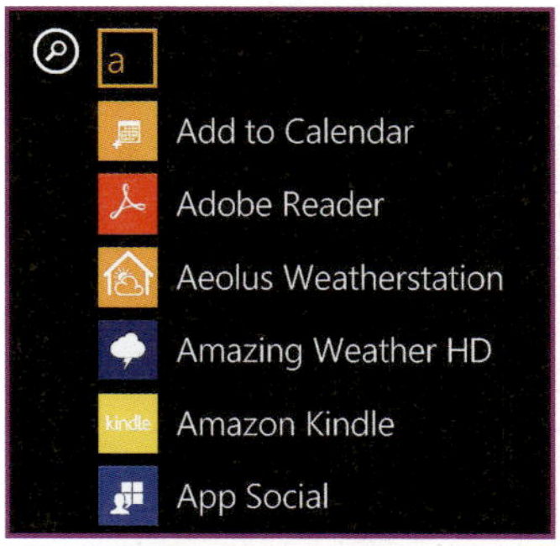

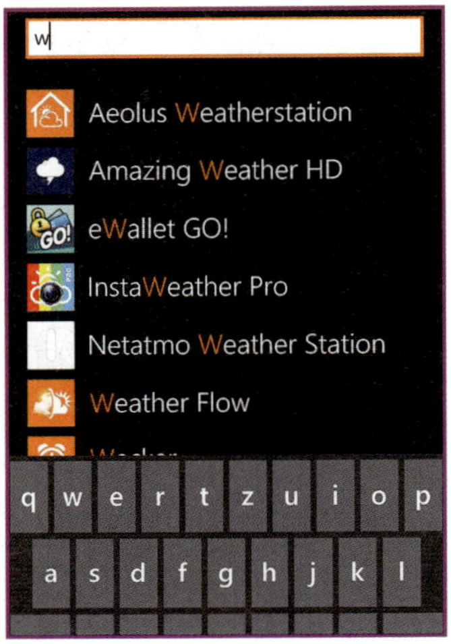

die Buchstaben des Namens ein, die Sie kennen. Die angezeigte Liste der Programme (oder beispielsweise auch Kontakte) wird immer weiter eingegrenzt auf die Einträge, deren Name die eingegebenen Buchstaben enthält.

Die (automatische) Zeiteinstellung

Die korrekte Einstellung von Datum und Uhrzeit sind aus vielerlei Gründen wichtig: Wenn Sie Ihr Gerät als Terminkalender nutzen, dann bringt es wenig, wenn Sie zu vollkommen falschen Zeitpunkten an einen Termin erinnert werden. Auch bei der Synchronisation von Daten ist die Zeit wichtig, denn diese vergleicht schließlich Elemente nach ihrem Änderungs-Zeitstempel und kopiert auf beide Geräte das jeweils aktuellste Element. Und zu guter Letzt: Sie werden sich ganz oft dabei ertappen, dass Sie nicht mehr auf die Armbanduhr schauen, sondern zur Zeitbestimmung auf Ihr Windows Phone – denn das haben Sie ja sowieso dauernd in der Hand.

Sommer- und Winterzeit

Keine Sorgen machen müssen Sie sich über die Umstellung auf Sommer- bzw. Winterzeit. Da die Termine, an denen diese Zeitumstellungen erfolgen, festgelegt sind, stellt Ihr Windows Phone sich automatisch eine Stunde vor bzw. zurück.

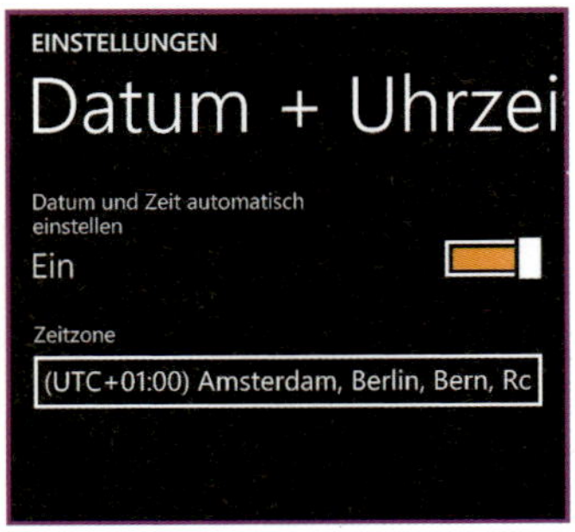

Automatische Zeiteinstellung

Ein vermeintlich hilfsbereiter Service vieler Netzbetreiber stellt Ihr Windows Phone das eine oder andere Mal vor ein Problem. Um Reisenden die Aufgabe abzunehmen, bei Ankunft in einer fremden Zeitzone manuell die Zeiteinstellungen ändern zu müssen, wird oft ein Zeitsignal mit dem Mobilfunksignal übermittelt. Windows Phones und andere Smartphones können dieses Signal auslesen und ihre eigene Zeiteinstellung damit anpassen.

Leider funktioniert dieses Verfahren nicht wirklich stabil, und es kommt immer wieder vor, dass die automatisch eingestellte Zeit von der tatsächlichen abweicht. Darum schalten Sie die automatische Zeiteinstellung am besten aus, indem Sie in der Programmliste auf **Einstellungen** tippen, dann auf **Datum + Uhrzeit** und dann auf den Schalter tippen, sodass dieser ausgeschaltet ist. Erst dann erscheinen die von der Ersteinrichtung gewöhnten manuellen Einstellmöglichkeiten für Datum und Uhrzeit.

Keine Sorge: Wenn Sie die Einstellungen für die automatische Einstellung der Uhrzeit nicht finden, dann liegt das daran, dass Ihr Gerät ursprünglich von einem Netzbetreiber stammte und dieser diese Funktion direkt unterbunden hat.

AUF IN DIE WEITE WELT: DER ZUGANG ZUM INTERNET

Auf in die große weite Welt des Internets! „Eigentlich" sollte das jetzt bereits automatisch gehen, denn bei der Ersteinrichtung Ihres Gerätes haben Sie ja bereits diverse Einstellungen vorgenommen. Nun steckt der Teufel leider oft im Detail: Wenn Sie eine neue SIM-Karte bekommen, unterwegs in ein anderes WLAN wechseln müssen oder schlicht die automatischen Einstellungen nicht funktionieren, dann müssen Sie manuell Einstellungen vornehmen. Hier ist es wichtig, dass Sie sich im Vorfeld die nötigen Zugangsdaten beschaffen, die Ihnen der Betreiber des WLANs bzw. Ihr Netzbetreiber geben muss.

Zugang zu einem WLAN herstellen

Mittlerweile finden Sie allüberall WLANs (Wireless Local Area Networks), kabellose Netzwerke, die Ihnen den Zugang zum Internet erlauben. Achtung: Im Ausland wird dafür der Begriff „WiFi" ver-

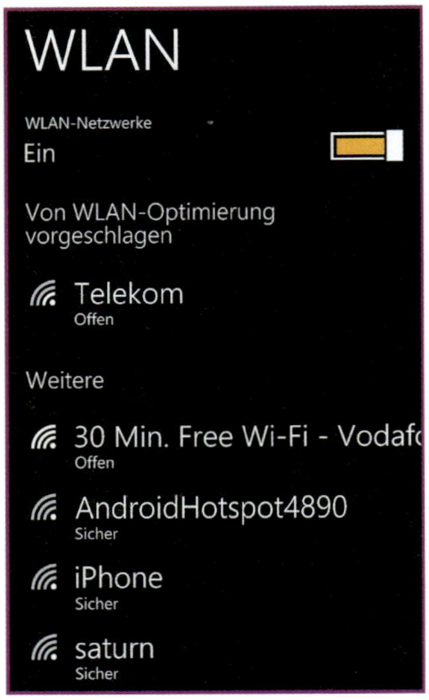

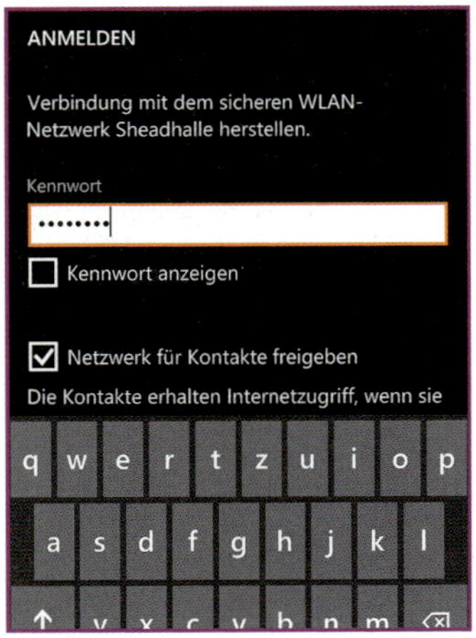

wendet. Die meisten davon sind durch ein Kennwort abgesichert, dass Sie kennen und bei Herstellen der Verbindung eingeben müssen. In die WLAN-Einstellungen gelangen Sie aus der Programmliste über Einstellungen, WLAN. Danach öffnet sich die Liste der aktuell für Ihr Gerät empfangbaren WLANs. Auf Wunsch können Sie hier über den Schalter auch den WLAN-Sender ein- oder ausschalten.

Verbindung zu einem verschlüsselten WLAN

Unter den Namen der aktuell empfangenen WLAN-Netzwerke finden Sie eine zusätzliche Anmerkung, die für die Anmeldung wichtig ist. Steht dort Sicher, benötigen Sie ein Kennwort, um sich mit dem WLAN verbinden zu können. Dazu tippen Sie den entsprechenden Eintrag an, woraufhin sich ein Fenster öffnet, in das Sie das Kennwort über die Bildschirmtastatur eingeben können. Stellen Sie die Verbindung dann durch ein Tippen auf Weiter her.

Verbindung zu einem offenen WLAN

Steht unter dem Namen des WLANs stattdessen Offen, dann ist das Netzwerk nicht verschlüsselt, überträgt seine Daten also im Klartext. Dieses Verfahren wird oft in Hotels benutzt, wo Sie sich dann zwar ohne Eingabe eines Kennwortes mit dem WLAN verbinden können – wieder, indem Sie den Namen antippen –, aber dann beim Aufruf einer Internetseite einmalig durch eine zuerst automatisch angezeigte Seite Benutzerdaten wie beispielsweise Name und Zimmernummer eingeben müssen, damit eine Abrechnung erfolgen kann.

Die WLAN-Optimierung

Wenn Sie unterwegs sind, werden Sie im Normalfall über die Datenverbindung Ihres Netzbetreibers ins Internet gehen. Diese ist aber im Regelfall von der monatlich nutzbaren Datenmenge be-

INFO **Vorsicht bei offenen WLANs**

So schön ein freies, offenes WLAN ist, das Sie beliebig nutzen können, so risikobehaftet ist dies auch: Manche Bösewichte bauen freie WLANs auf, damit Benutzer sich damit verbinden und ihren unverschlüsselten Datenverkehr über deren Server leiten. Die Analyse dieser Daten kann ein durchaus lohnendes Unterfangen sein: Zugangsdaten besuchter Webseiten oder gar Kontodaten können missbraucht und versilbert werden – zu Ihrem Schaden. Es empfiehlt sich, nur eine Verbindung zu einem WLAN aufzubauen, wenn Sie sicher sind, dass dieses vertrauenswürdig ist: beispielsweise, weil Ihnen das Hotel den Namen und die Zugangsdaten zur Verfügung stellt.

grenzt: Nach einem gewissen Kontingent (200 MB, 500 MB, 1 GB oder mehr, abhängig von Ihrem Vertrag) wird die zur Verfügung gestellte Geschwindigkeit gedrosselt und das Surfen im Internet wird zum Geduldsspiel. Da macht es Sinn, wo immer möglich, auf ein WLAN auszuweichen und mobiles Datenvolumen zu sparen. Nur: Meist kennen Sie die nötigen Zugangsdaten nicht, und wenn Sie nicht an einem Ort bleiben, müssten Sie von WLAN zu WLAN „springen“, was aufwendig wäre.

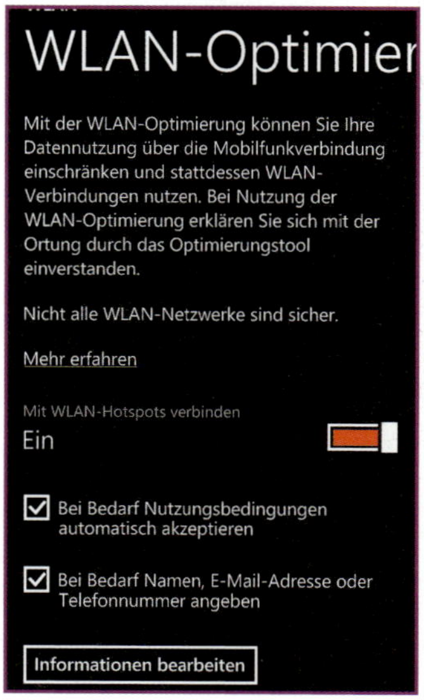

Mit Windows Phone 8.1 hat Microsoft ein Hilfsmittel für die Vermeidung dieses Problems geschaffen: die sogenannte WLAN-Optimierung. Diese aktivieren Sie aus der der Programmliste über Einstellungen, WLAN, WLAN-Optimierung.

Wenn diese eingeschaltet ist, versucht Ihr Windows Phone, sich wann immer möglich automatisch mit einem verfügbaren WLAN zu verbinden. Dazu greift es auf eine große Datenbank zurück, die von anderen Anwendern gepflegt wird und die Zugangsdaten und Verbindungsschritte für eine riesige Menge an WLANs beinhaltet. Sie als Anwender merken von diesen Verbindungen im Hintergrund nichts, sparen aber Datenvolumen. Durch die Prüfung dieser Liste auf die Vertrauenswürdigkeit der enthaltenen Netzwerke ist das Risiko für Sie minimiert, aber natürlich nicht gänzlich ausgeschlossen.

Internetzugang über das Mobilfunknetz

Wenn Sie viel mit Ihrem Gerät unterwegs sind, dann ist die wichtigste Verbindung in die weite Welt des Internets eine Datenverbindung über Ihr Mobilfunknetz. Diese sollte sich automatisch konfigurieren, wenn Sie das Gerät das erste Mal einschalten beziehungsweise wenn Sie die SIM-Karte gewechselt haben.

1 Ist das nicht der Fall oder funktioniert die mobile Internetverbindung nicht, kann das daran liegen, dass Angaben fehlen oder nicht korrekt sind. Tippen Sie dann aus der Programmliste auf Einstellungen, Mobilfunk + SIM. Auf der sich nun öffnenden Seite rollen Sie mit dem Finger nach unten und tippen dann auf SIM-Einstellungen.

2 Tippen Sie nun auf den Schalter neben Manuelle Internet-APN, um ihn auszuschalten, und geben Sie dann die technischen Zu-

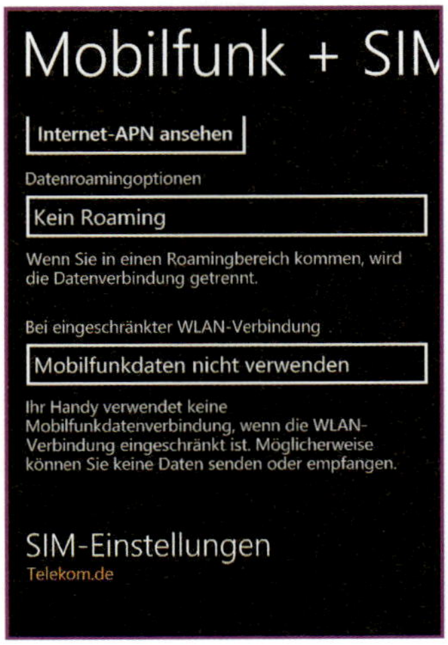

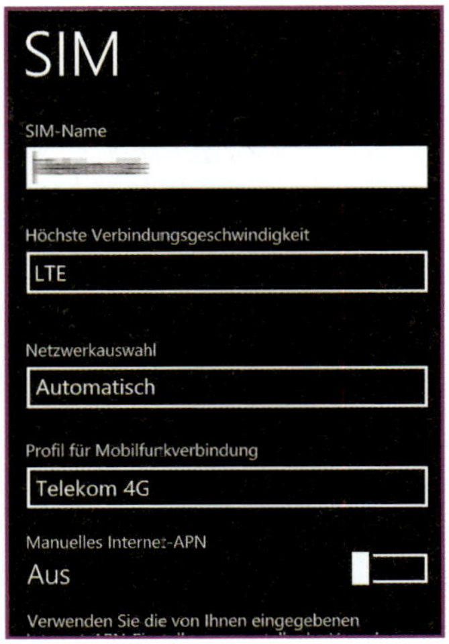

gangsdaten ein, die Sie vom Kundenservice Ihres Netzbetreibers erfahren können. Am wichtigsten (und für den Internetzugang meist ausreichend) ist der Zugangspunkt (APN, Access Point Name), quasi die Adresse zu und von der Ihr Windows Phone die Daten aus dem Internet sendet und bekommt.

3 Nach der Eingabe tippen Sie auf das kleine Disketten-Symbol am unteren linken Bildschirmrand zum Speichern.

Genaueres zum Umgang mit WLAN und zum Herumstöbern im Internet finden Sie im Kapitel „Onlinewelt nutzen", ab Seite 155.

INFO **Einstellungen von Dual-SIM-Geräten**

Einige wenige Windows-Phone-Modelle tragen dem Wunsch einiger Anwender Rechnung, in einem Telefon sowohl ihre private als auch ihre Firmen-SIM-Karte parallel verwenden zu können. Diese Telefone nenn man „Dual SIM-Geräte", weil sie eben zwei SIM-Karten-Steckplätze haben. Bei diesen Geräten haben Sie dann einfach zwei Einträge für SIM-Einstellungen und können die Zugangsdaten für beide Karten separat eingeben.

IHR PERSÖNLICHES WINDOWS PHONE: ANPASSEN DER OBERFLÄCHE

Windows Phone rühmt sich zu Recht damit, dass die Anpassungsfähigkeiten der Oberfläche dafür sorgen, dass Sie aus Ihrem Windows Phone von der Stange Ihr ganz persönliches Gerät machen können: mit Farben, Hintergrundbildern, eigenen Tönen und noch vielem mehr. Dies ist ein Prozess, der niemals abgeschlossen sein wird: Wenn Sie einmal auf den Geschmack gekommen sind, dann ändern Sie das Aussehen Ihres Telefons nach Ihrer aktuellen Stimmung, dem Wetter oder den Fußballergebnissen.

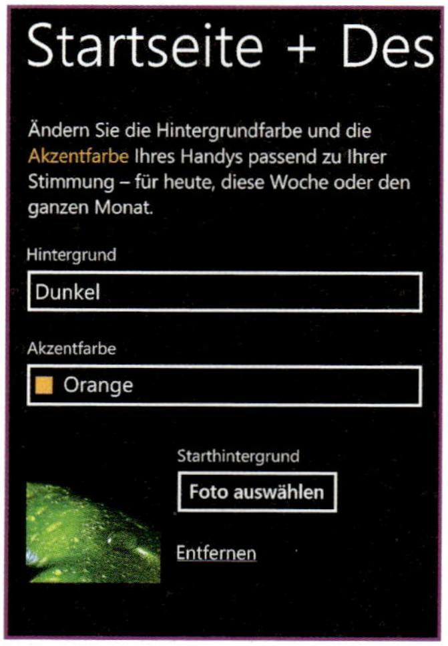

Das Design der Startseite

Die Startseite haben Sie ja bereits als zentrale Anlaufstelle für die Bedienung Ihres Windows Phones kennengelernt, und diese wird Ihnen schnell wie Ihr virtuelles Wohnzimmer vorkommen: Tapezieren Sie das Zimmer, positionieren Sie Ihren Fernsehsessel, legen Sie sich die Tages- und die Programmzeitschrift und die Chips bereit und stellen Sie Ihre Familienbilder im Sichtbereich auf. Oder anders: Richten Sie sich die Startseite so ein, wie Sie es gerne möchten.

In den ersten Windows-Phone-Versionen war die Anpassung der Startseite auf die Farben eingeschränkt. Bei Windows Phone 8.1 sind eigene Bilder als Hintergründe hinzugekommen.

Farben und Akzente

Um das generelle Aussehen der Startseite zu ändern, tippen Sie in der Programmliste auf Einstellungen, Startseite + Designs. Hier haben Sie folgende Einstell-Möglichkeiten:

- Tippen Sie auf Hintergrund, dann können Sie zwischen dem im Standard verwendeten dunklen Hintergrund oder einem weißen Hintergrund auswählen.
- Tippen Sie auf Akzentfarbe, um die Farbe der Kacheln auf der Startseite und die Farbe des Textes in Menüs und Benachrichtigungen festzulegen. Hier stehen Ihnen verschiedene Farben zur Verfügung, die sich von Her-

steller zu Hersteller und Gerät zu Gerät unterscheiden. So hat die Telekom beispielsweise gerne als Sonderfarbe ihr typisches Magenta, Nokia fügt zusätzlich die Neonfarben ihrer Geräte-Gehäuse hinzu – kurz: Sie haben vielfältige Auswahl- und Kombinationsmöglichkeiten.

Das Hintergrundbild

Für Windows Phone charakteristisch sind eigentlich die bunten Kacheln auf der Startseite, aber vielleicht wollen Sie mit der Zeit mal etwas Abwechslung. Wenn Sie ganz unten auf Startseite + Designs auf Foto auswählen tippen, dann können Sie aus Ihren bereits gemachten Fotos oder aus mitgelieferten Hintergrundbildern ein Bild auswählen, das in den Hintergrund der Kacheln gelegt wird. Wichtig zu unterscheiden: Der Platz zwischen den Kacheln (den Sie über Hintergrund festgelegt haben) bleibt schwarz oder weiß, nur die Kacheln, die dies unterstützen, bekommen als Hintergrund einen Teil des ausgewählten Bildes.

Zur Auswahl des Bildes tippen Sie auf die entsprechende Kachel: Eigene Aufnahmen für Ihre selbst geschossenen Bilder, Hintergründe für die mitgelieferten Hintergrundbilder – oder tippen Sie auf das Kamerasymbol in der Mitte unten auf dem Bildschirm, um ein neues Foto mit der Kamera Ihres Gerätes zu schießen und dieses zu verwenden. Wenn Sie das Hintergrundbild wieder löschen möchten, tippen Sie einfach auf Entfernen. Dann erhalten Sie wieder die einfarbigen Kacheln.

Anpassen der Kacheln auf der Startseite

Jede Kachel auf dem Startbildschirm steht für ein Programm und jeder Eintrag in der Programmliste kann auch als Kachel auf den Startbildschirm gelegt werden. Dies können Sie sich vorstellen wie das Bereitlegen der wichtigsten Sachen rund um Ihren Fernsehsessel, damit Sie

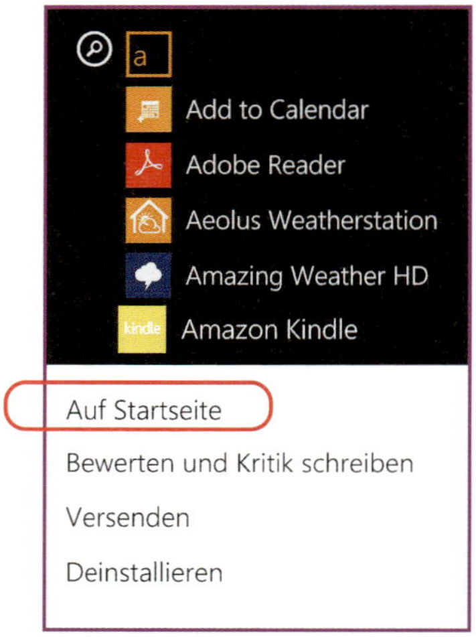

während eines Films möglichst wenig aufstehen, herumlaufen und suchen müssen.

Hinzufügen von Kacheln auf dem Startbildschirm

1 Um ein Programm als Kachel an den Startbildschirm anzuheften, gehen Sie einfach in die Programmliste zu dessen Eintrag, halten Sie den Finger länger darauf gedrückt und wählen dann im sich öffnenden Menü Auf Startseite. Schon wird die neue Kachel ganz unten auf dem Startbildschirm platziert.

2 Wenn die Option Auf Startseite in obigem Menü ausgegraut und nicht auswählbar ist, dann liegt das daran, dass bereits eine Kachel für dieses Programm auf der Startseite vorhanden ist.

Löschen von Kacheln vom Startbildschirm

1 Um eine Kachel zu löschen, wechseln Sie auf den Startbildschirm. Halten Sie den Finger länger auf die Kachel gedrückt, bis diese leicht vergrößert angezeigt wird und rechts oben eine kleine, durchgestrichene Nadel erscheint. Tippen Sie mit dem Finger auf die Nadel, um die Kachel vom Startbildschirm zu löschen. Keine Sorge: Damit ist nicht das Programm selbst gelöscht, sondern nur die Kachel – und diese können Sie jederzeit wieder anheften.

2 Der erste Schritt bei der Anpassung Ihres Windows Phones wird sicherlich ein Großreinemachen sein: Jeder Hersteller „schenkt" Ihnen neben den Standardprogrammen noch das eine oder andere Zusatzprogramm auf die Startseite, das Sie gar nicht benötigen. Machen Sie erst einmal Platz und fügen Sie dann in Ruhe und nach und nach die Kacheln hinzu, die Sie wirklich brauchen.

Kacheln bewegen und verändern

Die Anordnung der Kacheln ist natürlich ebenfalls nicht festgelegt und unveränderlich, sondern liegt allein in Ihren Händen. Wenn

Sie eine Kachel bewegen möchten, halten Sie wieder einfach den Finger darauf gedrückt. Sobald diese vergrößert angezeigt wird, haftet sie sich an Ihren Finger und kann mit diesem verschoben werden. Die anderen Kacheln machen derweil automatisch Platz. Lassen Sie sie los, dann wird sie an der Stelle, an der sie sich gerade befindet, abgelegt.

Auch die Größe der Kacheln ist veränderbar. Haben Sie eine Kachel auf der Startseite durch längeres Drücken „aktiviert", finden Sie unter der durchgestrichenen Nadel einen nach links oben gerichteten Pfeil. Drücken Sie diesen, dann ändert sich die Größe der Kachel in bis zu drei verschiedenen Größen:

- **normal:** Davon passen drei nebeneinander auf den Startbildschirm.
- **klein:** Ein Viertel so groß wie die normale Kachel. Sie und die normalen stehen immer zur Verfügung.
- **breit:** Die dritte Größe existiert nur bei bestimmten, besonders wichtigen Kacheln, beispielsweise bei der Foto-, Telefon- und Wetter-Kachel und den Kacheln für die E-Mail- und Nachrichten-Konten.

Je nach der Größe der Kachel werden natürlich auch unterschiedlich viele Informationen darauf angezeigt. Probieren Sie einfach aus, welche Größe und welche Anordnung der Kacheln für Sie am besten ist.

Kacheln gruppieren

Mit dem ersten Update für Windows Phone 8.1 (dem sogenannten GDR1) ist eine weitere, lange geforderte Möglichkeit hinzugekommen, Ordnung auf dem Startbildschirm zu schaffen: die Ordner. Warum sollten Sie jede einzelne Fernbedienung neben Ihrem Fernsehsessel platzieren, wenn Sie sie doch gar nicht so oft brauchen. Legen Sie sie doch in eine Schublade, dann haben Sie sie schnell im Zugriff, haben aber wenig Platz blockiert!

1 Um eine Kachelgruppe zu bilden, heften Sie die erste Kachel an Ihren Finger an und ziehen Sie diese dann auf eine andere Kachel. Ein wenig Geduld, Kacheln sind scheu und büxen gerne mal aus: ein wenig Fingerspitzengefühl ist nötig, aber das bringt Ihnen die

Erfahrung. Lassen Sie die Kachel erst dann los, wenn die beiden übereinanderliegenden sich nicht mehr bewegen.

2 Die Kacheln sind nun in einem Ordner und können darin wie gewohnt bewegt, in der Größe verändert oder gelöscht werden. Zum Schließen des Ordners tippen Sie einfach auf die leere Kachel darüber.

3 Am oberen Rand des Ordners können Sie eine Bezeichnung des Ordners eingeben, indem Sie auf Name des Ordners tippen und diesen dann über die Bildschirmtastatur eingeben.

INFO **Löschen eines Kachel-Ordners**

Man könnte jetzt erwarten, dass ein Kachel-Ordner sich wie eine einzelne Kachel über ein kleines Nadelsymbol löschen lässt, das ist aber nicht der Fall. Erst wenn die letzte Kachel aus dem Ordner gelöscht oder wieder auf die Startseite gezogen worden ist, verschwindet auch der (dann leere) Ordner automatisch.

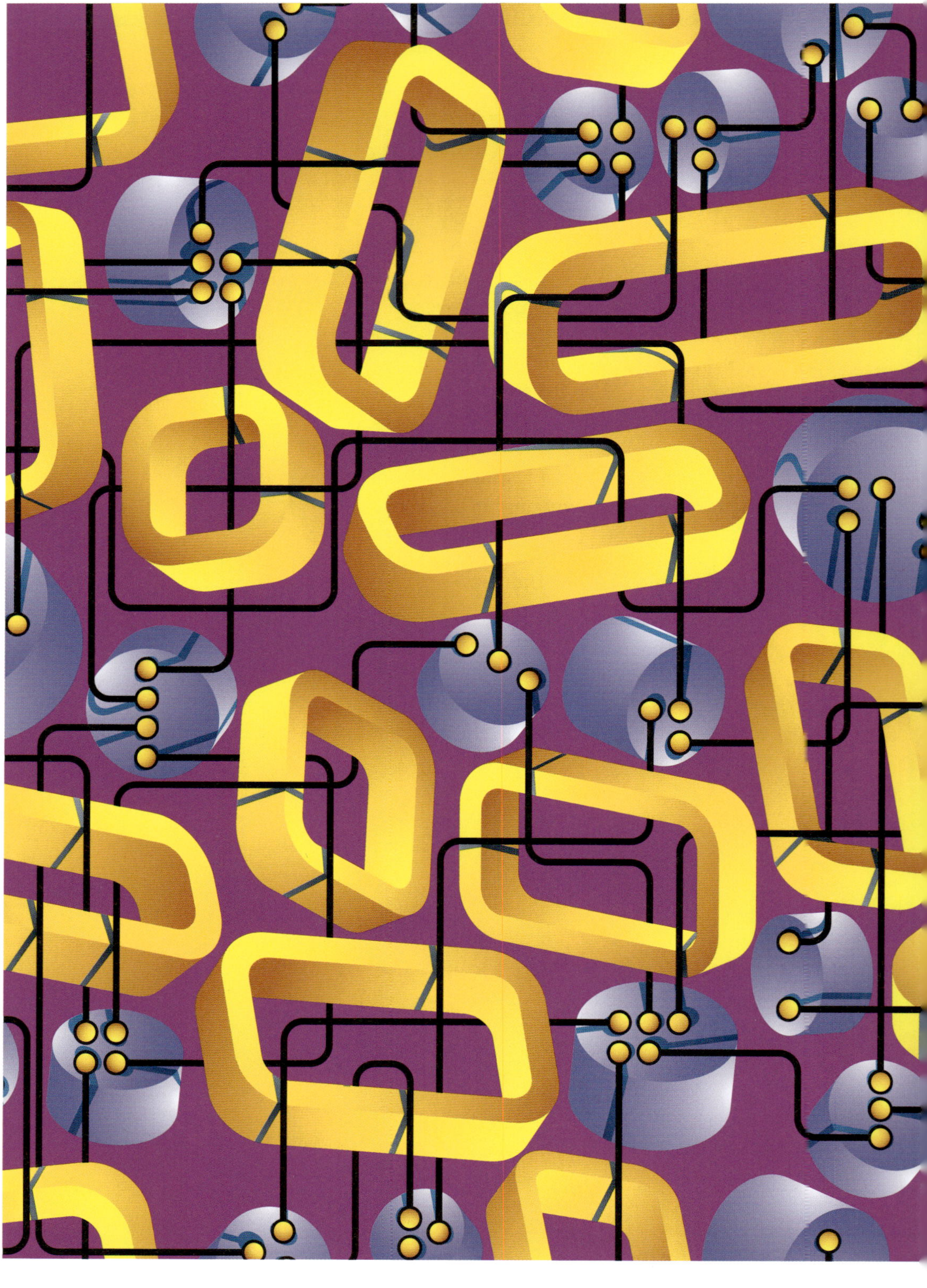

SYNCHRON AUF PHONE & PC

Mit einem Windows Phone haben Sie ein mächtiges mobiles Werkzeug in der Hand, das Ihnen unterwegs eine Menge an Aufwand abnehmen kann – vorausgesetzt, Ihre privaten Termine, E-Mails und Daten werden automatisch mit Ihrem Gerät abgeglichen, synchronisiert. Aber auch Musik, Videos und Dokumente können übertragen und unterwegs verfügbar sein.

EINMAL OUTLOOK UND ZURÜCK

Auf Ihrem Telefon wie Ihrem PC läuft zwar Windows, aber ein wenig abstimmen müssen sich beide Parteien trotzdem. Denn es gibt noch einen dritten Ort, an dem wir nach Herstellerwünschen am besten all unsere Daten speichern sollten: das Internet.

Eines der immer wieder vorkommenden Missverständnisse bei Windows Phone ist das der Synchronisation mit Microsoft Outlook. Beim Vorgängersystem Windows Mobile war noch eine direkte Synchronisation des Gerätes mit dem PC via Kabel möglich, und aus dieser Historie heraus vermuten viele Anwender, dass das mit Windows Phone ebenfalls möglich sei. Das ist allerdings eine falsche Annahme.

Windows Phone baut für den Abgleich von Terminen, Kontakten und E-Mails – also den Kernelementen von Outlook – aber auf die Synchronisation mit der sogenannten Cloud (engl. für „Wolke"), also einem zentralen Speicher im Internet. Mit dem für den Betrieb eines Windows Phones nötigen Microsoft-Kontos wird dieser Service automatisch mitgeliefert. Um aber trotzdem die Daten auf dem PC zur Verfügung zu haben, gibt es zwei Möglichkeiten.

Der Outlook Hotmail Connector

Auch Microsoft hat erkannt, dass bei Anwendern der Wunsch besteht, Daten nicht nur auf dem Telefon zu haben, sondern auch am Outlook auf dem PC. Dafür gibt es den Microsoft Outlook Hotmail Connector, den Sie kostenlos herunterladen können.

Anlegen des Microsoft-Kontos am PC

Das Microsoft-Konto ist für Ihr Outlook nichts anderes als ein „normales" E-Mail- bzw. Synchronisationskonto. Dieses können Sie in Outlook 2010 und 2013 ganz einfach hinzufügen, indem Sie im Programm auf dem PC auf Datei, Konto hinzufügen klicken.

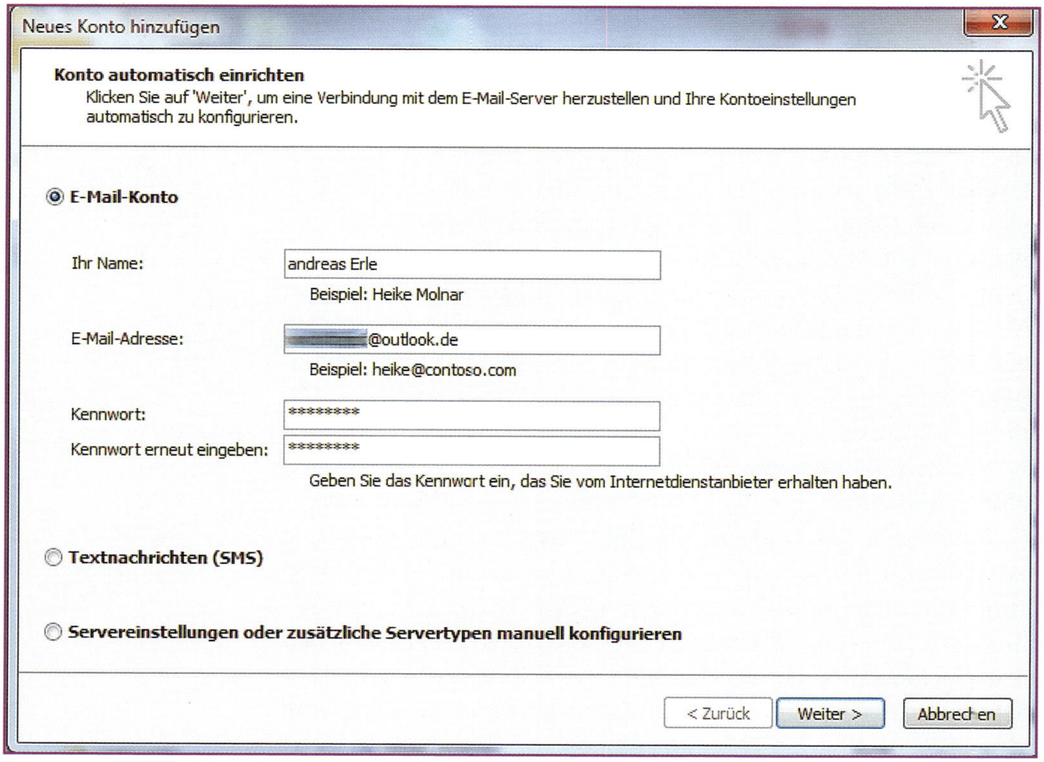

Geben Sie dann Ihren Namen, den Benutzernamen und das Kennwort des Microsoft-Kontos ein, dann erkennt Outlook automatisch, dass zur Synchronisation eine zusätzliche Komponente benötigt wird und bietet Ihnen an, diese herunterzuladen.

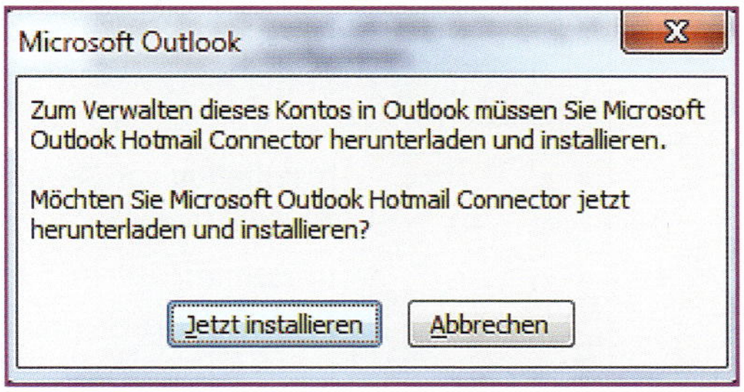

Nach der Installation des Microsoft Outlook Hotmail Connectors wird die Verbindung zu Ihrem Microsoft-Konto aufgebaut und die Daten werden synchronisiert. Nach kurzer Zeit haben Sie dann denselben Stand auf dem Windows Phone und im Outlook auf dem PC.

Synchronisieren der Daten zwischen Windows Phone und Outlook

Der Microsoft Outlook Hotmail Connector hat eine nette Eigenschaft: Er agiert relativ autark zwischen Ihrem PC und dem Speicher in der Cloud. Sobald Sie ein Element auf dem PC geändert, hinzugefügt oder gelöscht haben, wird dieses automatisch in Ihr Microsoft-Konto übermittelt. Ihr Windows Phone wiederum bekommt mit, dass ein geänderter Inhalt vorliegt, und gleicht diesen mit dem Gerätespeicher ab. Innerhalb kurzer Zeit sind damit alle Geräte wieder auf einem einheitlichen Stand, ohne, dass Sie manuell etwas tun müssen.

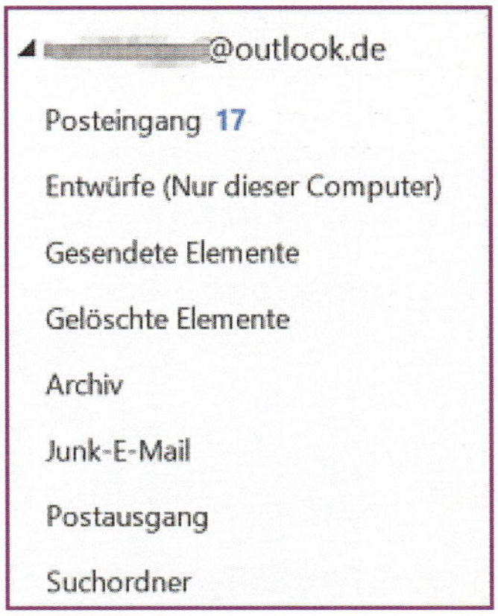

Synchronisation ohne die Cloud

Über das Thema Cloud und die damit verbundene Speicherung von Daten „irgendwo" im Internet gibt es lange und erbitterte Diskussionen. Vollkommen ohne Wertung: Nicht jedem Benutzer ist wohl dabei, seine Daten auf einem Rechner von Microsoft gespeichert zu haben und nicht genau zu wissen, wo dieser steht. Die Kabel- oder WLAN-Synchronisation, die früher direkt das Telefon mit dem PC verband und abglich, hat Microsoft allerdings nicht mehr vorgesehen. Wenn Sie aber zum Anwenderkreis der Cloud-Skeptiker gehören, wird Ihnen ein Programm des Drittanbieters namens Akruto Sync einen Teil Ihrer Sorgen nehmen.

Installation von Akruto Sync

Akruto Sync kommt nicht von Microsoft, sondern von einem Dritthersteller, der die Lücke in der Synchronisation eines Windows Phones erkannt und eine Lösung geschaffen hat. Das Programm kann hier heruntergeladen werden: http://www.akruto.com/de/
Es kann sieben Tage kostenlos getestet werden, dann ist eine einmalige Gebühr zur Freischaltung der zeitlich unlimitierten Version zu entrichten.

Die Einrichtung von Akruto Sync

Akruto Sync macht sich zunutze, dass sowohl der PC, auf dem das lokale Outlook läuft, als auch das Windows Phone in einem Netzwerk sind und damit miteinander kommunizieren können. Dies ist auch die einzige Voraussetzung: Der PC muss per Kabel oder WLAN angeschlossen sein, das Windows Phone über eine

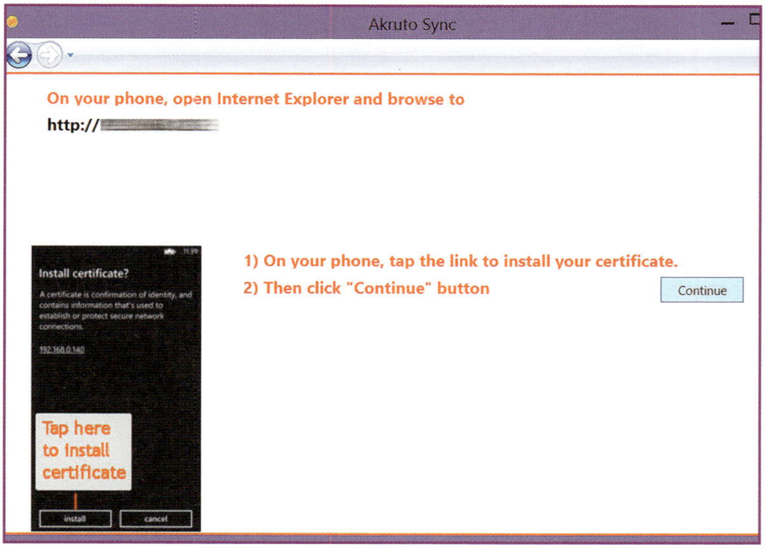

WLAN-Verbindung ins selbe Netzwerk eingebunden sein. Eine reine Synchronisation über ein Kabel unterstützt auch Akruto Sync nicht!

Beim ersten Start zeigt Akruto Sync die IP-Adresse des PCs im Netzwerk an, eine vielstellige Zahl mit Punkten dazwischen. Diese müssen Sie dann in die Adresszeile des Internet Explorers auf Ihrem Windows Phone eingeben. Ihr PC verhält sich dann (durch das auf ihm laufende Programm) wie ein Synchronisations-Server, der die Daten zwischen Ihrem PC und dem Windows Phone abgleicht und austauscht.

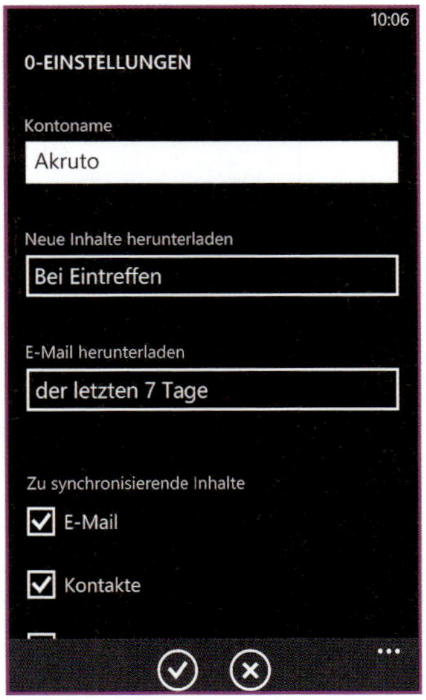

Nach Aufrufen der Adresse fragt Ihr Windows Phone Sie, ob Sie das Zertifikat, das Ihnen angeboten wird, installieren möchten. Klicken Sie dazu auf Installieren. Das Zertifikat ist zur Verschlüsselung nötig, damit nur Ihr PC und Ihr Windows Phone die ausgetauschten Daten lesen können, aber niemand sonst im Netzwerk.

Nach der Installation finden Sie dann auf Ihrem Gerät ein neues Konto vor, das wie Ihr Microsoft Konto synchronisiert und konfiguriert werden kann. Daten, die Sie auf Ihrem Windows Phone eingeben oder ändern, werden dann automatisch mit dem Gegenstück im Outlook auf dem PC abgeglichen.

Das Wichtige dabei aber: Ihre Daten gelangen eben nicht in die Cloud, sondern wandern nur über das heimische Netzwerk zwischen Ihren Geräten hin und her.

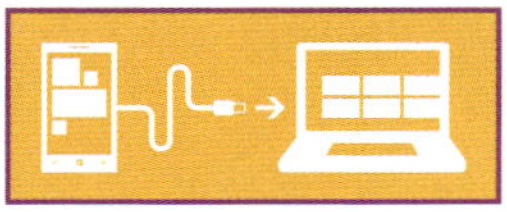

MUSIK UND FILME AKTUELL: DIE DESKTOP-APP

Ihr Windows Phone ist neben vielem anderen auch eine Multimedia-Maschine: Musik, Filme, Fotos – all das können Sie bequem von Ihrem PC auf das Gerät übertragen und dort genießen. Dazu brauchen Sie im komfortabelsten Fall ein Programm auf Ihrem PC, das den Zugriff und die Synchronisation zwischen beiden Geräten durchführen kann. Die App „Windows Phone" muss dazu auf Ihrem PC installiert sein. Es gibt sie sowohl für die Kacheloberfläche von Windows 8 als auch für die normale Desktop-Ansicht von Windows 7 und Windows 8. Sie finden sie im Windows 8 Store mit der Suche nach „Windows Phone" im Bereich App-Ergebnisse.

Einrichten der Verbindung

Nach der Installation der App müssen Sie nichts weiter machen, als diese zu starten. Wenn Sie dann Ihr Windows Phone mittels des mitgelieferten Kabels an einen freien USB-Anschluss Ihres PCs anschließen, dann meldet sich diese App nach einem kurzen Moment mit ihrem App-Namen und fragt Sie nach den wichtigsten Informationen zur Verbindung:

Taufen Ihres Windows Phones

Ein feierlicher Akt: Nun ist Ihr Gerät das erste Mal mit dem PC verbunden, und um der Feierlichkeit des Augenblicks zu entsprechen, haben Sie die Möglichkeit, ihm einen Namen zu geben. Diesen können Sie einfach über die Tastatur am PC in das Eingabefeld Name Ihres Handys eingeben. Wichtig zu wissen: Namen sind hier nicht nur Schall und Rauch, sondern identifizieren Ihr Gerät an verschiedenen Stellen des Betriebssystems, unter anderem auch, wenn Sie es per Bluetooth mit einem anderen Gerät verbinden möchten. Wählen Sie also einen eindeutigen Namen!

Importieren der Fotos und Videos auf den PC

Im Kapitel zum „Backup" werden Sie noch lesen, wie Sie die Fotos und Videos, die Sie mit Ihrem Windows Phone machen, auf das OneDrive sichern können (Seite 180). Der weitaus gängigere Weg ist aber, diese bei jeder Synchronisation von Musik und Videos auf dem PC zu sichern. Wenn Sie dies tun wollen, aktivieren Sie Fotos und Videos auf meinen PC importieren. Bei jeder Verbindung werden dann die neuen Bilder und Videos vom Gerät in die Standardverzeichnisse Ihres PCs kopiert. Von dort aus können Sie sie weiterverarbeiten oder auf einer Netzwerkfestplatte sichern.

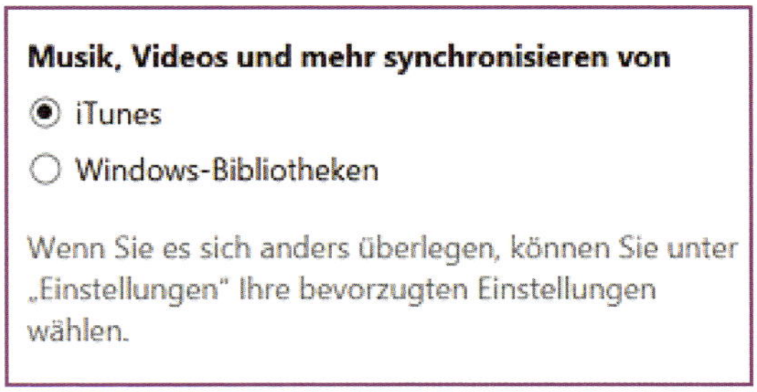

Wahl des Synchronisations-Ziels

Nun unterstellt man Microsoft gerne, sich nur im eigenen Mikrokosmos zu bewegen und keinen Blick über den Tellerrand zu wagen. Das ist, zumindest in diesem Fall, nicht so. Die Windows Phone Desktop-App stellt Sie vor die Wahl, ob Sie nun mit den Windows-Bibliotheken („Musik" und „Videos") Ihres PCs oder aber mit dem sehr verbreiteten Programm iTunes, das meist mit Apple-Geräten kommt, synchronisieren möchten. Wählen Sie durch das Aktivieren des Kreises daneben die für Sie richtige Option.

Durchführen der Synchronisation

Egal, ob Sie sich für die Synchronisation mit den Windows-Bibliotheken oder iTunes entschieden haben: Sie bekommen als Nächstes eine Übersicht der dort vorhandenen Musik angezeigt.

Auswählen der zu synchronisierenden Medien

1 Am sinnvollsten legen Sie sich in iTunes oder dem Windows Media Player vorher eine Wiedergabeliste an, die alle Titel, die Sie auf das Windows Phone schieben möchten, bereits enthält. Dann brauchen Sie diese nur unter Wiedergabelisten durch einen Haken zu aktivieren. Wenn Sie stattdessen aus den vorhandenen Musikstücken Künstler und Alben aussuchen möchten und das ohne den Umweg einer Wiedergabeliste erfolgen soll, dann ist auch das kein Problem.

2 Unter Künstler finden Sie alle Interpreten, deren Musik Sie gespeichert haben, darunter die von diesem Interpreten vorhandenen Alben. Setzen Sie einfach einen Haken neben jedem Album, das Sie synchronisieren möchten.

3 Dieselbe Auswahl können Sie dann auch für Fotos, Videos und Podcasts treffen, indem Sie auf den jeweiligen Eintrag unter dem Namen Ihres Gerätes klicken.

4 Wenn Sie zufrieden sind, dann klicken Sie einfach auf die Schaltfläche Synchronisieren unten rechts auf dem Bildschirm. Schon werden die gewählten Medien mit Ihrem Windows Phone synchronisiert, also die neu angewählten übertragen und die abgewählten vom Gerät gelöscht.

Verwalten von Daten auf dem Windows Phone

Auf der anderen Seite können Sie auch vom PC aus die Daten auf Ihrem Windows Phone verwalten: Klicken Sie in der Windows Phone Desktop-App oben rechts auf Handy. Sie können nun wieder zwischen Musik, Fotos, Videos und Podcasts wählen und einzelne Elemente markieren, indem Sie neben sie einen Haken setzen.

Danach können Sie sich durch Anklicken der entsprechenden Schaltflächen entscheiden, ob Sie die markierten Mediendateien Auf PC speichern oder vom Windows Phone Löschen wollen.

Hinzufügen von Klingeltönen, Teil 1

Warum soll Ihr Hochleistungstelefon bei einem Anruf „klingeln“, wenn es auch Mozart oder die Beatles anspielen könnte? Mit dem Smartphone kann man dem Einheitsbrei der vorinstallierten Klingeltöne entkommen und eigene, möglichst individuelle Klingeltöne zu verwenden. Wie Sie diese auf Ihr Windows Phone bekommen? Ganz einfach:

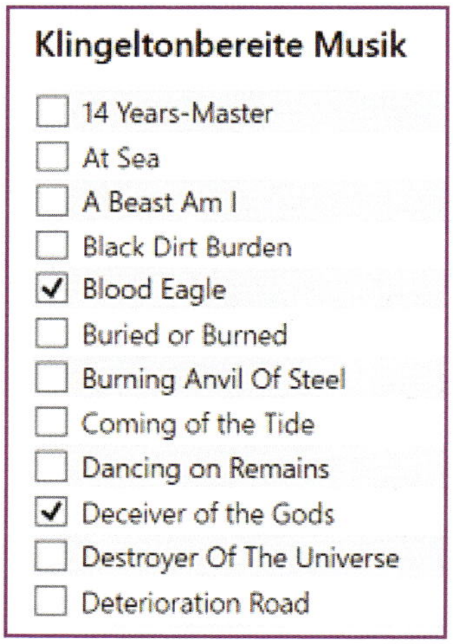

Verwenden von Musikstücken als Klingelton

Klicken Sie mit der Maus in der Desktop-App auf Klingeltöne. Schon zeigt Ihnen Ihr Windows Phone alle Musikstücke an, die den Vorgaben für einen Klingelton entsprechen (dazu gehören z.B. Länge und Format der Datei). Wenn der richtige dabei ist, dann markieren Sie ihn einfach, und klicken Sie dann auf Hinzufügen.

Auf Ihrem Windows Phone finden Sie diese Klingeltöne dann in der Programmliste unter Einstellungen, Klingeltöne + Sounds, Klingelton ganz oben in der Liste.

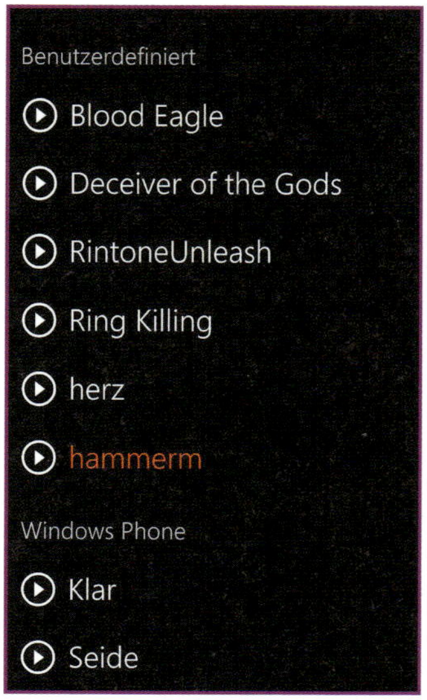

INFO **Erstellen eigener Klingeltöne**

Oft kommt es vor, dass Sie nicht ein komplettes Musikstück als Klingelton haben möchten, sondern beispielsweise nur kurz und knackig den Refrain. Dieses „Mini-Musikstück“ können Sie sehr einfach selber erzeugen, indem Sie eine vorhandene Musikdatei beschneiden, z. B. mit dem kostenlosen Windows-Programm Audacity. Eine Anleitung dazu finden Sie z. B. hier: www.worldofppc.com/tipstricks/item/umwandeln-einer-mp3-datei-als-klingelton-mango

Um diesen selbst gemachten Klingelton auf Ihr Gerät zu bekommen, müssen Sie direkt auf dessen Speicher zugreifen.

ZUGRIFF AUF DEN SPEICHER DES WINDOWS PHONES MIT DEM PC

Die eine oder andere Datei speichern Sie sicherlich auch manuell auf Ihrem Telefon, statt sie auf dem OneDrive überall verfügbar zu haben. Da macht es Sinn, auf diese Dokumente auch zugreifen zu können, wenn Sie das Gerät an den PC anschließen.

Austausch von Daten mittels Kabel

So komfortabel es ist, mit einem eigenen Programm Dateien zwischen dem Windows Phone und dem PC synchronisieren zu können, diese Lösung hat einen Haken: Manchmal müssen Sie schnell an eine Datei oder ein Bild, haben aber auf dem zur Verfügung stehenden PC die Desktop-App nicht installiert und auch keine Rechte dazu, dies kurz nachzuholen. Windows Phone bietet dafür den Zugriff auf die freigegebenen Ordner des Handy-Dateisystems, auf die Sie mit dem Windows Explorer des PCs zugreifen können.

Treiberinstallation

1 Dazu brauchen Sie erst einmal nur das Micro-USB-Verbindungskabel, das jedem Windows Phone beiliegt. Schließen Sie das

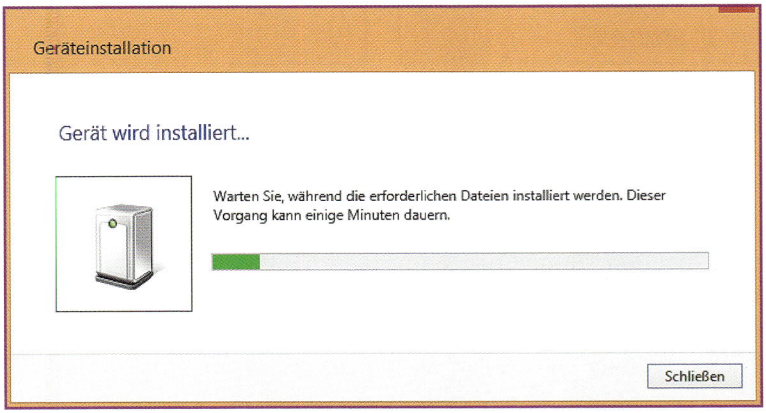

Handy an den PC an und stellen Sie sicher, dass dieser über eine Verbindung zum Internet verfügt. Das Windows Phone wird erkannt und der für die Verbindung nötige Treiber dann automatisch heruntergeladen.

2 Auf dem Bildschirm des PCs erscheint ein kleines Fenster, das den Fortschritt der Treiberinstallation anzeigt. Sobald der Balken gefüllt ist, ist die Installation abgeschlossen und Ihr Windows Phone meldet sich wie ein USB-Stick im Windows Explorer.

3 Wenn Sie ein Windows Phone mit einer SD-Karte haben, dann erscheinen unter dessen Name zwei Einträge: Phone für den internen Speicher, SD card für die SD-Karte. Auf diese können Sie zugreifen wie auf eine Festplatte oder einen USB-Stick.

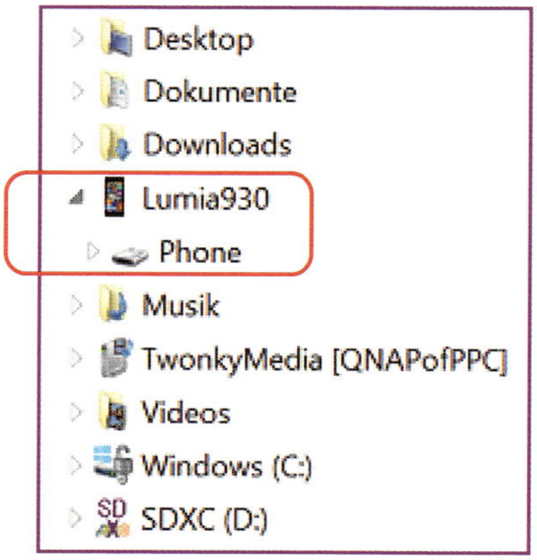

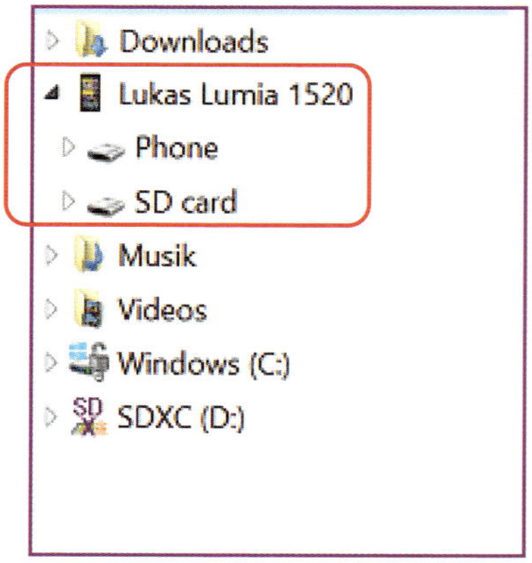

Zugriff auf die Dateien

Windows Phone ist sehr restriktiv, was externe Zugriffe auf die Dateien auf dem Gerät angeht: Sie können nicht, wie von Ihrem PC aus, auf Systemdateien zugreifen, dadurch aber auch nichts kaputt machen. Erreichbar sind lokale Dokumente (Documents), heruntergeladene Dateien (Downloads), Musik (Music), Bilder (Pictures), Klingeltöne (Ringtones) und Videos (Videos). Diese Dokumentkategorien werden als Verzeichnisse innerhalb des Telefon- (bzw. SD-Karten-) Speichers angezeigt.

Hinzufügen von Klingeltönen, Teil 2

Sie ahnen schon, was nun kommt: Wenn Sie sich die Mühe gemacht haben und einen eigenen Klingelton geschnitten haben, dann können Sie ihn ganz leicht auf Ihr Windows Phone kopieren.

Verwenden eigener Musikstücke als Klingelton

1 Schließen Sie Ihr Windows Phone an Ihren PC an.

2 Wechseln Sie in das Verzeichnis Ringtones und kopieren Sie Ihren individuellen Klingelton mittels Windows Explorer einfach in den Ringtones-Ordner hinein.

3 Wie nach der Synchronisation finden Sie ihn wieder ganz oben in der Liste der benutzerdefinierten Klingeltöne. Es bleibt also keine Ausrede mehr für langweilige Düdeldüüüt-Töne!

VIEL MEHR ALS EIN TELEFON

Neben den vielen gesicherten Daten und installierten Programmen ist das Windows Phone vor allem Ihre Verbindung zum Telefon- und Datennetz, quasi Ihr universeller Kommunikator und die Verbindung zur virtuellen und echten Welt. So wird es schnell zu einem kleinen, zuverlässigen Helfer, der Ihnen den Alltag ungemein erleichtert.

MOBILE TELEFONZELLE: TELEFONIEREN

Bevor es um die vielfältigen Funktionen geht, erst einmal die Basis aller Telefone. Denn schließlich ist der Ursprung aller Smartphones das Handy – und natürlich können Sie mit Ihrem Windows Phone auch anrufen und angerufen werden. Das klappt ohne größere Einrichtung.

Eingehende Telefonate

Kaum haben Sie Ihr neues Windows Phone eingerichtet, da erdreistet sich vielleicht schon der erste Anrufer, Sie zu erschrecken. Ihr Telefon signalisiert den Anruf genau so, wie Sie es bei den Benachrichtigungen eingestellt haben, also mit einem Klingelton, ein- oder ausgeschalteter Vibration und der festgesetzten Lautstärke.

Gleichzeitig wird Ihnen auf dem Bildschirm die Rufnummer oder der Name des gespeicherten Kontaktes, der diese Rufnummer hat, angezeigt. Sie haben nun die Möglichkeit, den Anruf durch Tippen auf Annehmen zu beantworten oder durch Tippen auf Ignorieren abzulehnen.

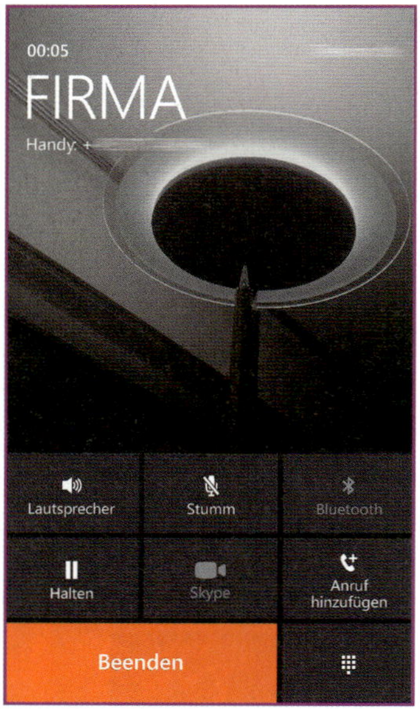

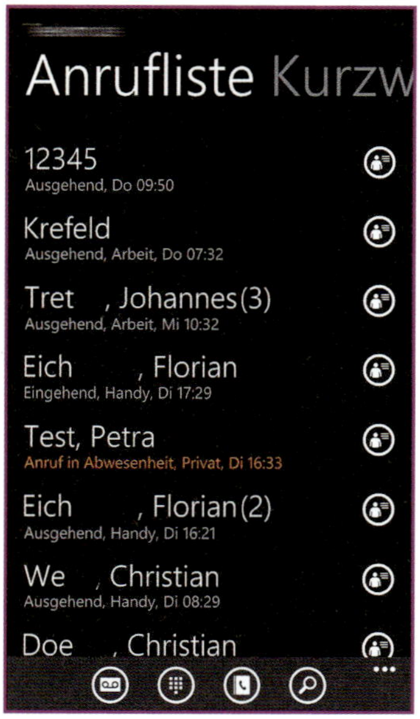

Während des Gespräches erscheinen am unteren Bildrand einige Symbole, mit denen Sie den Anruf auf Ihrem Gerät steuern können:

- Durch ein Tippen auf Lautsprecher schalten Sie das Gespräch auf den Lautsprecher Ihres Windows Phones. Eine tolle Funktion, wenn Sie mit mehreren Leuten an dem Anruf teilnehmen möchten.
- Stumm schaltet das Mikrofon aus und bietet Ihnen die Möglichkeit, eine Rückfrage an jemandem im Raum zu richten, ohne dass der Gesprächspartner diese hören kann.
- Halten parkt das Gespräch und ermöglicht es, einen weiteren Anruf anzunehmen oder zu starten, wenn Sie beispielsweise eine Rückfrage an jemanden haben, der nicht im direkten Umfeld sitzt.
- Die kleine Nummerntastatur ganz unten rechts bringt die Wähltastatur auf den Bildschirm. Dies ist nötig, wenn Sie beispielsweise Ihren Anrufbeantworter anrufen und zum Zugriff auf Ihre Nachrichten die numerische PIN eingeben müssen.

Anrufe verwalten

Bereits ohne eingegebene Kontakte (siehe Kapitel „Meine Visitenkarten“, Seite 99) können Sie schon telefonieren. Tippen Sie auf der Startseite auf die Telefonkachel (oder in der Programmliste auf Telefon), dann gelangen Sie direkt in die Anrufliste. Diese enthält alle eingehenden und ausgehenden Anrufe. Im einfachsten Fall tippen Sie einfach einen der Einträge an und rufen die angezeigte Nummer damit an.

Direktwahl einer Rufnummer

Wenn Sie nun noch eine jungfräuliche Liste vorfinden oder der Anzurufende noch nicht in der Rufliste auftaucht, dann wählen Sie die Nummer doch einfach direkt.

1 Unten am Rand des Bildschirms finden Sie einen runden Knopf, der eine Telefontastatur symbolisiert. Tippen Sie diesen an, und Sie bekommen auf dem Bildschirm die Wähltasten angezeigt.

2 Tippen Sie die Nummer ein, dann tippen Sie auf Anrufen.

3 Während des Gespräches können Sie dieses beenden, indem Sie auf Beenden tippen.

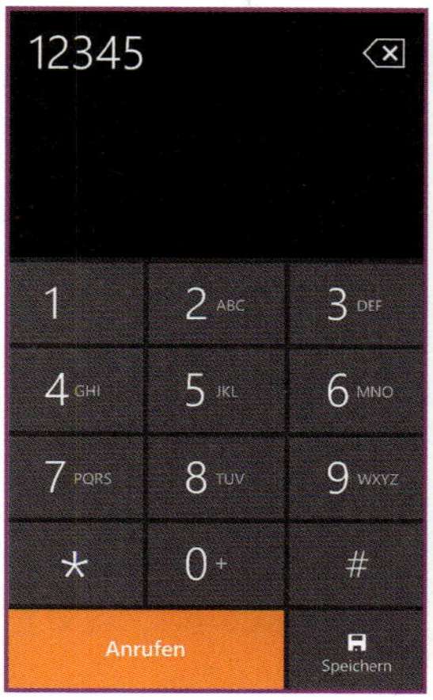

INFO **Warum geht der Bildschirm aus?**

Wenn Sie sich wundern, warum der Bildschirm während eines Telefonates manchmal ausgeht: Das ist kein Fehler, sondern eine durchdachte Funktion: Am oberen Rand Ihres Bildschirms befindet sich der sogenannte Annäherungssensor (Proximity Sensor), der bemerkt, wenn das Display verdeckt ist. Wenn Sie das Telefon ans Ohr halten, dann schaltet Ihr Windows Phone diesen zusätzlichen und nicht benötigten Stromverbraucher einfach aus.

Sollte der Bildschirm allerdings bei einem Telefonat ausgehen, obwohl er nicht verdeckt ist, dann ist meist Staub auf dem Annäherungssensor. Reinigen Sie den Bildschirm dann mit einem Microfasertuch!

Löschen von Rufnummern aus der Anrufliste

Manchmal ist es nicht ganz so geschickt, eine angerufene Rufnummer in der Anrufliste sichtbar zu lassen, vor allem nicht, wenn auch andere Leute Zugriff auf Ihr Gerät haben. Keine Sorge, einen

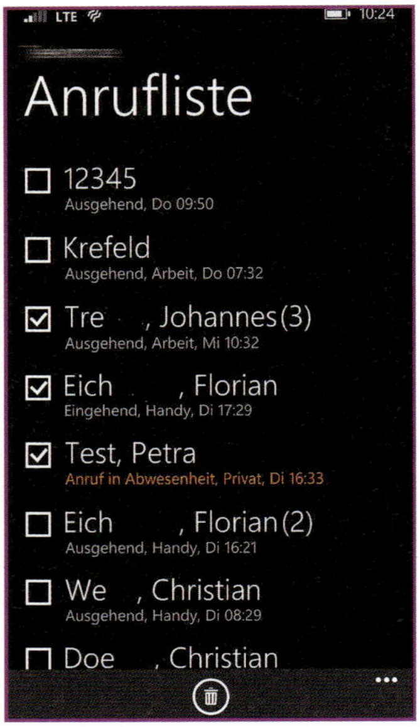

Eintrag (oder auch die ganze Liste) loszuwerden ist überhaupt kein Problem.

Dazu tippen Sie in der Anrufliste auf die drei Punkte unten rechts auf dem Bildschirm, dann auf Anrufe auswählen. Sie erhalten nun neben einem jeden Anruf ein kleines, antippbares Kästchen, in dem Sie den zu löschenden Anruf markieren können. Wenn Sie gleich die gesamte Liste löschen wollen, dann tippen Sie noch einmal auf die drei Punkte unten rechts auf dem Bildschirm und dann auf Alles markieren.

Nachdem Sie alle zu löschenden Einträge der Anrufliste markiert haben, tippen Sie einfach auf das Mülltonnen-Symbol am unteren Bildschirmrand.

Blockieren von Rufnummern aus der Anrufliste

Rechtliche Vorgaben hin oder her, mittlerweile haben viele zwielichtige Anbieter das Mobiletelefon als interessantes Ziel für Werbung erkannt. Ob sie nun das dritte Zeitungsabo angeboten bekommen sollen oder einfach nur immer wieder von einer Nummer angerufen werden, um sie zu einem (teuren) Rückruf zu nötigen: Von manchen Nummern will man einfach gar nicht erst angerufen werden. Das können Sie zwar nicht vollständig verhindern, wohl aber, dass der Anruf bis zu Ihnen durchkommt. Blockieren Sie einfach die Rufnummer!

Halten Sie dazu in der Anrufliste den Finger auf die Rufnummer gedrückt, dann wählen Sie Nummer blockieren… aus dem sich öffnenden Menü.

Um eine blockierte Nummer wieder freizugeben, tippen Sie in der Anrufliste auf die drei Punkte unten rechts am Bildschirmrand, auf Blockierte Anrufe und entfernen Sie die blockierte Nummer wieder.

Markieren von Rufnummern als Favoriten

Das komplette Gegenstück: Statt ungewollte Anrufe zu blockieren, können Sie auch Ihre beliebtesten Nummern als Favoriten

markieren. Halten Sie dazu wieder den Finger auf die Rufnummer in der Anrufliste und dann auf Zu Kurzwahlliste hinzufügen.
Um auf Ihre so favorisierte Kurzwahlliste zuzugreifen, wischen Sie in der Anrufliste mit dem Finger nach links über den Bildschirm. Aus der Liste der Kurzwahlnummern können Sie dann wieder wie gewohnt durch Antippen den Anruf starten.

DAS INFOCENTER

Es hat bis zur Version 8.1 von Windows Phone gedauert, bis eine bei anderen Plattformen schon lange zum Standard gehörende Funktionalität zur Verfügung gestellt wurde: Die Liste der Benachrichtigungen über neue Anrufe, Nachrichten und Meldungen, das sogenannte Infocenter.

Standard-Benachrichtigungen von Windows Phone

Ob Sie nun eine neue E-Mail bekommen, ein Anruf eingeht oder Ihr Lieblings-Bundesligaverein ein Tor geschossen hat: Die meisten vorinstallierten Programme wie auch viele über den Windows Phone Store zusätzlich installierbaren Apps aktualisieren sich regelmäßig und melden sich bei Ihnen, wenn sie etwas Neues für Sie haben. Im Standard hat Windows Phone zwei Benachrichtigungsarten, die Programme benutzen können:

Die Kachelbenachrichtigungen

Sobald eine Kachel sich automatisch aktualisiert (man spricht dann von einer „Live-Kachel"), werden neue Elemente direkt an der Kachel signalisiert. Die Art der Benachrichtigung ist abhängig von der Größe der Kachel: Bei kleinen Kacheln wird nur die Zahl der neuen Benachrichtigungen angezeigt (beispielsweise eine „3" für drei neue Kurznachrichten).

Bei einer breiten oder normalen Kachel können Sie meist sogar detailliertere Informationen (wie die Betreff-Zeile einer E-Mail oder den Text der Kurznachricht) lesen.

Die Bannerbenachrichtigung

Bestimmte Benachrichtigungen sollen vielleicht mehr Aufmerksamkeit erregen. Da ist eine Kachelbenachrichtigung nur bedingt geeignet, denn diese ist ja nur sichtbar, wenn Sie gerade auf dem Startbildschirm sind und die Kachel auch sehen können. Die Alternative ist die Bannerbenachrichtigung (aus der Historie auch manchmal „Toast-Benachrichtigung" genannt, weil sie wie ein Toast aus dem Toaster „hochspringt").

Einrichten von Benachrichtigungen

Bei einem älteren Windows Phone bleibt Ihnen nur die Konfiguration der beiden gerade vorgestellten Benachrichtigungstypen innerhalb des jeweiligen Programms. Ab Windows Phone 8 haben Sie dafür zusätzlich noch das Infocenter als zentrale Stelle. Der Vorteil des Infocenters ist, dass es nicht nur kurzzeitig Benachrichtigungen anzeigt, sondern diese zusätzlich in einer Liste sammelt: Haben Sie Ihr Windows Phone eine längere Zeit aus den Augen gelassen, dann verpassen Sie keine Benachrichtigung, sondern können jederzeit nachsehen, was so alles in Ihrer Abwesenheit passiert ist. Sie erreichen das Infocenter, indem Sie aus der Programmliste auf Einstellungen, Benachrichtigungen tippen

Im unteren Teil des Bildschirmes finden Sie eine Liste aller Programme, deren Benachrichtigungen Sie zentral steuern können. Wenn Sie für ein bestimmtes Programm die Art der Benachrichtigung einstellen möchten, dann tippen Sie dieses einfach in der Liste an.

Über den Schalter Im Infocenter anzeigen können Sie festlegen, ob dieses Programm seine Benachrichtigungen

INFO **Wo ist mein Programm?**

Wenn Sie ein Programm wie Facebook, WhatsApp oder Threema installiert haben (Seite 68), dies aber nicht im Benachrichtigungscenter erscheint, dann hat das meist einen einfachen Grund: Erst nachdem das Programm die erste Benachrichtigung versendet hat, wird es in der Liste der Programme im Benachrichtigungscenter aufgeführt. Und natürlich kann auch erst dann detailliert festgelegt werden, wie Ihnen die Benachrichtigung präsentiert wird.

sammeln und im Infocenter auflisten soll. Ist diese Funktion deaktiviert, dann erscheinen nur die kurzfristigen Benachrichtigungen auf der Kachel oder in einem Banner.
Mit den beiden darunter angezeigten Haken können Sie festlegen, ob Ihr Windows Phone ein Benachrichtigungsbanner anzeigen soll und ob es zusätzlich noch Vibrieren soll (was beim Transport in der Hosentasche eine gleichermaßen angenehme und nützliche Funktion ist).
Dazwischen finden Sie unter Benachrichtigungssound die Einstellung für den abgespielten Klang. Hier können Sie aus diversen im Standard mitgelieferten Tönen auswählen. Wenn Sie durch die Synchronisation mit dem PC eigene Benachrichtigungstöne auf Ihr Gerät gebracht haben (Seite 53), dann finden Sie diese nun ebenfalls in der Liste.
Tippen Sie auf das nach rechts zeigende Dreieck („Play“) neben einem Ton, um ihn probezuhören, oder tippen Sie seinen Namen an, um ihn als Benachrichtigungston auszuwählen.

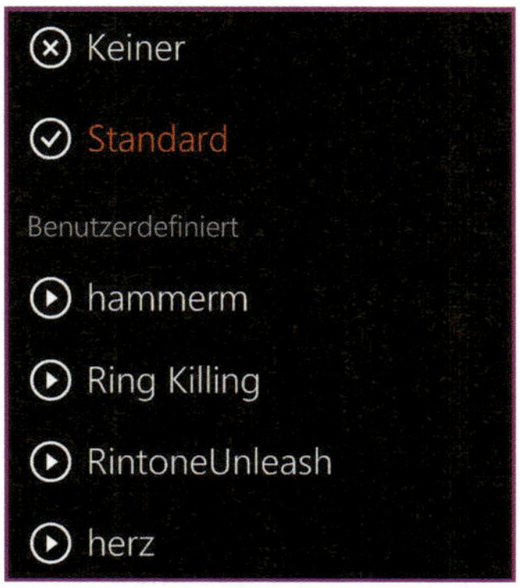

Nutzen des Infocenters

Sobald eines Ihrer Programme Ihnen mitteilen möchte, dass es neue Informationen für Sie bereithält, werden als

Erstes die direkten Benachrichtigungen auf der Kachel und – falls aktiviert – in einem Banner angezeigt. Haben Sie dieses Programm auch für das Infocenter freigegeben, dann wird die Benachrichtigung gleichzeitig auch in das Infocenter geschrieben. Das erkennen Sie daran, dass am oberen Bildschirmrand links eine kleine, rechteckige Sprechblase angezeigt wird.

Anzeigen der Benachrichtigungsliste

1 Wischen Sie mit dem Finger von oben nach unten über den Bildschirm, um die Liste der Benachrichtigungen zu sehen:

2 Diese sind sortiert nach dem Programm, das sie erzeugt hat. Nicht sichtbare Benachrichtigungen können Sie durch Nach-unten-Schieben der Liste sichtbar machen.

3 Wenn Sie auf eine der Benachrichtigungen tippen, wird automatisch das zugehörige Programm geöffnet und das

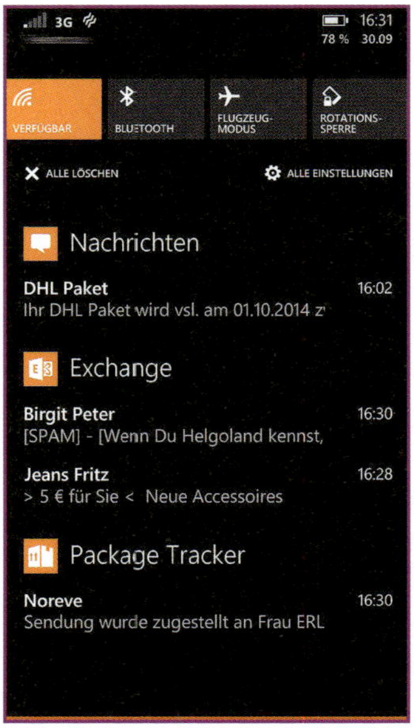

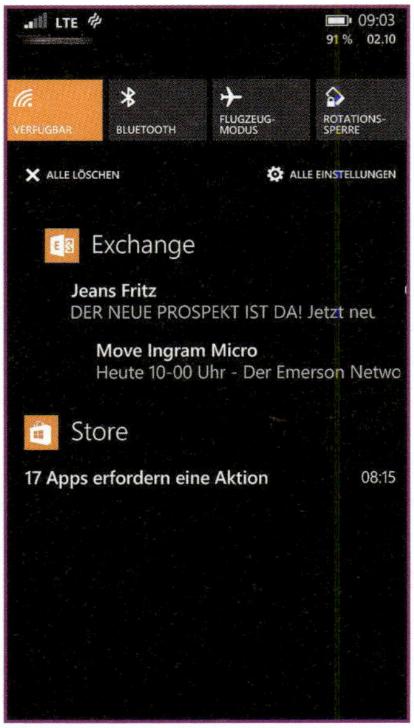

jeweilige Element angezeigt. Die Umsetzung ist so genau, dass Sie beispielsweise in einer Liste von E-Mails genau eine antippen können und genau diese E-Mail geöffnet wird (statt der Übersicht des Posteingangs). Eine einmal angetippte Benachrichtigung verschwindet automatisch aus dem Infocenter.

Löschen von Benachrichtigungen

Bei bestimmten Benachrichtigungen sind Sie automatisch hellwach: E-Mails und Kurznachrichten sind meist wichtiger und erfordern schnellere Aufmerksamkeit als eine Antwort auf einen Ihrer Beiträge auf Facebook. So kommt es immer wieder vor, dass Sie die Benachrichtigungen im Infocenter nicht benötigen, weil Sie sie bereits „live" gesehen haben.

Um beispielsweise alle E-Mail-Benachrichtigungen zu löschen, halten Sie im Infocenter den Finger auf eine Mail und ziehen Sie ihn dann nach rechts. Der gesamte Block der Benachrichtigungen wird nun gelöscht (die E-Mail selbst natürlich nicht!).

Wenn Sie das komplette Infocenter leeren möchten, dann halten Sie statt einem zwei Finger auf den Bildschirm und ziehen Sie diese ebenfalls nach rechts. Schon ist Ihr Infocenter komplett jungfräulich und leer, bis das nächste Programm etwas zu melden hat.

Die Lautstärke von Tönen

Bisher haben Sie festgelegt, mit welchem Ton eine Benachrichtigung abgespielt werden soll, allerdings kann es in manchen Situationen hilfreich sein, noch genauer zu definieren, wie laut der Ton ertönen soll: Wenn Sie in einer stillen Umgebung sitzen, dann sollte die Benachrichtigung nicht mit voller Lautstärke tönen. Auf einer Veranstaltung wiederum macht es Sinn, die Lautstärke auf das Maximum zu setzen.

Drücken Sie dazu die Lautstärkewippe an der Seite des Gerätes einmal, dann erscheint am oberen Bildschirmrand ein kleines Feld, in dem die Lautstärke angezeigt wird

INFO **Schnell zwischen Ton und Vibration wechseln**

Wenn Sie sicherstellen möchten, dass beispielsweise bei neuen E-Mails oder Nachrichten kein Ton abgespielt wird, sondern das Gerät nur vibriert, dann könnten Sie den Regler ganz nach links und damit auf null ziehen. Das würde aber bedeuten, dass Sie später die so mühsam gefundene optimale Lautstärke für alle Lebenslagen wieder manuell zurückstellen müssten.
Einfacher geht es, wenn Sie einfach auf den ganz linken Rand des Reglers tippen: Die Lautstärke wird automatisch auf null gesetzt. Tippen Sie später wieder auf den rechten Rand, dann wird die ursprüngliche Lautstärke wiederhergestellt.

(„Vibration“, wenn der Ton stummgeschaltet ist und das Gerät nur vibriert, eine Zahl, wenn der Ton aktiviert ist). Rechts davon finden Sie einen kleinen Pfeil nach unten, tippen Sie diesen einfach an, dann öffnen sich die Lautstärkeregler.
Getrennt für Klingeln und Benachrichtigungen und die restlichen Töne (für die Medienwiedergabe oder den Ton von Programmen) können Sie nun per Finger die Lautstärkeregler und damit die Lautstärke der Töne verändern.

DIE ELEKTRONISCHE POSTKARTE: SMS UND KURZNACHRICHTEN

Telefonieren ist der direkteste Weg der Kommunikation mit einem Smartphone, manchmal aber ist die Zeit einfach nicht dafür da. Kluge Köpfe haben dafür den Begriff der „asynchronen Kommunikation" geprägt. Einfacher könnte man auch sagen „Reagieren Sie einfach, wann Sie wollen!" Dank des Infocenters verpassen Sie ja nichts.

SMS verschicken

Man mag es kaum glauben: Die erste SMS der Welt entschlüpfte schon 1992 in den Äther – und trotzdem ist dieses Medium immer noch weit verbreitet. Selbst auf einfachen Telefonen kann ein Text mit bis zu 160 Zeichen geschrieben und versendet werden, ohne eine Internetverbindung zur Verfügung zu haben. Natürlich ist diese Aufgabe auch für Ihr Windows Phone ein Leichtes.

Der SMS-Posteingang

Aus der Programmliste finden Sie Ihre Kurzmitteilungen unter Nachrichten, im Standard ist aber auch eine Kachel auf dem Startbildschirm dafür angelegt. Der Posteingang zeigt Ihnen die eingegangenen Nachrichten in einer Konversationsansicht an: Sie sehen einen Eintrag für eine Vielzahl von Nachrichten, die zwischen Ihnen und einem Gesprächspartner ausgetauscht wurden.

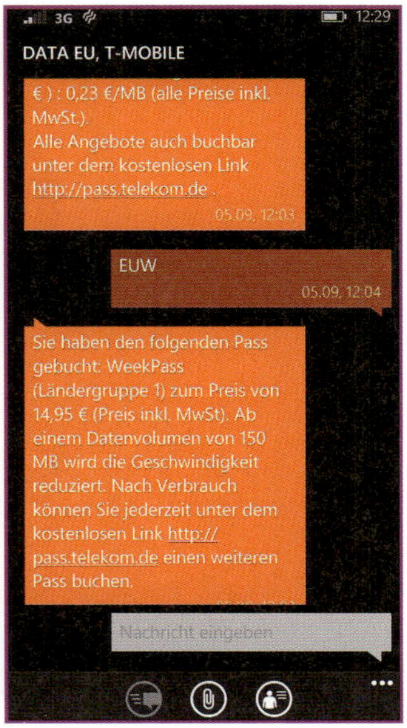

Tippen Sie eine der Nachrichten an, dann öffnet sich

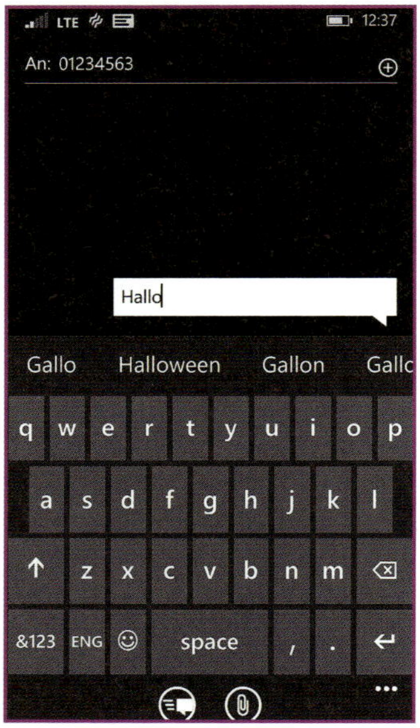

die Unterhaltung, und Sie sehen die Nachrichten Ihres Gesprächspartners auf der linken, Ihre eigenen auf der rechten Seite.

Um eine weitere Antwort zu schreiben, tippen Sie einfach mit dem Finger in die weiße Sprechblase am unteren Ende des Bildschirms und tippen Sie sie dann über die Bildschirmtastatur ein.

Schreiben einer neuen SMS

1 Wenn Sie eine neue Konversation beginnen möchten (die ja durchaus auch nur aus einer einzelnen Nachricht bestehen kann), dann tippen Sie im Posteingang der Nachrichten auf das kleine + unten am Bildschirmrand.

2 Geben Sie dann die Rufnummer des Empfängers (oder dessen Namen, wenn Sie ihn schon in den Kontakten gespeichert haben) ein, darunter den Inhalt der Nachricht. Zum Absenden tippen Sie dann auf den „fliegenden Briefumschlag", das linke Symbol am unteren Bildschirmrand.

3 Über eine Antwort werden Sie wie gewohnt informiert, wie Sie es in den Benachrichtigungseinstellungen für Nachrichten festgelegt haben.

INFO **Weniger oder mehr als 160 Zeichen?**

Im Standard können Sie in eine SMS bis zu 160 Zeichen hineinschreiben. Dies ist allerdings ein Wert, der sich verändern kann: Wenn Sie beispielsweise grafische Zeichen (wie die bunten Smileys auf der Tastatur) verwenden, dann sinkt die Zahl der verfügbaren Zeichen rapide: Diese grafischen Zeichen brauchen einfach mehr Platz als normaler Text.

Wenn Sie eine SMS schreiben, die länger als die verfügbare Zahl an Zeichen ist, dann wird diese automatisch in mehrere SMS aufgeteilt. Natürlich zahlen Sie am Ende die Zahl der tatsächlich versandten SMS!

Weiterleiten und Löschen einer SMS

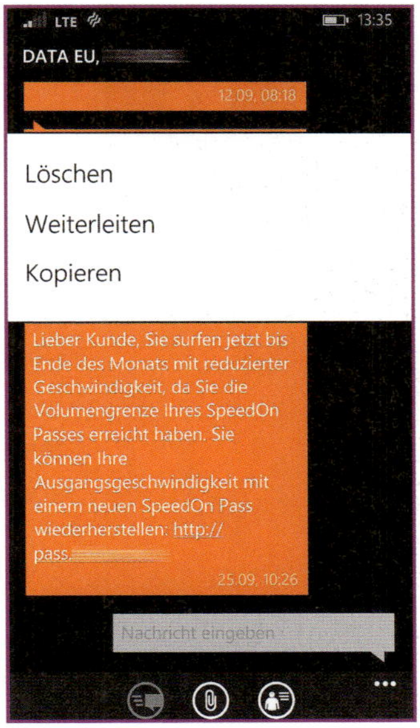

Wenn Sie eine SMS bekommen haben, deren Inhalt auch für jemand anderes interessant ist, dann können Sie diese auch weiterleiten. Dazu halten Sie den Finger auf die Nachricht und tippen dann auf Weiterleiten.
Der Text der weiterzuleitenden Nachricht wird automatisch in die neue SMS kopiert, Sie müssen nur noch den Empfänger eingeben und die Nachricht dann versenden. Ganze Konversationen können übrigens leider nicht weitergeleitet werden, nur einzelne Nachrichten.

Messenger: Kurznachrichtendienste

Seit 1992 wurden in Deutschland mehr und mehr SMS verschickt, mehrere Milliarden pro Jahr. Erst in letzter Zeit sind diese Zahlen leicht rückläufig, denn eine neue Art der Kurznachricht bürgert sich ein: versendet über Kurznachrichtendienste, also spezielle Chat-Programme.
Vorteil: Bei einer SMS über Grenzen hinweg, besonders über die EU hinaus, zahlt man pro SMS (also 160 Zeichen) – zum Teil auch der Empfänger. Messenger-Dienste funktionieren dagegen über Ihr Datenvolumen, mit dem Sie unterwegs auch ins Internet gehen können. Sicherheitshalber sollten Sie im Ausland aber das sog. Roaming deaktivieren und die Kurznachrichtendienste nur bei aktivem WLAN nutzen (Seite 29 bzw. 157). Einmal installiert, greifen solche Apps automatisch auf Ihre Telefonliste zu und zeigen Ihnen an, welcher Ihrer Kontakte ebenfalls auf diesem Weg erreichbar ist. Der Rest funktioniert genauso wie bei einer SMS.
Nachteil: Die meisten Programme nehmen das Thema Datenschutz nicht besonders ernst oder – noch schlimmer – sammeln die Daten Ihrer Nutzer sogar aktiv. Zudem gibt es zwar viele Anbieter, aber Sie und Ihr Gegenüber müssen die gleiche Messenger-App verwenden. Eine gute, sichere App also, die Ihre Freunde nicht benutzen, bringt Ihnen leider gar nichts – es sei denn, Sie können sie von den Vorteilen überzeugen. Und benutzt ein Kollege noch ein altes (Tasten-)Handy, kann er eben nur SMS schreiben.

Allerdings spricht nichts dagegen, auch mehrere Messenger-Apps zu verwenden. Auf www.test.de finden Sie unter dem Stichwort „Messenger" regelmäßig neue Artikel zum Thema.
Zu den am meisten verwendeten Messengern gehört WhatsApp – dessen Datenschutzverhalten im letzten Test aber bedenklich war. Seitdem gab es einige Neuerungen, unbedenklich ist WhatsApp jedoch weiterhin nicht. Die App kostet ab dem zweiten Jahr der Nutzung pro Jahr knapp einen Euro. Sicherer und auf lange Sicht günstiger ist der Messenger Threema, der einmalig knapp zwei Euro kostet. Als wir die App für Android- und Apple-Smartphones testeten, war sie der einzige unkritische Messenger beim Datenschutz. Seit Ende 2014 gibt es die App auch für Windows Phone.

DER ELEKTRONISCHE BRIEF: DAS E-MAIL-KONTO

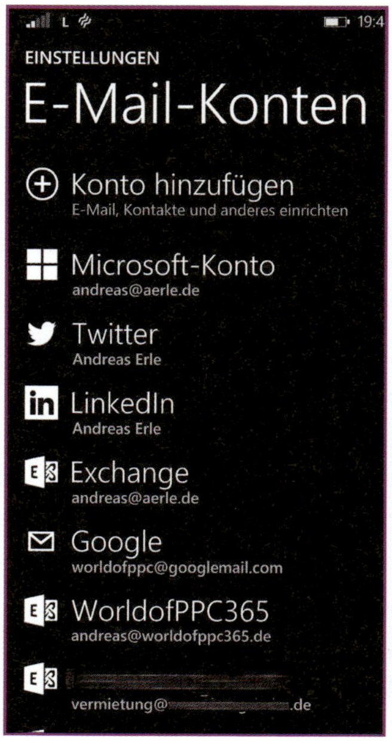

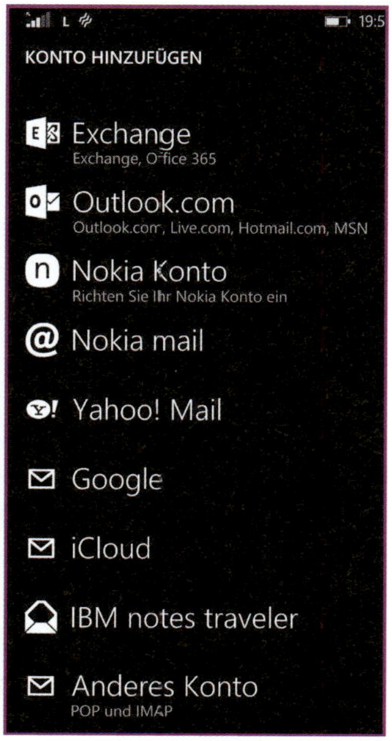

Ihr allererstes E-Mail-Konto haben Sie ja bereits auf Ihrem Windows Phone eingerichtet: Das Microsoft-Konto beinhaltet auch ein E-Mail-Konto, das Sie ohne Weiteres nutzen können. Wenn Sie aber bereits eines besitzen, macht es natürlich Sinn, dieses auch gleich auf Ihr Windows Phone zu bringen.

1 Um auf Ihrem Gerät ein neues Konto einzurichten, tippen Sie in der Programmliste auf Einstellungen, E-Mail-Konten + andere.

2 In der Übersicht finden Sie alle Ihre bisher eingerichte-

ten Konten, deren Einstellungen Sie durch ein Tippen auf den Kontonamen verändern können.
3 Für ein neues Konto tippen Sie einfach auf Konto hinzufügen.

Anlegen eines Standard-Kontos

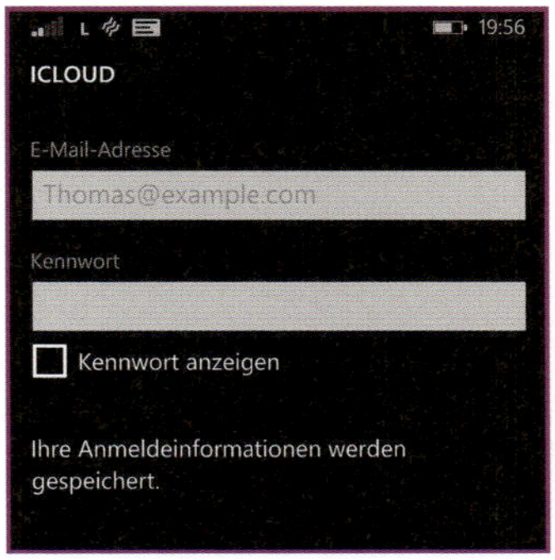

4 In der sich nun öffnenden Liste finden Sie eine Vielzahl von E-Mail-Anbietern. Sollte das neue Postfach zu einem dieser Anbieter gehören, dann tippen Sie dessen Eintrag einfach an. Für diese Anbieter ist schon genau hinterlegt, welche Informationen Ihr Windows Phone für den Versand und den Empfang von E-Mails benötigt, beispielsweise für iCloud (hilfreich, wenn Sie ein Umsteiger vom iPhone sind):
5 Tippen Sie nur Ihren Benutzernamen (in diesem Beispiel die Apple ID) und das zugehörige Kennwort ein, und tippen Sie auf Anmelden, dann wird die Verbindung zu Ihrem E-Mail-Postfach aufgebaut und bei korrekt eingegebenen Daten das Postfach auch direkt angelegt, sodass Sie es sofort nutzen können.
Ein wichtiger Hinweis noch zum Microsoft-Konto: Sollten Sie dieses bei der Ersteinrichtung bereits auf Ihrem Gerät eingerichtet haben, dann müssen Sie dies hier natürlich nicht wiederholen. Sie können jederzeit ein weiteres Microsoft-Konto anlegen, dieses allerdings hat dann nicht die Sonderfunktionen für Einkäufe, die Identifikation Ihres Gerätes etc.!

INFO **Die Zusammensetzung einer E-Mail-Adresse**

Eine E-Mail-Adresse setzt sich immer aus zwei wichtigen Dingen zusammen, dem Teil vor dem „@"-Zeichen und dem danach. Stellen Sie sich das Ganze wie ein riesiges Postverteilungssystem vor, und nehmen wir als Beispiel die E-Mail-Adresse worldofppc@outlook.de: Bei Versand einer E-Mail wird zuerst nachgeschaut, bei welchem Postamt das Post-

fach liegt, und alle E-Mails an dieses Postamt zugestellt. Dies ist der zweite Teil der E-Mail-Adresse: outlook.de als E-Mail-Dienst sagt jedem E-Mail-Programm etwas, damit wird die E-Mail erst einmal an Outlook.de als Postamt geschickt. Ist eine E-Mail beim Postamt angekommen, dann wird nachgeschaut, an welches Postfach, also welchen Benutzer sie gehen soll und dann dort abgelegt.
Wenn Sie nun Ihre E-Mails abrufen, dann melden Sie sich erst am E-Mail-Dienst mit Ihrem Benutzernamen und Ihrem Kennwort an, wenn diese richtig sind, dann bekommen Sie alle E-Mails aus Ihrem Postfach ausgeliefert.

Anlegen eines benutzerdefinierten Kontos

Wenn Sie nun Ihren persönlichen E-Mail-Anbieter nicht in der Liste auf Ihrem Windows Phone finden, dann werfen Sie die Flinte nicht ins Korn! Tippen Sie stattdessen unten in der Liste auf Anderes Konto. Auf den ersten Blick sieht der nun folgende Bildschirm nicht anders aus als bei einem bekannten E-Mail-Dienst. Geben Sie wieder Ihren Benutzernamen (in diesem Fall ist das die E-Mail-Adresse) und das zugehörige Kennwort ein und tippen Sie auf Anmelden. Ihr Windows Phone versucht jetzt manuell, anhand des E-Mail-Diensts als Teil der eingegebenen E-Mail-Adresse, das zugehörige virtuelle Postamt zu erkennen. Dann schickt das Handy eine Anfrage mit Ihrem Kennwort. In den allermeisten Fällen gelingt der Kontakt und Ihr Windows Phone springt automatisch in die Übersicht Ihrer E-Mail-Konten zurück. Nun finden Sie ganz unten eben Ihr neues Konto, das ausgegraut erscheint, weil Ihr Windows Phone schon fleißig damit kommuniziert.

Nehmen wir einmal an, dass Sie eine eigene Webseite haben, die eine eigene Adresse und auch eine zugehörige

E-Mail-Adresse hat – etwa email@stiftung-warentest.de. Ihr Windows Phone kann diese meist nicht automatisch erkennen und meldet, dass es keinen Erfolg hatte. Kontrollieren Sie die eingegebenen Informationen noch einmal, dann tippen Sie auf Wiederholen. Nach dem zweiten Versuch herrscht Einigkeit, dass Sie sich ganz sicher nicht vertippt haben und Ihr Windows Phone dazu keine Einstellungen finden konnte. Darum erscheint unten auf dem Bildschirm die Schaltfläche Erweitert, die Sie dann antippen müssen, danach Internet-E-Mail.

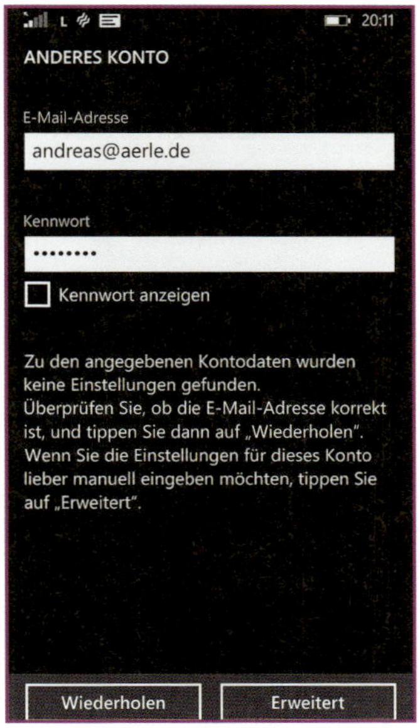

Hier benötigen Sie jetzt kurzfristige Schützenhilfe: Fragen Sie Ihren E-Mail-Anbieter, welche Art von Konto er für Sie eingerichtet hat, und lassen Sie sich alle Daten von ihm geben, die er hat. Das sind vor allem: Eingangs- und Ausgangsserver, Kontotyp (IMAP oder POP) und die Information, ob Sie sich auch beim Senden von E-Mails anmelden müssen. Kurz: technische Informationen, die Ihr Windows Phone bei den anderen E-Mail-Anbietern automatisch abfragen konnte, Sie aber jetzt manuell eingeben müssen.

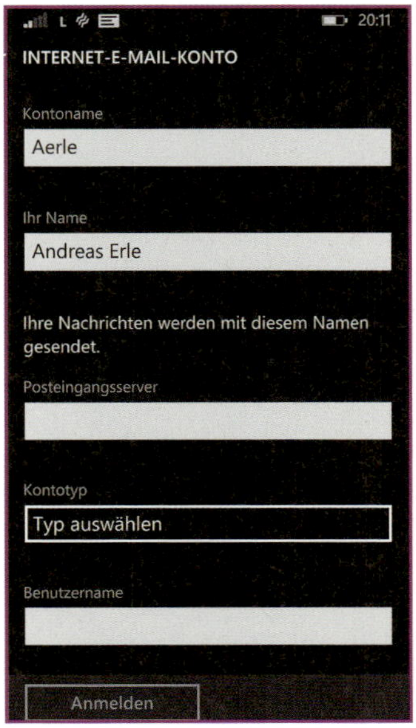

Nachdem Sie diese eingegeben haben, tippen Sie wieder auf Anmelden. Die Anzeige Ihres Windows Phone sollte nun wieder in die Übersichtsseite wechseln und das neue neue E-Mail-Konto anzeigen. Meldet Ihr Windows Phone einen Fehler, dann kontrollieren Sie noch einmal Ihre Eingaben, im Notfall fragen Sie noch einmal beim Kundenservice Ihres E-Mail-Anbieters nach.

Verändern der Einstellungen eines E-Mail-Kontos

Nachdem die Anmeldung an das E-Mail-Konto einmal erfolgreich war, haben Sie mit diesen ganzen technischen Informationen nichts mehr zu tun. Allerdings gibt es noch das eine oder andere einzustellen. Haben Sie sich bei Ihrem Postboten aus Fleisch und Blut nicht schon mal ge-

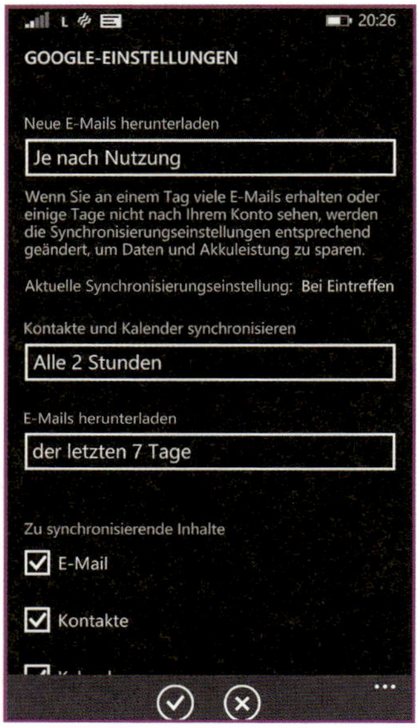

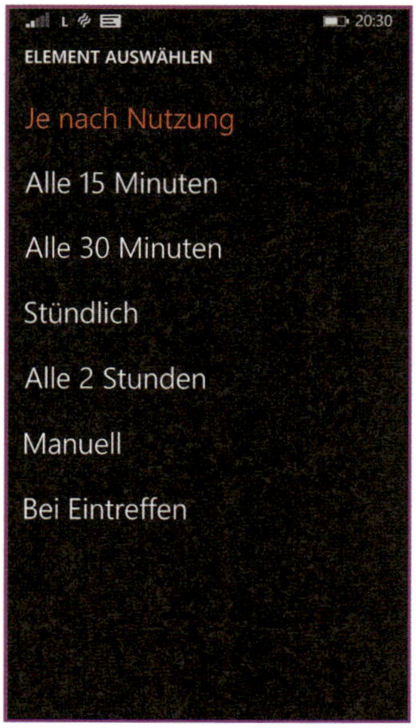

wünscht, ihm einfach sagen zu können, wann er die Post bringt, wie oft, und dass er auch gleich Ihre Post mitnehmen soll? Kein Problem: Ein E-Mail-Postfach ist da viel flexibler!

Wechseln Sie wieder aus der Programmliste über Einstellungen, E-Mail-Konten + andere in die Liste der E-Mail-Postfächer und tippen Sie dann das an, dessen Einstellungen Sie verändern möchten.

Für jedes Postfach sehen die zur Verfügung stehenden Einstellmöglichkeiten leicht anders aus, die Kerninformationen sind aber überall dieselben:

Einstellen der Abrufhäufigkeit

Eine wichtige Entscheidung steht Ihnen bevor: Wie oft wollen Sie E-Mails abfragen? Bevor Sie jetzt sagen, dass Ihnen das herzlich egal ist, solange die nur ankommen, sollten Sie zwei Aspekte berücksichtigen: Je häufiger E-Mails abgefragt werden (oder andere Informationen, wie beispielsweise die Wettervorhersage), desto häufiger muss Ihr Gerät Daten aus dem Internet abfragen – und das kostet Strom. Wenn Sie also nur alle Jubeljahre mal E-Mails bekommen und auf diese nicht innerhalb weniger Minuten reagieren müssen, dann stellen Sie nach einem Tippen auf Neue E-Mails herunterladen ein größeres Zeitintervall ein, z. B. alle 2 Stunden.

Wenn Sie stattdessen so schnell wie möglich Ihre E-Mails zugestellt haben möchten, dann stellen Sie an dieser Stelle Bei Eintreffen ein. Damit haben Sie quasi die Express-Zustellung gebucht, die Sie – außer Akkuladung – nichts zusätzlich kostet. Bei dieser auch „Push-E-Mail" genannten Funktionalität kommt die E-Mail auf Ihr Gerät, sobald Sie im Postamt in Ihr Postfach gelegt wird.

Der zweite Aspekt, der in diesem Zusammenhang zu beachten ist: So schön es ist, immer und überall auf dem Laufenden gehalten zu werden: Es lenkt ab. Durch die vielfältigen Benachrichtigungsmöglichkeiten, die Sie ja schon kennengelernt haben, bekommen Sie immer mit, dass eine E-Mail da ist. Ob Sie nun gerade essen, sich unterhalten, im Internet surfen oder was auch immer machen. Je geringer die Frequenz des E-Mail-Abrufs ist, desto mehr Ruhe gönnen Sie sich!

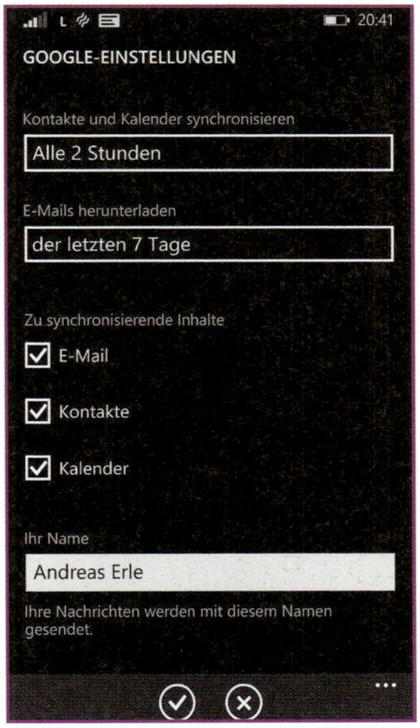

Festlegen der Art und Menge der abgefragten Elemente

Einige Konten (wie das Outlook-Konto, Google, Exchange und andere) bieten die Möglichkeit, nicht nur E-Mails, sondern auch andere Elementtypen wie Kontakte, Termine und/oder Aufgaben synchron zu halten. Das können Sie ebenfalls in der Übersicht festlegen.

- Setzen Sie einfach bei jedem Elementtyp durch Tippen den Haken neben seinem Eintrag, wenn dieser Typ synchronisiert werden soll – beziehungsweise entfernen Sie ihn, wenn er eben nicht mit Ihrem Gerät abgeglichen werden soll.
- Einmal mehr eine Ausnahme: Bei Ihrem Microsoft-Konto lassen sich diese Einstellungen nicht verändern, das hat Microsoft so festgelegt.
- Darüber finden Sie noch eine weitere Einstellung: Im Postfach bei Ihrem Anbieter sind auch die schon einige Wochen oder gar Monate alten E-Mails gespeichert. Unterwegs brauchen Sie aber meist nur die jeweils aktuellen, die Ihrer schnellen Reaktion bedürfen. Tippen Sie auf E-Mails herunterladen und dann auf den gewünschten Zeitraum: die letzten sieben Tage, zwei Wochen oder den letzten Monat.
- Wenn Sie hier gar keine Einschränkung treffen wollen, dann wählen Sie einfach Alle E-Mails herunterladen. Eine Einschränkung macht hier eigentlich nur aus Übersichtsgründen Sinn oder aber, wenn der Speicher Ihres Gerätes schon bis zum Stehkragen voll ist und jedes gesparte Speicherkrümelchen hilft.

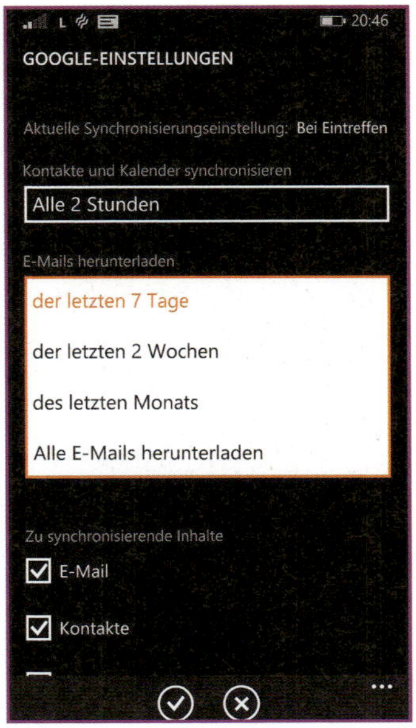

Der Posteingang als Nachrichtenzentrale

Ihre Postfächer sind eingerichtet, E-Mails können abgefragt und auch versendet werden. Nun wird es Zeit, sich zu Ihrem Posteingang zu begeben! Nach dem Anlegen eines neuen Postfaches finden Sie dieses automatisch als Kachel auf der Startseite. Wenn das in Ihrem Sinne ist, dann bringen Sie diese erst einmal auf die gewünschte Größe und an die optimale Position auf Ihrer Startseite. Dann tippen Sie darauf, um den Posteingang zu öffnen. Alternativ können Sie dies auch aus der Programmliste machen, dort finden Sie jedes Postfach alphabetisch eingeordnet.

Einstellen der Signatur

Eine so winzige Einstellung, die aber so viel Arbeit abnehmen kann: Als höflicher Mensch schließen Sie jede E-Mail mit einer freundlichen Abschlussformel wie „Mit freundlichen Grüßen, Andreas Erle“ ab. Auf der großen Tastatur eines PCs mag das jedes Mal wieder leicht von der Hand gehen, auf den kleinen Bildschirmtastaturen der Smartphones kann das schon Zeit kosten. Dafür gibt es die sogenannte Signatur: Sie wird jedes Mal automatisch unter Ihre E-Mail gesetzt, ohne dass Sie etwas tun müssen.

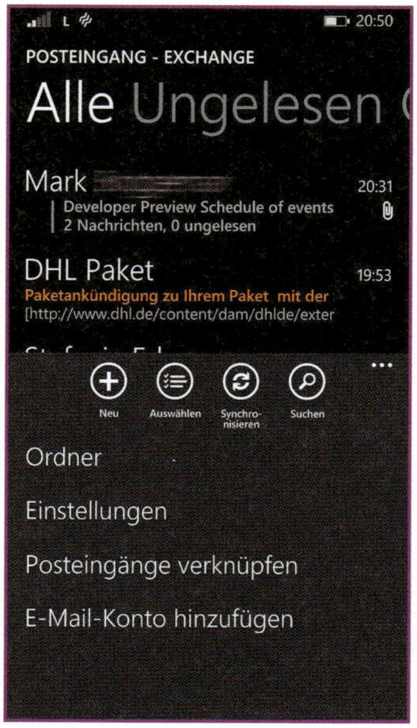

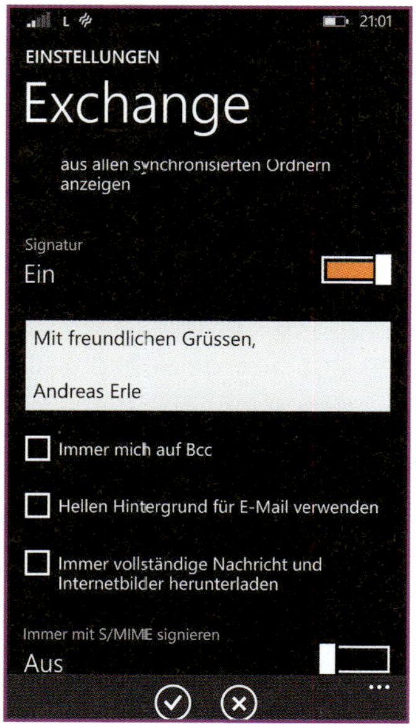

1 Um sie einzurichten, tippen Sie im Posteingang des jeweiligen Kontos auf die drei Punkte unten rechts, dann auf Einstellungen.

2 In der Mitte dieses Einstellungsbildschirmes finden Sie einen Schalter, mit dem Sie die automatische

Verwendung der Signatur ein- und ausschalten können. Im Feld darunter können Sie durch Antippen über die Bildschirmtastatur Ihre gewünschte Signatur eingeben. Solange der Schalter darüber eingeschaltet ist, wird diese in jede neue E-Mail und in jede Antwort eingefügt.

3 Im selben Einstellungsdialog können Sie übrigens auch noch Ihren Namen ändern, wenn Sie das möchten.

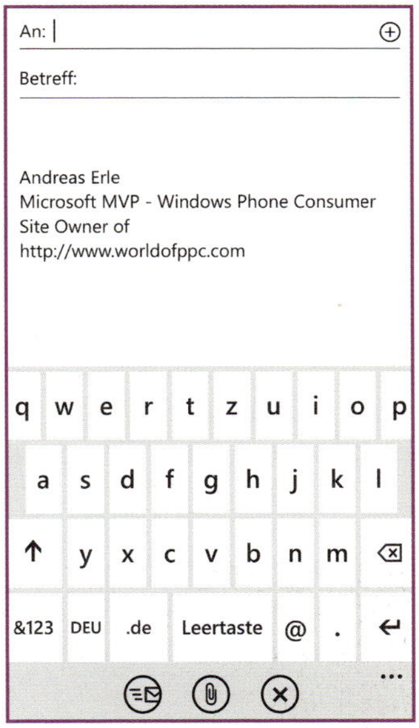

Versenden einer neuen E-Mail

Nach so viel Einrichtung und Theorie soll es jetzt endlich losgehen: Schreiben Sie Ihre erste E-Mail von Ihrem Windows Phone!

1 Unten links im Posteingang finden Sie ein kleines +-Zeichen als Sinnbild für das Hinzufügen einer neuen E-Mail. Tippen Sie darauf.

2 Zuoberst sehen Sie das Eingabefeld für den Empfänger der E-Mail („An:"). Tippen Sie dort einfach die E-Mail-Adresse ein. Wenn Sie schon einen Kontakt angelegt haben, der diese E-Mail-Adresse enthält, dann können Sie auch einfach den Anfang des Namens eingeben und in der sich aufbauenden Auswahlliste auf die richtige E-Mail-Adresse tippen.

INFO **„An", „Cc" und „Bcc": Adressaten einer E-Mail**

Wenn Sie eine E-Mail schreiben, dann gibt es unterschiedliche Empfänger-Rollen: Die Personen, deren E-Mail-Adresse im „An:"-Feld stehen, sind diejenigen, die Hauptempfänger der E-Mail sind: Die geht der Inhalt hauptsächlich etwas an. Daneben gibt es aber noch zwei andere Empfänger-Typen: Empfänger, die unter „Cc:" (für Carbon Copy, (Kohlepaper-) Kopie) eingetragen sind, bekommen die E-Mail ebenfalls, aber nur in Kopie, also „zur Info" und ohne Pflicht, zu reagieren.

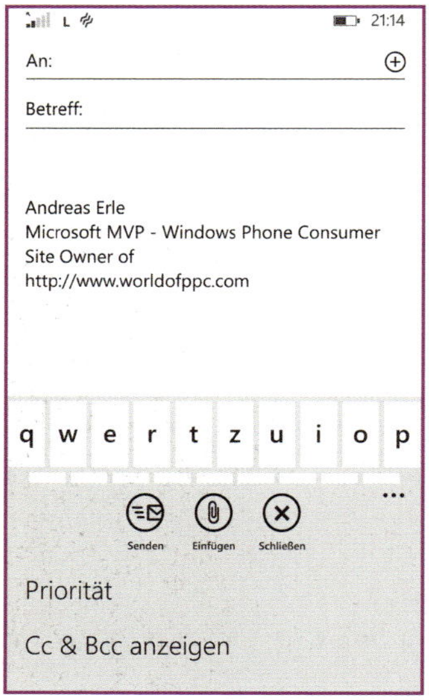

Wer schließlich auf „Bcc:" (für Blind Carbon Copy, Blindkopie) steht, der bekommt eine Kopie, ohne dass die anderen Empfänger dies mitbekommen.
In alle Felder können, abgetrennt mit einem Leerzeichen, auch mehrere E-Mail-Adressen getippt werden. Die richtige Wahl der Empfängertypen gehört zur sogenannten „Netiquette" und kann einen großen Anteil am Erfolg oder Misserfolg einer E-Mail haben. Im privaten E-Mail-Verkehr werden Sie das Bcc-Feld aber vermutlich fast nie benötigen.
Beim Windows Phone schalten Sie die Eingabefelder für die zusätzlichen Empfängertypen ein, indem Sie in der E-Mail auf die **drei Punkte** unten rechts tippen und dann auf **Cc & Bcc anzeigen** tippen.

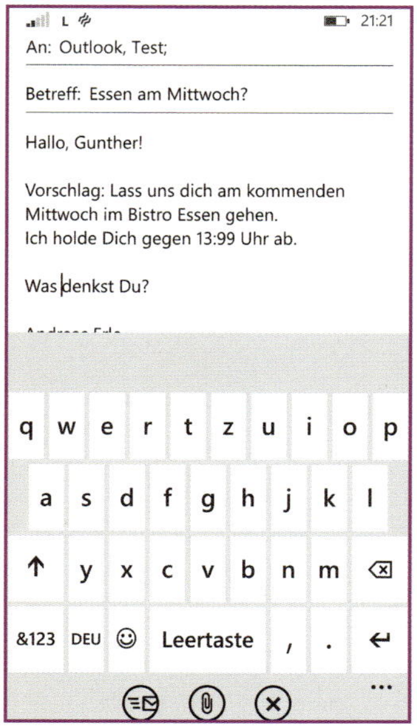

3 Darunter finden sie die „Betreff:"-Zeile. In einer E-Mail sollte immer eine knackige Betreff-Zeile verwendet werden, die den Inhalt zusammenfasst, denn diese wird dem Empfänger im Posteingang angezeigt. „Hallo" ist da eher wenig aussagekräftig, „Essen am Mittwoch" schon deutlich besser.

4 Im großen Feld tippen Sie den eigentlichen Inhalt Ihrer E-Mail ein. Die Zeichenzahl ist hier unbegrenzt, Sie können so viel schreiben wie Sie wollen. Bedenken Sie aber, ob Ihr Gegenüber gerne viel liest – und selbst in langen E-Mails antwortet – oder ob er sich kurze Informationen wünscht.

5 Danach sind Sie fertig! Tippen Sie auf den kleinen Briefumschlag unten links, um die E-Mail zu verschicken. Wenn Sie Zweifel packen und Sie die E-Mail lieber nicht versenden möchten, dann können Sie diese durch ein Tippen auf das Kreuz rechts abbrechen.

Anfügen eines Anhangs

Noch wertvoller können Sie Ihre E-Mail machen, wenn Sie ihr ein Bild anhängen. Natürlich nur da, wo es Sinn macht. Tippen Sie dazu auf das kleine Büroklammer-Symbol unten in der Mitte.

Sie sehen nun eine Übersicht der Bilder, die Sie bisher mit Ihrem Telefon gemacht haben, und können eines oder mehrere anwählen, indem Sie es antippen. Jedes ausgewählte Bild bekommt nun einen kleinen Haken oben links, den Sie durch erneutes Antippen wieder entfernen können.

Wenn Sie stattdessen ein neues Foto mit der Kamera Ihres Windows Phones schießen wollen, tippen Sie auf das kleine Kamerasymbol. Ansonsten tippen Sie auf den Haken, um das Bild/die Bilder mit in die E-Mail aufzunehmen, und versenden Sie die dann wie gewohnt.

INFO **Anhängen von Dokumenten**

Sind Sie jetzt auf den Geschmack gekommen und möchten vielleicht auch ein Word-Dokument anhängen? Dann werden Sie enttäuscht feststellen, dass das nicht direkt beim Schreiben einer E-Mail möglich ist. Keine Sorge, das heißt nicht, dass es gar nicht geht, nur an anderer Stelle: direkt aus Word (oder Excel) heraus (Seite 137).

Außerplanmäßiges Empfangen und Aufrufen von E-Mails

Im Normalfall haben Sie Ihr E-Mail-Postfach so eingerichtet, dass die E-Mails automatisch abgeholt werden. Nun kann es sein, das Ihnen gerade am Telefon jemand sagt: „Habe dir das Bild gerade per E-Mail geschickt." Oder Sie zwickt die Neugier, ob eine sehnlichst erwartete Antwort-E-Mail schon da ist. In diesem Fall laden Sie Ihre E-Mails doch einfach außerplanmäßig herunter.

1 Tippen Sie dazu einfach im Posteingang unten auf das Symbol mit den beiden halbrunden Pfeilen. Die E-Mail-Abfrage wird gestartet, das können Sie an dem Text „Synchronisieren …“ am oberen Bildschirmrand erkennen.
2 Schon sind alle aktuellen E-Mails auf Ihrem Gerät. Vorausgesetzt natürlich, dass Sie eine Internetverbindung zur Verfügung haben.
3 Neue E-Mails werden Ihnen dadurch im Posteingang kenntlich gemacht, dass ihre Betreff-Zeile in der Akzentfarbe Ihres Gerätes eingefärbt ist (im Beispiel also in Orange).
4 Um eine E-Mail zu öffnen, tippen Sie sie einfach mit dem Finger an.
5 Wenn eine E-Mail einen oder mehrere Anhänge enthält, dann sehen Sie diese auf den ersten Blick nur als grauen Kasten, unter dem klein der Dateityp (beispielsweise .jpg für ein Bild) und die Größe (im Beispiel 227 KB) steht. Anhänge werden nie automatisch heruntergeladen, damit

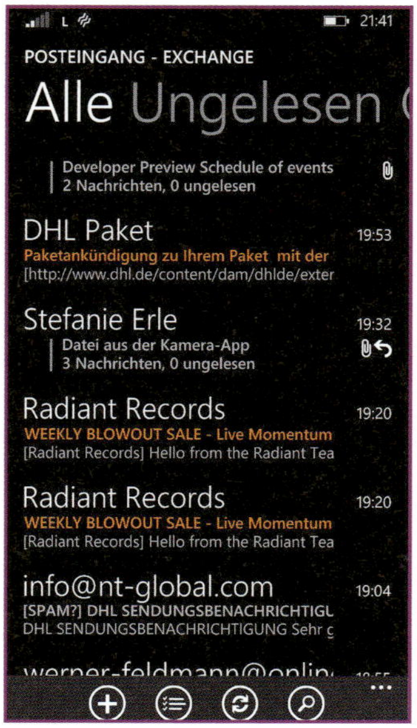

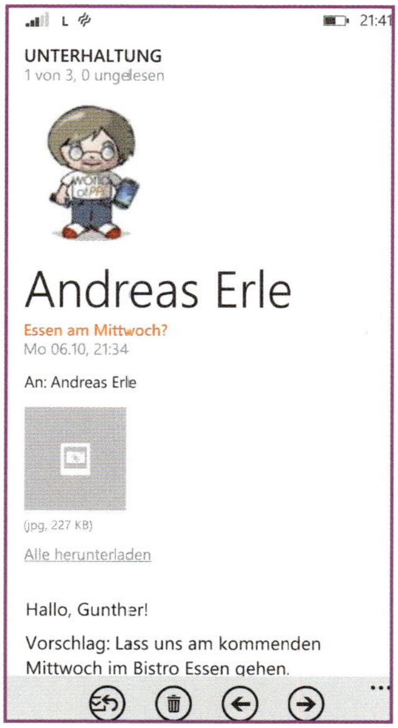

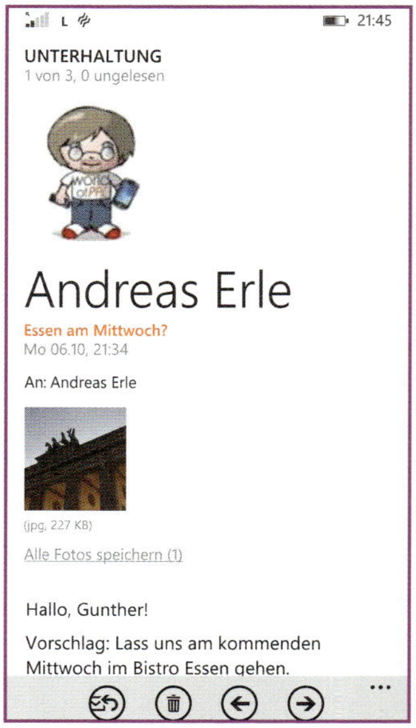

Ihnen nicht ungewollt immense Kosten entstehen, weil jemand eine große Datei angehängt hat.

6 Tippen Sie mit dem Finger auf diesen grauen Kasten, dann wird der Anhang heruntergeladen und ist dann in der E-Mail sichtbar.

7 Wenn Sie ihn nun noch einmal antippen, dann wird er im zugehörigen Programm auf dem Windows Phone geöffnet.

8 Bei Bildern steht zusätzlich noch Alle Fotos speichern darunter. Damit können Sie die angehängten Bilder einer E-Mail in Ihrer Bildergalerie unter Gespeicherte Bilder speichern und später weiterverwenden.

Beantworten von E-Mails

Die E-Mail ist ja kein Einwegmedium, sondern darauf ausgelegt, eine Unterhaltung aufzubauen. Wenn Sie nun eine E-Mail empfangen haben, dann werden Sie häufig auch darauf reagieren wollen.

1 Öffnen Sie im Posteingang die E-Mail, die Sie beantworten möchten, und tippen Sie auf den kleinen Umschlag mit dem Pfeil unten links auf dem Bildschirm.

2 Sie haben nun drei Möglichkeiten, die E-Mail weiterzubearbeiten: Tippen Sie auf Antworten, um nur direkt an den Absender der ursprünglichen E-Mail zu antworten. Wenn Sie stattdessen auf Allen antworten tippen, dann bekommt nicht nur der Absender, sondern auch alle anderen in der „An:"- und „Cc:"-Zeile aufgeführten Personen Ihre Antwort. Dies sollten Sie mit Bedacht einsetzen: Nicht selten kommt es

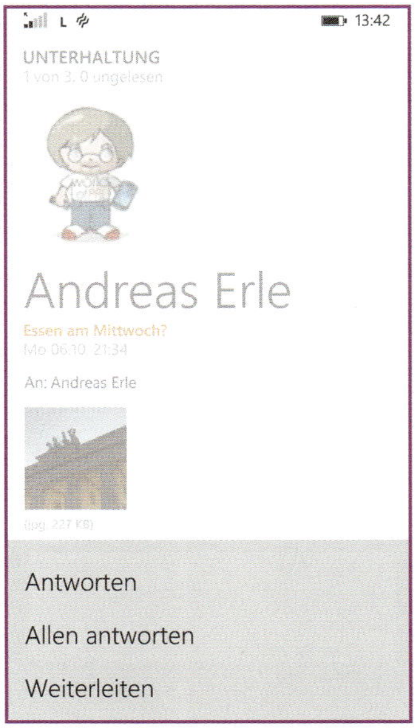

vor, dass durch ein Tippen auf Allen antworten ein scherzhaft gemeinter Kommentar an den Absender plötzlich und ungewollt größere Kreise zieht.

3 Ein Tippen auf Weiterleiten schließlich nimmt die Ursprungs-E-Mail und hängt sie an eine neue E-Mail an. Diese Funktion ist dann hilfreich, wenn Sie beispielsweise nicht der richtige Adressat der Anfrage waren oder noch jemand anderen in das „Gespräch" mit aufnehmen möchten.

Wundern Sie sich nicht: Im Gegensatz zu Windows auf dem PC können Sie den Inhalt der weitergeleiteten E-Mail nicht bearbeiten, um beispielsweise Passagen zu entfernen.

4 Die neue E-Mail, die die weitergeleitete enthält, kann jetzt wieder ganz normal geschrieben und versendet werden.

Unterhaltungen einrichten

Bei einer E-Mail ist der Begriff der Unterhaltung eher relativ, denn die Kommunikation läuft ja meist nicht in Echtzeit, sondern immer dann, wenn einer der Teilnehmen Zeit hat und seine Antwort schreiben kann. Nichtsdestotrotz: Es macht den Posteingang übersichtlicher, wenn alle zu einem Thema gehörenden E-Mails gebündelt angezeigt werden. Windows Phone verwendet dazu die sogenannte „Unterhaltungs-Ansicht":

Wenn Sie diese ausschalten möchten, dann tippen Sie dazu im Posteingang auf die drei Punkte unten rechts, dann auf Einstellungen und tippen Sie den Schalter Unterhaltungen auf Aus.

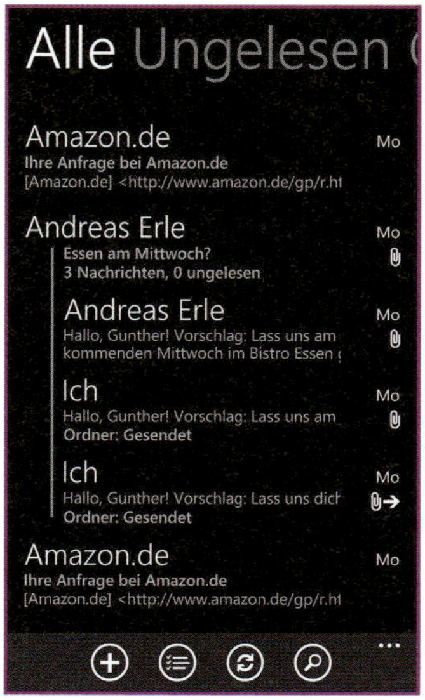

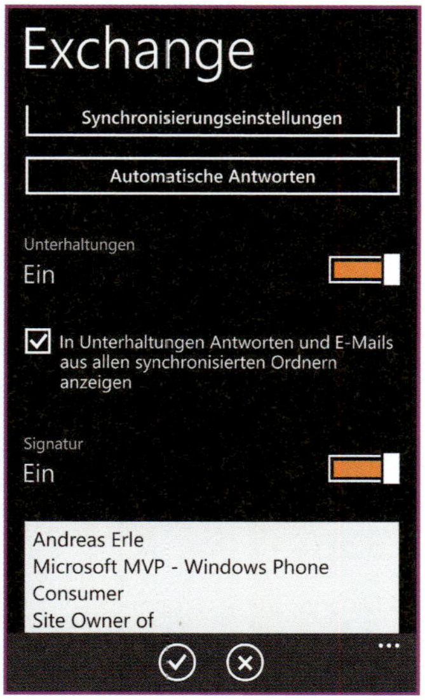

KOMMUNIKATION PER SKYPE UND FACEBOOK

Es sorgte für einiges Aufsehen, als Microsoft den Videotelefonie- und Kommunikationsdienst Skype übernahm. Relativ schnell wurde dieser in den Microsoft-Kosmos integriert und stellt jetzt das Rückgrat der internen wie externen Kommunikation von Windows-Systemen dar.

Da Sie ja bereits Ihr Microsoft-Konto haben, haben Sie automatisch damit auch Ihr Zugangskonto für Skype. Sie müssen nur vorab einmal auf www.skype.com gehen, sich mit Ihren Anmeldedaten einloggen und die allgemeinen Geschäftsbedingungen akzeptieren.

Skype selbst können Sie als App aus dem Windows Phone Store herunterladen. Wie Sie den Windows Phone Store bedienen und Apps installieren, lesen Sie ab Seite 131.

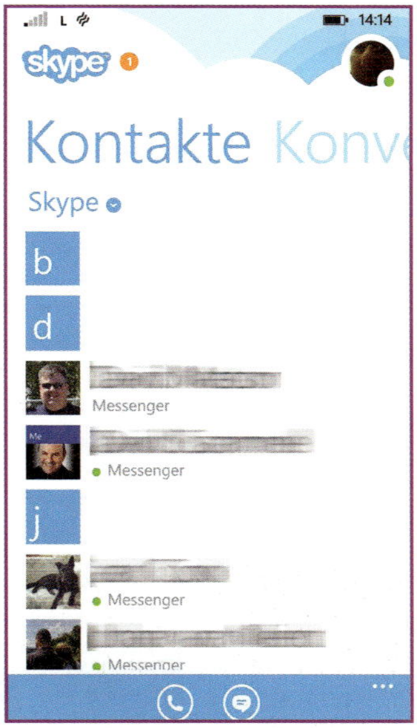

Unterhaltungen via Skype

Starten Sie Skype, indem Sie aus der Programmliste auf das kleine blaue „S" tippen. Sie bekommen nun auf den ersten Blick all Ihre Kontakte angezeigt, die sie in den verschiedenen Microsoft-Diensten gesammelt haben. Um eine Unterhaltung mit einem Kontakt zu starten, tippen Sie einfach dessen Eintrag an.

INFO **Skype auf anderen Systemen**

Auch wenn Skype nun zu Microsoft gehört, der plattformübergreifenden Verwendbarkeit hat dies keinen Abbruch getan: Ob auf Android, iOS, Windows Phone oder auf Windows 8.1 und Mac OS X – es gibt so gut wie kein mobiles bzw. stationäres Endgerät, für dass es nicht eine angepasste Version des Skype-Programms gibt. Damit können Sie von überall, wo eine Datenverbindung zur Verfügung steht, kommunizieren.

Nachrichten über Skype verschicken

Es öffnet sich ein leeres Fenster, in dem Sie wie bei einer SMS oder einem Messenger unten ein kleines Eingabefenster haben, in das Sie den Text Ihrer Nachricht eingeben können. Sobald Ihr Gegenüber ebenfalls mit dem Dienst verbunden ist, kann er Ihnen antworten und eine Unterhaltung entwickelt sich.
Eine Unterhaltung müssen Sie im Gegensatz zu einem Telefonat nicht beenden, sondern können einfach zu einem anderen Programm oder dem Startbildschirm zurückkehren, die Nachrichten werden gespeichert und auch im Hintergrund empfangen.

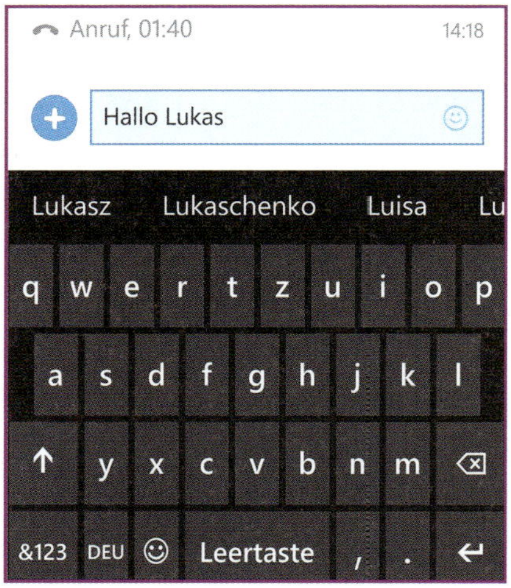

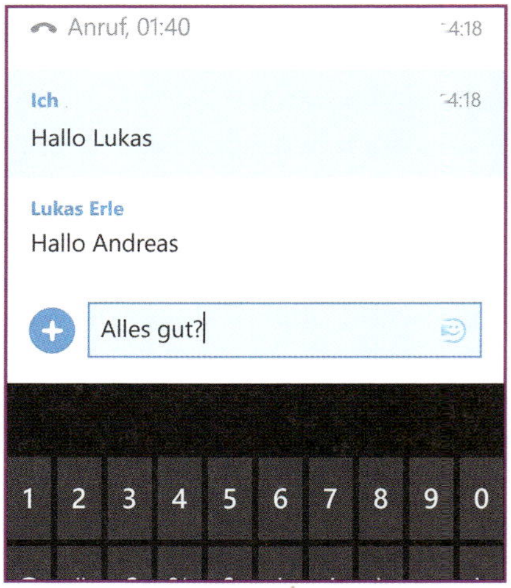

(Video-)Telefonate mit Skype

Viel interessanter aber ist es, wenn Sie ein Telefonat führen oder gar eine Videokonferenz durchführen. Diese Verbindungen sind – bis auf die eventuellen Datenkosten bei Ihrem Netzanbieter, wenn Sie im Mobilfunknetz skypen – kostenlos, wenn beide Teilnehmer ein Skype-Konto haben.

1 Tippen Sie dazu im Gesprächsfenster auf das kleine Telefonsymbol, wenn Sie eine reine Sprachverbindung aufbauen möchten,

anderenfalls auf die Kamera, um eine Videoverbindung mit Ton herzustellen.

2 Während des Verbindungsaufbaus zeigt Skype ein sich drehendes Rad in der Bildschirmmitte an, denn anders als bei den Nachrichten muss Ihr Gesprächspartner ja erreichbar sein, um das Gespräch anzunehmen.

3 Sobald dieser den virtuellen Hörer abgehoben hat, sehen Sie bei einem Videoanruf nur Ihr eigenes Bild, bis der Gesprächspartner selbst seine Kamera freigegeben hat (und dazu in seiner Skype-App auf das Kamera-Symbol getippt hat).

4 Danach ist das Bild Ihres Gesprächspartners groß zu sehen, Ihr eigenes Konterfei in einem kleinen, viereckigen Rahmen darin eingebettet. Letzteres gibt Ihnen die Möglichkeit, unter Kontrolle zu behalten, was der Gesprächspartner von Ihnen sieht – und von Ihrem Hintergrund.

5 Während des Gesprächs können Sie durch ein Tippen auf die Kamera- bzw. die Mikrofontaste unten am Bildschirmrand das Videobild, das von Ihnen übertragen wird, oder das Mikrofon ausschalten.

6 Wenn Sie das Gespräch ganz beenden wollen, tippen Sie mit dem Finger auf die rote Hörertaste.

Echte Telefonate mit Skype

Ein weiterer, allerdings kostenpflichtiger Service von Skype nennt sich „SkypeOut“. Dieser ermöglicht es, für einen Bruchteil der

„echten'" Telefongebühren von einem Gerät mit Skype ins normale Telefonnetz zu gehen. Auch hier wieder einzige Voraussetzung: Eine Datenverbindung muss zur Verfügung stehen.
Um diese Funktion nutzen zu können, müssen Sie auf der Skype-Webseite Guthaben auf Ihr Konto laden. Folgen Sie dazu einfach den Anweisungen auf www.skype.com/de/rates/.
Anschließend starten Sie auf Ihrem Windows Phone Skype, dann tippen Sie auf das kleine Hörersymbol unter der Kontaktliste. Schon öffnet sich eine Wähltastatur, über die Sie die (internationale) Rufnummer Ihres gewünschten Gesprächspartners eingeben können. Das Telefonat starten Sie über die grüne Hörertaste, beendet wird es später über die rote Hörertaste.

Der Facebook Messenger

Mittlerweile ist gefühlt jeder auf dem sozialen Netzwerk Facebook – unabhängig davon, ob er es aktiv verwendet oder nur dazu nutzt, mit Freunden Nachrichten schreiben zu können. Mitte 2014 hat Facebook allerdings für Furore gesorgt, indem die Nachrichtenfunktion in ein separates Programm, den „Facebook Messenger", ausgegliedert wurde: Kostenlos im Windows Phone Store erhältlich (Seite 132), aber man ist gezwungen, eine neue App zu installieren, wenn man bei Facebook ist. Sind Sie dort nicht, können Sie diesen Abschnitt überspringen und stattdessen einen der anderen Messenger probieren (Seite 67).

1 Nach der Installation muss der Facebook Messenger beim ersten Start – den Sie durch Antippen des Messenger-Symbols in der Programmliste durchführen – einmal mit Ihrem Facebook-Konto verknüpft werden:

2 Dazu geben Sie im oberen Eingabefeld Ihre mit Facebook verknüpfte E-Mail-Adresse ein, im unteren Ihr Facebook-Kennwort. Wenn diese korrekt sind, dann wird die Verbindung zwischen dem

Messenger und Facebook hergestellt und Sie bekommen eine wunderschöne Erfolgsmeldung.

3 Die Bedienung stellt Sie jetzt vor keine größeren Probleme mehr: Sie haben die Liste der Kontakte (in diesem Fall Ihre Facebook-Freunde), tippen Ihren gewünschten Gesprächspartner an und dann einfach das ins Eingabefeld, was Ihnen auf dem Herzen liegt.

4 Mit einem Wischen des Fingers nach links über den Bildschirm können Sie zwischen der Übersicht der aktuellen Unterhaltungen (Aktuell), der Liste all Ihrer Kontakte bei Facebook (Messenger) und der Liste der gerade angemeldeten Kontakte (Aktiv) wechseln.

5 Das Benachrichtigungsintervall zu eingehenden Nachrichten über den Facebook Messenger kann wieder im Infocenter eingerichtet werden. In der Übersicht der aktuellen Unterhaltungen erkennen Sie sie daran, dass die letzte Nachricht, die klein unter dem Namen des Gesprächspartners steht, blau (statt grau) angezeigt wird. Tippen Sie sie an und antworten Sie wie gewohnt.

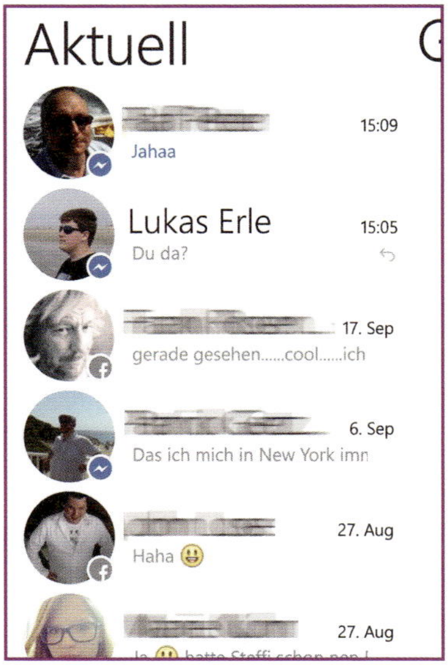

FUNKTIONEN FÜR JEDEN TAG

Nach den Einrichtungsschritten und dem Rüstzeug für die Kommunikation unterwegs wollen Sie Ihr Windows Phone sicher langsam, aber sicher in Ihrem täglichen Gebrauch integrieren. Dazu warten eine Menge nützlicher Funktionen und Möglichkeiten auf Sie, die Ihren Alltag vereinfachen und die Sie in diesem Kapitel kennen- und lieben lernen werden.

EINEN SCHÖNEN TAG: IHR KALENDER

Der Kalender ist für viele Anwender eine der wichtigsten Funktionen eines Smartphones. Was früher mithilfe von Taschenkalendern oder sogar einzelnen Notizzettelchen mühsam zusammengesetzt werden musste, ist jetzt wunderbar einfach vereint. Und noch viel wichtiger: alle Betroffenen, zum Beispiel die Familie, die Kollegen oder die Freunde können bei richtigem Einsatz alle zusammen auf einen Kalender zugreifen!

Auswahl und Anzeigen des Kalenders

Je mehr Sie Ihr Windows Phone benutzen, desto mehr Kalender werden Ihnen über den Weg laufen und auf Ihrem Gerät verfügbar sein: Fast jedes Ihrer Konten (sei es das Microsoft-Konto, Google, Facebook etc.) bringt einen eigenen Kalender mit, da macht es nicht unbedingt Sinn, sich alle Kalender einzeln anzeigen zu lassen. Außerdem sollten die angezeigten Kalender auf jeden Fall unterscheidbar sein.

Öffnen des Kalenders

Windows Phone verwendet eine kombinierte Sicht auf die Termine aller Kalender, die für die Anzeige ausgewählt sind (mehr dazu gleich). Dieser gemeinsame Kalender kann durch ein Tippen auf die Kalender-Kachel auf der Startseite oder auf Kalender in der Programmliste geöffnet werden.
Im Standard wird der aktuelle Tag (Heute) angezeigt. Durch ein Wischen mit dem Finger nach links über den Bildschirm kann tageweise nach vorne, durch ein Wischen nach rechts in die Vergangenheit gerollt werden.

Anzeigen und markieren eines Kalenders

Um nun festzulegen, welche Kalender auf dem Windows Phone angezeigt werden sollen, ist ein Sprung in die Einstellungen nötig.

1 Dazu tippen Sie auf die drei Punkte unten links in der Terminübersicht und dann auf Einstellungen.

INFO **Schreibgeschützte Kalender?**

Im Normalfall ist es so, dass Sie einen Kalender, der auf Ihrem Windows Phone installiert ist, auch bearbeiten können, also neue Termine eintragen und bestehende Termine löschen oder verändern. Es gibt zwei Gründe, warum das jedoch nicht immer geht: Kommt der Kalender über ein Fremdprogramm wie beispielsweise Facebook auf das Windows Phone, dann können Einträge auch nur in diesem geändert werden.
Wird ein externer Kalender (wie beispielsweise Bundesligaspiele, Kinostarts etc.) abonniert, kann er ebenfalls nicht bearbeitet werden, da die Daten ja nur zum Lesen übertragen worden sind.

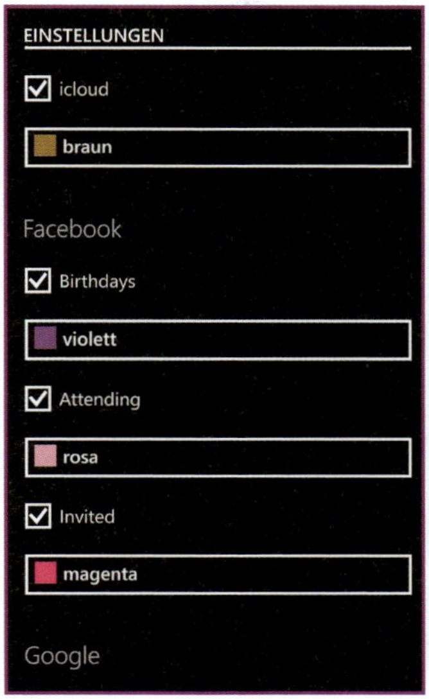

2 Nun öffnet sich eine mehr oder weniger umfangreiche Liste, in der alle aktuell auf Ihrem Smartphone installierten Kalender aufgeführt sind. Dabei kann es durchaus sein, dass eine Quelle (zum Beispiel Facebook) nicht nur einen, sondern mehrere Kalender mitbringt.

3 Für jeden Kalender können Sie nun festlegen, ob dieser weiter angezeigt werden soll, indem Sie den Haken neben seinem Eintrag durch Tippen setzen oder entfernen. Beachten Sie dabei, dass das nicht nur für die Anzeige in der Kalenderansicht gilt, sondern auch für die der Kalender-Kachel auf der Startseite!

4 Um die einzelnen Kalender nun auch in der Übersicht zu unterscheiden, können Sie die Farben frei nach Gusto verändern. Tippen Sie das kleine Farb-Viereck eines Kalenders an, um eine ellenlange Liste mit zur Verfügung stehenden Farben angezeigt zu bekommen.

5 Tippen Sie die gewünschte Farbe an – und schon werden Ihre Termine dieses Kalenders in der Übersicht in dieser Farbe angezeigt. Sie sollten sich allerdings bewusst machen, dass Sie die gleiche Farbe für verschiedene Kalender wählen können, was zu Verwechslungen führen kann. Eventuell lohnt es, sich ein kleines eigenes Farbsystem zu überlegen.

INFO

Das Wetter im Kalender?

Eine wichtige Einstellung findet sich leicht versteckt ganz unten in der Liste der möglichen Farben für den Kalender: Wenn Sie mögen (und in den Standardeinstellungen ist das so vorgesehen), dann kann Ihnen der Kalender die Wettervorhersage am aktuellen Ort anzeigen. Wenn Sie das nicht möchten (zum Beispiel, weil dafür eine Ortung des Geräts vorgenommen wird), dann können Sie dies ganz unten in der Liste ausschalten.

Verschiedene Ansichten des Kalenders

Neben der Sicht auf einen einzelnen Tag bietet der Windows-Phone-Kalender auch noch andere Ansichten. Tippen Sie dazu mit dem Finger auf das Kalenderblatt rechts unten in der Terminübersicht und wählen Sie dort je nachdem Tag, Woche, Monat oder Jahr aus.

Je größer der Bereich ist, den Sie ausgewählt haben, desto weniger Detailinformationen können Sie natürlich sehen. Im Monatskalender beispielsweise können Sie nur noch durch farbige Striche erkennen, dass an einem Tag Termine in einem oder mehreren Kalendern vorliegen, aber nicht mehr die Texte der einzelnen Einträge. Wenn Sie aber einen Tag in einer der Sichten antippen, dann öffnet sich wieder die detaillierte Tagesansicht.

Innerhalb der Kalender können Sie wieder wie gewohnt durch Wischen mit dem Finger über den Bildschirm Ihres Gerätes durch den Kalender wandern.

Wenn Sie wieder auf den heutigen Tag zurück möchten, dann können Sie dies aus jeder Ansicht, indem Sie auf das Symbol links unten, das das aktuelle Datum anzeigt, tippen.

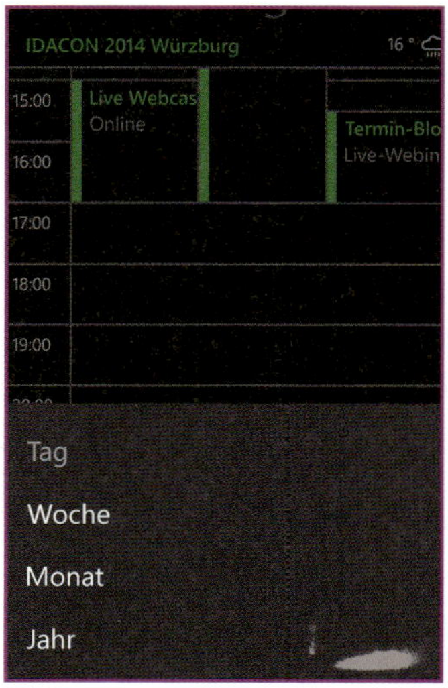

Arbeiten mit Terminen

Das Anlegen eines neuen Termins ist die leichteste aller Übungen, zumal die Bedienung von Windows Phone keine wirklichen Unterschiede zwischen einzelnen Elementen macht.

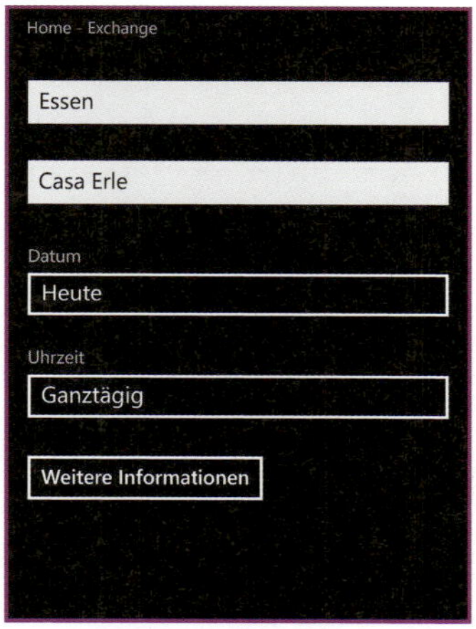

Anlegen eines neuen Termins

1 Tippen Sie, egal aus welcher Ansicht, einfach auf das +-Zeichen in der Mitte unten auf dem Kalenderbildschirm.

2 Windows Phone zeigt Ihnen nun einen leeren Termin an, in den Sie beispielsweise eine Verabredung zum Mittagessen eintragen können. Der Titel ist eine Pflichtangabe, denn er erscheint in der Kalenderübersicht. Der Ort ist optional und dient lediglich als Erinnerung daran, wo der Termin stattfindet. Das ist vor allem praktisch, wenn Sie jemand anderen in den Termin aufnehmen wollen – so erfährt jeder gleich auch, wo der Termin ist.

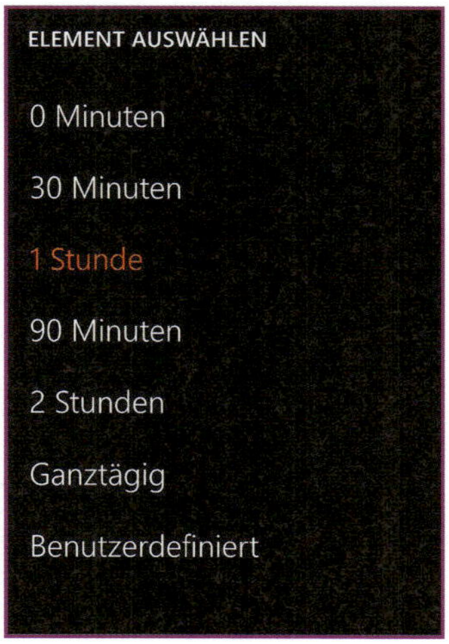

3 Tippen Sie auf Datum, um auf die von der Einstellung der Uhrzeit bekannte Weise das Datum des Termins einzustellen und durch ein Tippen auf den Haken festzulegen. Wenn Ihr neuer Termin nicht ganztägig sein soll, verfahren Sie genauso mit der Uhrzeit.

4 Möglicherweise möchten Sie noch mehr Details zum Termin speichern: Tippen Sie dazu auf Weitere Informationen. Über Dauer legen Sie fest, wie lange der Termin dauert. Im Standard wird eine Stunde angenommen, wenn Sie diese Angabe antippen, dann können Sie aus einer Liste vorgegebene Angaben auswählen.

Sollten die vorgegebenen Standard-Dauern nicht ausreichen, tippen Sie auf Benutzerdefiniert und Ihnen wird wird die Endzeit angezeigt. Diese können Sie nun wieder durch Antippen und Einstellen der Uhrzeit festlegen.

5 Die Erinnerung ist eine wichtige Hilfe, wenn Sie Ihre Termine zwar prinzipiell im Kopf haben, für eine Gedächtnisstütze aber dankbar sind. Tippen Sie diese an, dann kön-

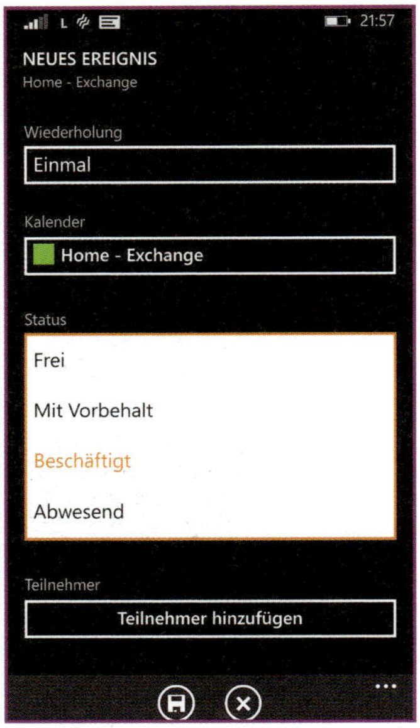

nen Sie auswählen, wie viele Minuten, Stunden oder Tage vorher Ihr Windows Phone Sie an den Termin erinnern soll. Dies sollten Sie davon abhängig machen, wie viel Vorlauf Sie brauchen. Für einen Termin im selben Gebäude reichen vielleicht fünf Minuten aus, für einen am anderen Ende der Stadt sollten Sie vielleicht besser zwei Stunden einkalkulieren.

6 Ganz unten können Sie noch festlegen, in welchem Kalender der Termin angelegt werden soll (falls Sie mehrere Kalender auf Ihrem Gerät gespeichert haben), wie der Termin im Kalender für andere angezeigt wird (Frei, wenn Sie noch andere Termine zu diesem Zeitpunkt annehmen können, Mit Vorbehalt, wenn Sie den Termin blocken wollen, aber gegebenenfalls dort trotzdem Zeit einräumen könnten, Beschäftigt, wenn Sie tatsächlich für diesen Termin geblockt sind, oder Abwesend, wenn Sie davor und danach auch noch Zeit für die An- oder Abreise benötigen).

7 Speichern Sie den Termin dann durch ein Tippen auf das kleine Diskettensymbol unten links.

Terminserien eingeben

Terminserien sind Termine, die mehr als nur einmal stattfinden und einer gewissen Systematik folgen, so zum Beispiel jede Woche an einem Mittwoch, an jedem 2. August etc. Auch diese können Sie direkt in Ihr Windows Phone eingeben.

1 In den Detailinformationen des Termins tippen Sie dazu auf Wiederholung. Abhängig vom bereits gewählten ersten Datum dieses Termins können Sie nun verschiedene Optionen aus der Liste auswählen, die die Serienart, also die Wiederholung des Termines, festlegen.

2 Bei Bedarf können Sie noch genauere Angaben zur Serie machen, wenn Sie statt der übergreifenden Ansicht des Windows-Phone-Kalenders Ihren speziellen Kalender verwenden (z. B. Outlook, Google etc.). Denn nur dort können Sie auch ein Enddatum für eine Serie eingeben.

Einladen von Teilnehmern zu einem Termin

Wenn Sie Termine nur als Erinnerungsstützen für sich selbst anlegen, nutzen Sie nicht das volle Potenzial Ihres Windows Phones: Da Sie ja auch Ihre Kontakte mit deren E-Mail-Adresse speichern können, warum verschicken Sie die empfangene Essenseinladung nicht gleich als Termin an alle Teilnehmer?

1 Tippen Sie dazu in der Detailansicht des Termins auf Teilnehmer hinzufügen. Teilnehmer eines Termins teilen sich in zwei Gruppen auf: Die Erforderlichen Teilnehmer sind die, die an dem Termin teilnehmen müssen. Die Optionalen werden nur informiert, können aber auf Wunsch natürlich auch teilnehmen.

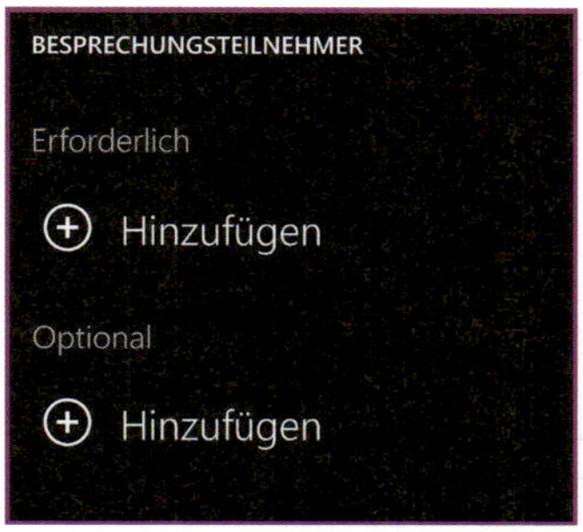

2 Tippen Sie auf das +-Zeichen neben einer der beiden Kategorien, dann gelangen Sie direkt in die Liste der Kontakte auf Ihrem Gerät. Wählen Sie nun alle Kontakte, die bei dem Termin anwesend sein oder darüber informiert werden sollen, aus und speichern Sie den Termin dann durch ein Tippen auf den Haken unten links.

3 Nach dem Speichern des neuen Termins wird eine E-Mail mit dem Termin an alle von Ihnen ausgewählten Teilnehmer, die eine E-Mail-Adresse hinterlegt haben, versendet. Gleichzeitig ist er natürlich auch in Ihrem Kalender eingetragen.

Reagieren auf eine Termineinladung

Nicht nur Sie können einen Termin per E-Mail verschicken, andere können das auch. Und so wird es Ihnen immer mal wieder passieren, dass Sie eine neue E-Mail bekommen, in der sich ein Termin verbirgt. Die Reaktion darauf ist ganz einfach: Tippen Sie auf das kleine Kalendersymbol links unten, darin können Sie neben den normalen Antwortfunktionen auf eine E-Mail auch noch auswählen, ob Sie den Termin Zusagen, Mit Vorbehalt bestätigen oder Ablehnen möchten.

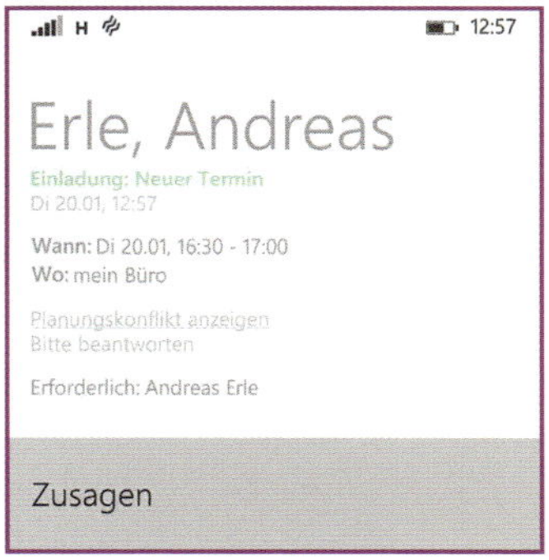

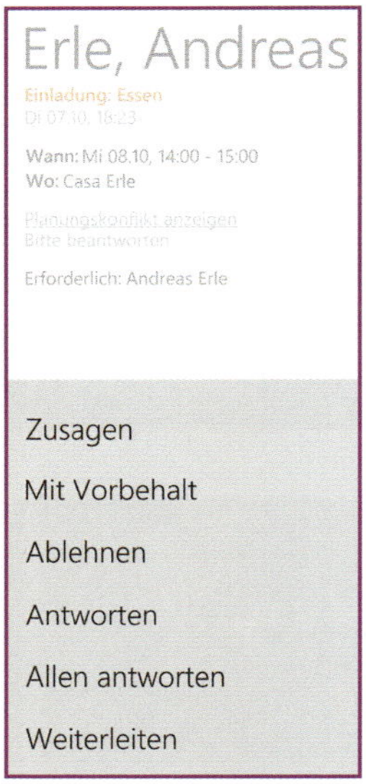

In den ersten beiden Fällen werden alle Informationen des Termins (inklusive der Serien, Erinnerungen und Teilnehmer) in Ihren Kalender eingetragen.

Bearbeiten oder Löschen eines Termins

Ab und zu wird es vorkommen, dass Sie einen Termin bearbeiten müssen. Das ist bis auf eine Ausnahme kein Problem: Den Kalender, in dem der Termin steht, können Sie nachträglich nicht mehr verändern: ein Outlook-Termin kann kein Google-Termin werden. Für alle anderen Felder suchen Sie sich in der Kalenderansicht das Datum des zu verändernden Termins heraus, tippen es an und tippen Sie dann unten links auf das kleine Stift-Symbol. Wenn Sie den Termin direkt ganz löschen möchten, dann nutzen Sie stattdessen das Symbol mit dem eingekreisten Kreuz.
Sie können nun, wie bei der Eingabe eines Termins, dessen Eigenschaften ändern. Wenn außer Ihnen selbst noch andere Teilnehmer im Termin enthalten sind, dann wird der veränderte Termin auf Wunsch direkt in seiner neuen Form an diese weitergeleitet.

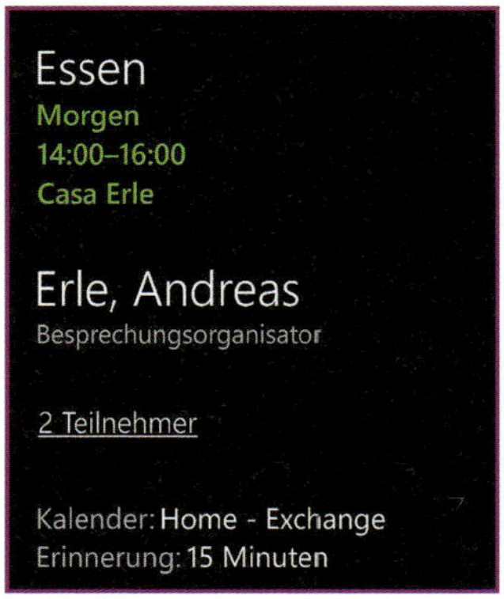

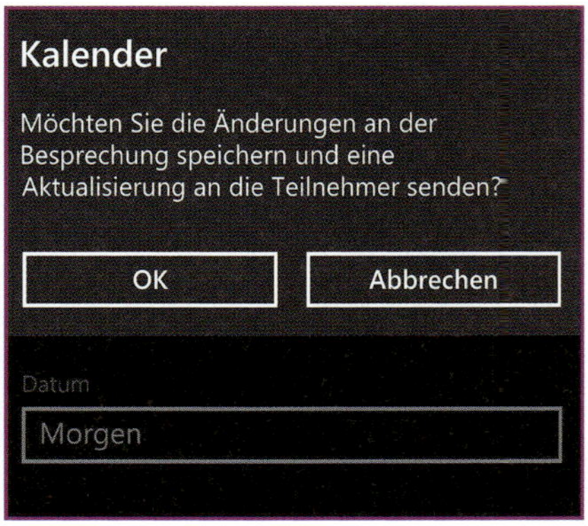

Sie bekommen dazu allerdings vorher noch eine Sicherheitsabfrage. Wenn die Änderungen für die Teilnehmer unwichtig sind oder Sie nicht möchten, dass sie informiert werden, dann tippen Sie einfach auf Abbrechen. Ansonsten tippen Sie auf OK.

Abonnieren von Kalendern

Bisher haben Sie Ihre eigenen Termine erstellt und verwaltet. Es gibt aber sicherlich auch Termine aus anderen Quellen, die Sie in Ihrem Kalender haben möchten. Beispielsweise den Spielplan der Fußballbundesliga. Windows Phone bietet diese Funktion zwar nicht direkt am Gerät, wohl aber über das Microsoft-Konto.

Suchen eines Online-Kalenders

Bing und Google, die beiden Suchmaschinen, sind hier Ihr Freund. Starten Sie Ihren Internet Explorer, starten Sie darin Ihre Suchmaschine und geben Sie die Suchbegriffe „Bundesliga Kalender abonnieren" (oder den entsprechenden Suchbegriff für den von Ihnen gesuchten Kalender) ein.
Sie werden eine Menge an Ergebnissen finden, in denen Sie eine Verknüpfung zu dem jeweiligen Kalender finden. Diese sieht aus wie die Adresse einer Internetseite, nur beginnt sie statt mit „http://" mit „webcal://". Kopieren Sie diese Adresse in die Zwischenablage.

INFO **Abonnieren statt herunterladen**

Einige Internetseiten bieten an, den Kalender herunterzuladen und lokal zu speichern. Das ist jedoch nicht empfehlenswert: Wenn Sie sich wie hier beschrieben für das Online-Abonnement eines Kalenders entscheiden, dann werden alle Veränderungen, Terminverschiebungen und -absagen automatisch auf Ihr Gerät synchronisiert, sofern sie in den Kalender eingepflegt sind. Bei einem lokal gespeicherten Kalender müssten Sie diese Pflege manuell erledigen.

Abonnieren des Kalenders

Um den gerade gefundenen Kalender jetzt mit Ihrem Microsoft-Konto zu verknüpfen, rufen Sie auf dem PC http://www.outlook.de

auf. Melden Sie sich dann mit Ihrem Microsoft-Konto und dem zugehörigen Kennwort an.

Klicken Sie nun oben links auf das kleine Dreieck neben **Outlook** und dann auf die kleine **Kalender-Kachel**.

Klicken Sie dann mit der Maus auf **Importieren**.

Im nächsten Schritt bekommen Sie die Möglichkeit, den Kalender zu konfigurieren, den Sie abonnieren möchten. Dazu klicken Sie links oben auf **Abonnieren**.

Dann geben Sie unter **Kalender-URL** die vorhin in die Zwischenablage kopierte Adresse des Kalenders ein, unter **Kalendername** den Namen, wie er auf Ihrem Windows Phone erscheinen soll und dann noch die **Farbe**, die allerdings nur für die Darstellung in Ihrem Microsoft-Konto im Internet gilt. Schließen Sie das Abonnement durch einen Klick auf **Abonnieren** ab.

Übertragen des abonnierten Kalenders

Um den gerade neu abonnierten Kalender auf Ihr Windows Phone zu bekommen, brauchen Sie eigentlich nichts weiter als Geduld. Da Sie aber vermutlich schnell Ergebnisse sehen möchten, beschleunigen wir den Vorgang doch einfach etwas. Tippen Sie dazu auf Ihrem Windows Phone in der Programmliste auf Einstellungen, E-Mail-Konten und andere. Dann halten Sie den Finger auf Ihr Microsoft-Konto gedrückt und wählen Synchronisieren. Jetzt wird der – sonst sporadisch stattfindende – Aktualisierungsvorgang Ihres Kontos gestartet, der automatisch kontrolliert, ob neue Kalender vorhanden sind und diese dann mit Ihrem Gerät synchronisiert.

Wechseln Sie dann in den Kalender, tippen in der Terminübersicht auf die drei Punkte unten rechts am Bildschirm, dann Einstellungen, und schon sehen Sie in der Liste der Kalender Ihren neuen Bundesligakalender „Erste Liga".

Dessen Anzeigefarbe können Sie nun wie gewohnt auswählen und sich so die immer aktuellen Termine dieses Kalenders anzeigen lassen.

Aufgaben als besondere Termine

Ein bestimmter Typus von Terminen soll nicht unerwähnt bleiben, da er einige ganz besondere Funktionen hat. Allerdings könnte er dem einen oder anderen Anwender unangenehm sein, denn er macht Arbeit: die Aufgaben.

Aufgaben sind Termine, die statt einer Anfangs- und Endzeit einen spätesten Zeitpunkt haben, bis zu dem sie erledigt sein müssen. Wenn Sie beispielsweise den Müll nicht bis Mittwochmorgen um 7:00 Uhr auf die Straße gestellt haben, dann meckert nicht nur der Ehepartner, sondern auch die Müllabfuhr, oder besser: Sie nimmt ihn nicht mit.

Die Aufgaben erreichen Sie, indem Sie in der Terminübersicht auf die drei kleinen Punkte unten rechts tippen und dann auf Aufgaben.

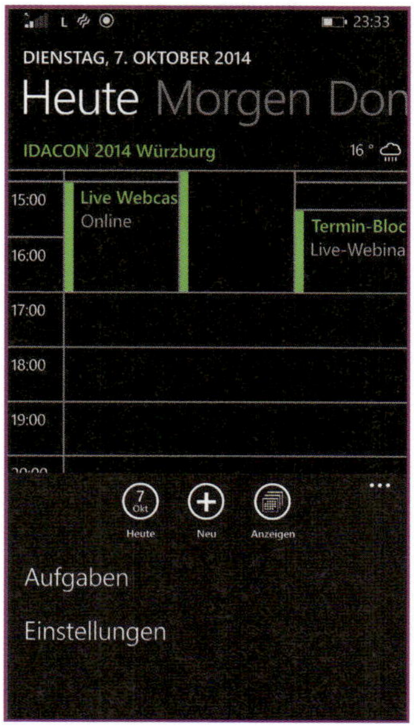

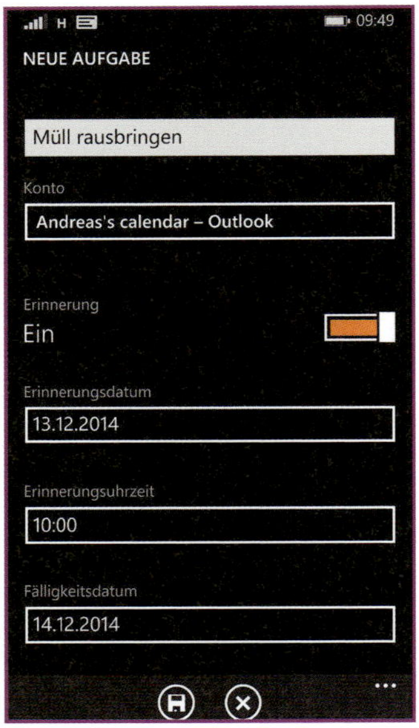

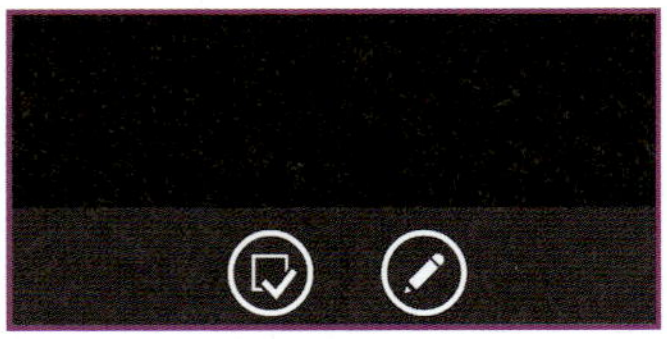

Anlegen von Aufgaben

1 Eine neue Aufgabe können Sie ganz einfach anlegen: Tippen Sie auf das kleine +-Zeichen in der Übersicht, dann öffnet sich etwas, das einem neuen Termin ganz ähnlich sieht, zu dem man aber etwas andere Informationen eingeben kann.

2 Abweichend von den Termin-Informationen aktivieren Sie eine Erinnerung mit Datum und Uhrzeit, zu der Ihr Windows Phone Sie freundlich daran erinnern soll, dass noch eine Aufgabe ansteht.

3 Wichtigste Information bei einer Aufgabe ist das Fälligkeitsdatum. Dieses kann entweder – ausgehend vom aktuellen Datum – in den kommenden vier Tagen liegen oder durch ein Tippen auf Benutzerdefiniert wieder wie von den Terminen gewohnt mit Datum und Uhrzeit eingegeben werden.

4 Das Anlegen der neuen Aufgabe schließen Sie dann wieder durch ein Tippen auf das Diskettensymbol am unteren Bildschirmrand ab.

Erledigen von Aufgaben

Nicht so schnell: Vor dem Abhaken einer Aufgabe auf Ihrem Windows Phone steht immer noch die Erledigung der tatsächlichen Aufgabe im echten Leben. Wenn Sie die allerdings hinter sich gebracht haben, sollten Sie auch schleunigst Ihrem Windows Phone Bescheid geben, damit es Sie nicht sinnloserweise noch einmal an die Aufgabe erinnert. Das funktioniert so:

1 Wechseln Sie dazu einmal mehr über den Kalender in die Aufgaben und tippen Sie in der Liste der Aufgaben jene an, die Sie erledigt haben.

2 Unten links finden Sie ein kleines Symbol mit einem Haken darin. Tippen Sie darauf, und die Aufgabe verschwindet bildlich wie sinnbildlich aus Ihrem Sichtbereich und ist endgültig erledigt.

3 Wenn Sie eine Aufgabe noch einmal verändern müssen, bevor Sie sie erledigen können (beispielsweise, weil Sie eine Gnadenfrist zur Erledigung bekommen haben und sich der Endtermin daher nach hinten verschiebt), dann tippen Sie einfach auf das Stiftsymbol und verfahren dann so wie beim Anlegen einer neuen Aufgabe.

MEINE VISITENKARTEN: DIE KONTAKTE

Erinnern Sie sich noch an die (nicht so) gute alte Zeit? Mitten in einem Telefonat bekamen Sie die neue Telefonnummer eines Freundes mitgeteilt. Nur: Wo notieren, so auf die Schnelle? Im schlimmsten Fall führte das zu einer riesigen Sammlung kleiner gelber Zettel, Rändern von Zeitungsseiten und sonstiger Aushilfs-Notizzettel rund um das Telefon, die eines gemeinsam hatten: Wenn man sie brauchte, glänzten sie durch Abwesenheit.
Diese Situation sollte spätestens mit dem Einsatz Ihres Windows Phones endgültig der Vergangenheit angehören. Neben den Terminen kann Ihr Gerät natürlich auch Ihre Kontakte komfortabel und effektiv verwalten.

Arbeiten mit Kontakten

Kontakte können wie Termine auf verschiedene Arten auf Ihr Gerät kommen: Entweder durch die Synchronisation mit einem Konto wie Ihrem Microsoft- oder Google-Konto oder durch die manuelle Eingabe auf Ihrem Gerät.
Im Standard haben Sie auf der Startseite Ihres Windows Phones die Kontakte-Kachel. Sie fällt besonders dadurch auf, dass sie in regelmäßigen Abständen die Bilder Ihrer Kontakte durchwechselt und so für Bewegung auf dem Bildschirm sorgt. Tippen Sie sie an, oder wählen Sie Kontakte aus der Programmliste.

Navigieren in den Kontakten

Wenn Sie die Kontakte geöffnet haben, sehen Sie zunächst einen Überblick all Ihrer auf dem Gerät gespeicherten Kontakte. Auch sie werden im gewohnten alphabetischen Index angezeigt.

1 Tippen Sie auf eines der Buchstaben-Kästchen, dann wird Ihnen eine Übersichtsseite angezeigt, in der Sie schnell durch Antippen zu einem bestimmten Buchstaben springen können.

2 Noch einfacher ist es, nach einem Namen zu suchen: Tippen Sie unten am Bildschirmrand auf die Lupe und tippen Sie die ersten Buchstaben des gesuchten Namens ein. Die Liste der Kontakte wird automatisch gefiltert, es bleiben nur noch diejenigen übrig, die mit den eingetippten Buchstaben beginnen.

3 Der gewünschte Kontakt wird sich darunter befinden. Tippen Sie ihn an, um seine Details zu öffnen.

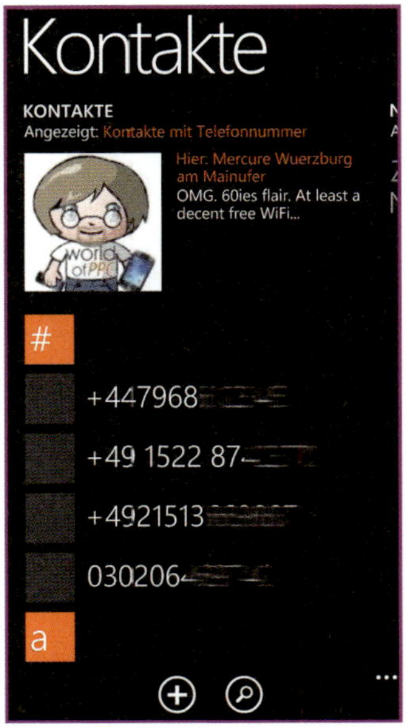

Verwenden von Kontakten

Kontakte enthalten eine Menge an Informationen, die Sie direkt aus der Kontaktkarte weiter verwenden können. Sobald Sie eine Kontaktkarte geöffnet haben, finden Sie in ihr alle gespeicherten Informationen wie Rufnummern, E-Mail-Adressen, Webseiten-Informationen und vieles mehr. Diese Informationen sind in der Standardansicht direkt mit Aktionen hinterlegt. So steht dort nicht Arbeit, sondern Arbeit anrufen. Durch ein Antippen einer dieser Aktionen wird diese direkt ausgeführt. Im Beispiel wird also die unter Arbeit gespeicherte Rufnummer direkt angerufen. Wenn Sie eine Rufnummer häufiger wählen müssen, dann können Sie diese nicht nur aus der Anrufliste, sondern auch aus der Kontaktkarte direkt in die Kurzwahlliste, also Ihre persönlichen Favoriten, aufnehmen. Halten Sie den Finger dazu einfach auf die Nummer gedrückt und wählen Sie aus dem sich dann öffnenden Menü Zu Kurzwahlliste hinzufügen.

INFO **Nummernzuweisung ist wichtig**

Wer es eilig hat, trägt die unterschiedlichen Rufnummern eines Kontaktes unter Umständen „mal eben so“ schnell ein. Was dabei leicht untergeht, ist die Zuordnung der richtigen Kategorien: Nur, wenn Sie eine Handynummer auch unter Handy speichern, dann können Sie aus der Kontaktkarte direkt eine SMS dorthin senden. Ist die Nummer stattdessen als Festnetznummer, also beispielsweise Privat oder Büro, gespeichert, dann bietet Ihnen Ihr Windows Phone diese Option gar nicht erst an!

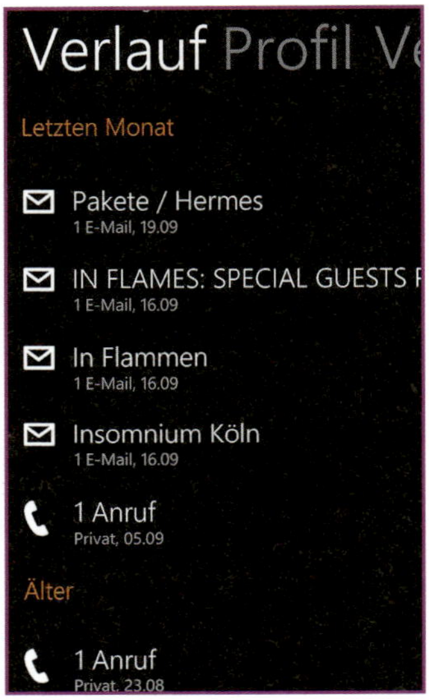

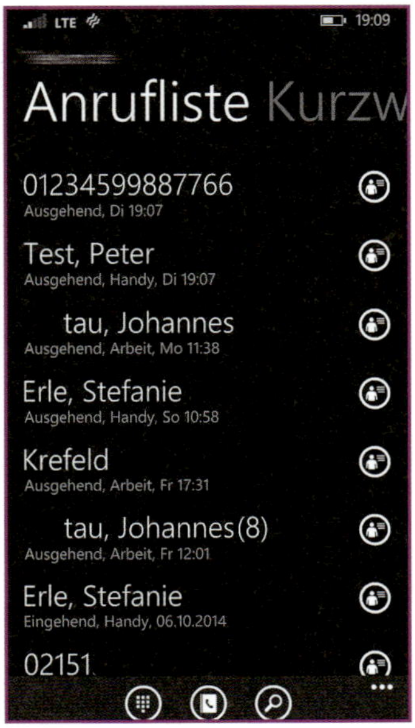

Verwenden des Kontaktverlaufs

Eine wunderschöne Eigenschaft des Windows Phones ist die Verknüpfung aller Anwendungen, die Sie auf Ihrem Gerät haben. Wenn Sie aus einer Kontaktkarte einmal nach links über den Bildschirm wischen, gelangen Sie in den sogenannten Verlauf. Dieser zeigt Ihnen in einer chronologisch sortierten Übersicht an, wann Sie mit diesem Kontakt auf welche Weise kommuniziert haben.

Anrufe, E-Mails und empfangene SMS werden aufgelistet und durch Antippen auch direkt geöffnet. So ersparen Sie sich lästige Diskussionen der Art „... das habe ich dir doch gestern gemailt!", denn jede Kommunikation können Sie dank des Windows Phones noch lange rückwirkend nachverfolgen.

Eingeben und ändern von Kontakten

Kontakte können über verschiedene Wege auf Ihr Windows Phone kommen: Wenn Sie beispielsweise ein Google- oder ein Facebook-Konto angelegt haben, dann werden die Kontakte dieses Kontos im Rahmen der Synchronisation automatisch auf Ihr Windows Phone importiert. Natürlich können Sie Kontaktdaten aber auch selber eingeben, und je länger Sie Ihr Windows Phone verwenden, desto mehr Kontakte sammeln sich darauf an.

Einen neuen Kontakt aus einem Anruf anlegen

Das ist sicherlich die komfortabelste Variante und erleichtert Ihnen das Leben ungemein: Sie bekommen einen Anruf einer unbekannten Rufnummer oder haben eine Rufnummer manuell gewählt, wollen diese dann aber für die spätere Wiederverwendung speichern?

1 Dann tippen Sie in der Programmliste auf Telefon (oder direkt auf die Telefonkachel auf der Startseite). Neben jedem Eintrag sehen Sie rechts am Bildschirmrand eine kleine, eingekreiste Figur. Tippen Sie diese an.

2 Wie bei einer bereits gespeicherten Kontaktkarte werden Ihnen nun alle Aktionen, die für die Rufnummer möglich sind, angezeigt und können durch Antippen direkt gestartet werden. Ganz unten auf dem Bildschirm finden Sie ein kleines Diskettensymbol. Tippen Sie dieses an, um die Rufnummer zu speichern.

3 Sie haben nun zwei Möglichkeiten: Wenn die Rufnummer zu einem bereits bestehenden Kontakt gehört (von dem Sie bspw. in der Kontaktkarte nur die Festnetz-Rufnummer gespeichert haben, der Sie aber vom Handy aus angerufen hat), dann suchen Sie wie gewohnt aus der Kontaktliste den Kontakt heraus und tippen Sie ihn an.

Ihr Windows Phone zeigt Ihnen nun die Rufnummer und einen Vorschlag, um welchen Rufnummerntyp (Handy, Arbeit etc.) es sich handeln könnte. Wenn diese Zuordnung stimmt, dann brauchen Sie nur noch auf das kleine Disketten-Symbol zu tippen, um den Kontakt mit der hinzugefügten Rufnummer zu speichern.

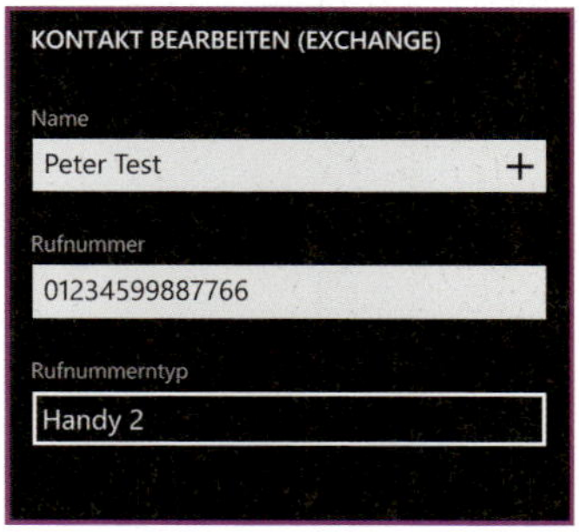

Ist die vorgeschlagene Zuordnung nicht richtig, tippen Sie einfach auf Rufnummerntyp und wählen aus der angezeigten Liste die korrekte Zuordnung aus. Sie wissen ja: Die Wahl hat Auswirkungen darauf, wie Sie die Rufnummern später nutzen können.

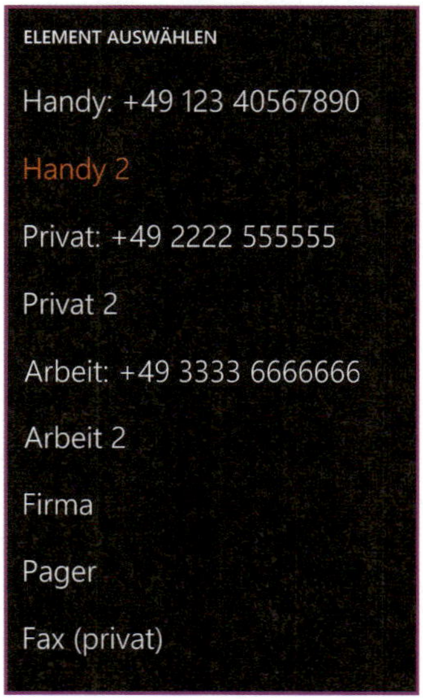

Wenn noch gar kein Kontakt für den Anrufer existiert, dann legen Sie einen neuen Kontakt an.

Einen neuen Kontakt manuell anlegen

Das Anlegen eines neuen Kontaktes wird immer über die Kontaktübersicht durchgeführt, unabhängig davon, ob Sie direkt oder aus dem Anrufprotokoll dorthin gelangt sind.

1 Tippen Sie auf das +-Zeichen am unteren Bildschirmrand, statt einen Kontakt herauszusuchen. Als Erstes erscheint nun eine Liste Ihrer Konten, in die Sie einen neuen Kontakt eingeben können. Wundern Sie sich nicht: Konten, die von externen Programmen kommen (wie beispielsweise Twitter oder Facebook), werden hier nicht aufgeführt – bei diesen können Sie die Kontakte nur in dem entsprechenden Programm selbst, nicht aber über die Windows-Phone-Kontakte eingeben.

2 Nach dem Antippen des zu verwendenden Kontos können Sie nun die entsprechenden Informationen wie Name, Rufnummern, E-Mail-Adressen und vieles mehr eingeben.

3 Neben dem Eingabefeld des Namens sehen Sie ein kleines +-Zeichen. Tippen Sie darauf, um neben dem Namen noch viele weitere Informationen wie Spitznamen, Firma, Titel und vieles mehr einzugeben. Aus dieser Übersicht kommen Sie durch ein Tippen auf den Haken zurück, ein Tippen auf das Kreuz am unteren Bildschirmrand verwirft Ihre Eingaben.

4 Wenn Sie nur den Namen kennen oder eingeben möchten, dann geben Sie ihn in der Form Nachname, Vorname ein. So kann Ihr Windows Phone die Zuordnung in die Felder Nachname und Vorname automatisch für Sie erledigen.

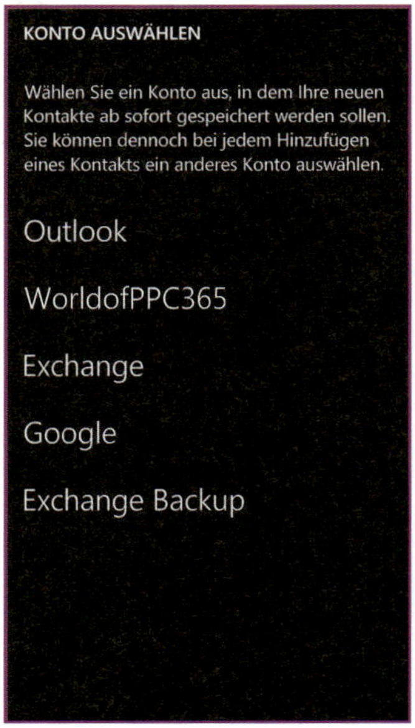

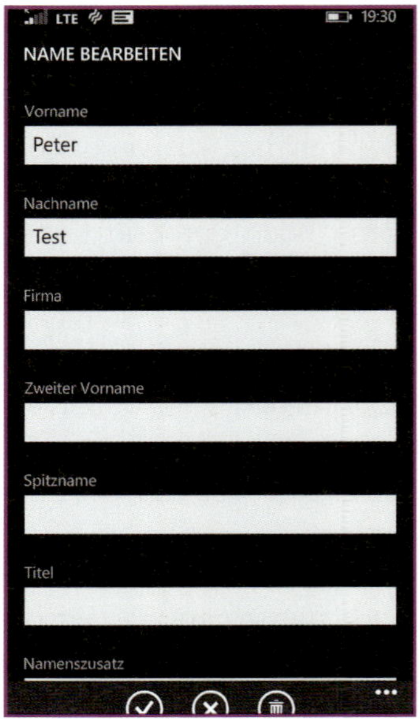

INFO **Internationale Rufnummern verwenden!**

Speichern Sie die Nummern unbedingt beginnend mit der internationalen Vorwahl (für Deutschland +49) und ohne führende Null vor der Vorwahl. Das hat den Vorteil, dass das Anrufen der Nummer aus der Kontaktkarte sowohl im Inland als auch im Ausland funktioniert. Ohne die Ländervorwahl können Sie einen Kontakt aus dem Ausland nicht direkt anwählen, weil Ihr Windows Phone sonst z.B. in den Niederlanden versuchen würde, die Rufnummer im niederländischen Netz (und nicht im deutschen) zu erreichen.

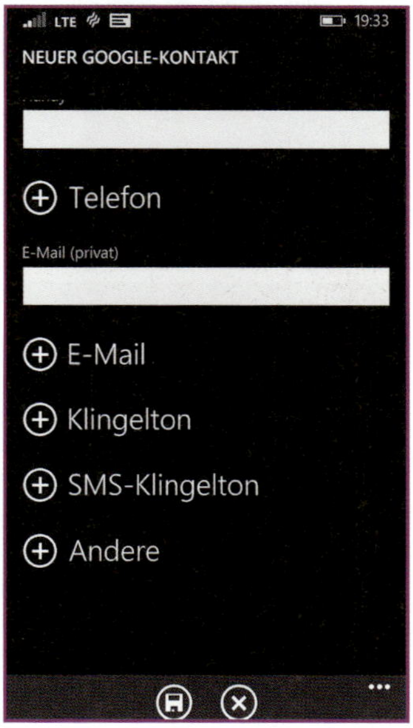

5 Bewegen Sie sich durch Wischen mit dem Finger durch die Liste der zur Verfügung stehenden Felder, um weitere Informationen zum Kontakt einzugeben. Wenn Sie kein Eingabefeld, sondern nur eine Kategorie (wie Telefon oder E-Mail) angezeigt bekommen, dann tippen Sie auf das +-Zeichen links daneben, um den entsprechenden Rufnummerntyp (wie Arbeit oder Privat) auszuwählen und dann die Rufnummer oder E-Mail-Adresse einzugeben.
6 Wenn Sie einen neuen Kontakt aus der Anrufliste heraus anlegen, dann ist eine Rufnummer natürlich bereits ausgefüllt. Für diese müssen Sie nur noch den Rufnummerntyp anpassen, falls er nicht korrekt ist. Um Andere geht es im Kasten auf Seite 106 (siehe Kasten „Geburtstage“).
7 Speichern Sie den neuen Kontakt nun durch ein Tippen auf das Diskettensymbol am unteren Bildschirmrand.

Kontakte verändern und löschen

Natürlich passiert es immer wieder einmal, dass Freunde oder Kollegen umziehen, eine neue Handynummer oder E-Mail-Adresse bekommen. Das Gute ist: Sie müssen den Kontakt dann nicht komplett neu einzugeben, sondern können den bestehenden aktualisieren.

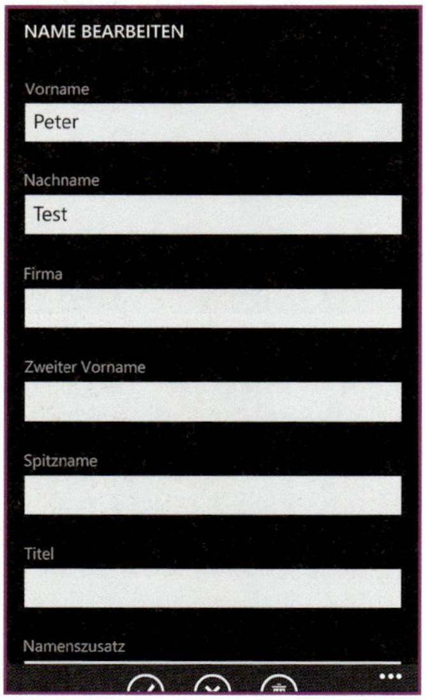

Suchen Sie dazu den entsprechenden Kontakt wie gewohnt heraus und öffnen Sie ihn. Dann tippen Sie auf den kleinen Stift unten rechts auf dem Bildschirm.

Sie können nun wie bei einer Neuanlage aktualisierte Informationen hinzufügen. Wenn Sie bestehende Felder verändern möchten, tippen Sie diese einfach an und geben die neue Telefonnummer oder Adresse einfach über die Bildschirmtastatur ein. Speichern Sie den Kontakt wieder durch ein Tippen auf das Diskettensymbol.

Um einen Kontakt komplett zu löschen, tippen Sie in der Übersicht der einzelnen Informationen des Kontaktes auf die drei kleinen Punkte unten rechts auf dem Bildschirm und dann auf Löschen.

INFO **Geburtstage vom Kontakt in den Kalender**

Ein großartiger Service des Windows Phones ist es, den Geburtstag eines Kontaktes aus der Kontaktkarte Ihres Microsoft-Kontos direkt in den Kalender des Geräts zu übertragen und Sie dabei zu unterstützen, keinen Geburtstag mehr zu vergessen. Tragen Sie dazu den Geburtstag unter Andere, Geburtstag ein. Geben Sie Ihrem Windows Phone ein paar Stunden Zeit, bis die automatische Synchronisation erfolgt ist. Stellen Sie zusätzlich sicher, dass als Kalender der Geburtstagskalender aktiviert ist. Das Eintragen des Geburtstags übernimmt das System für Sie!

Einem Kontakt einen Klingelton zuweisen

Wie Sie Ihrem Telefon allgemein einen Klingelton (der ja nur eine Benachrichtigung im Infocenter ist) zuweisen, das wissen Sie schon. Wie schön aber ist es, bestimmte Anrufer mit einem eigenen Klingelton individuell erkennbar zu machen? Das ist bei Win-

dows Phone ganz einfach! Suchen Sie sich wieder wie gewohnt den Kontakt heraus und öffnen ihn zum Verändern, dann tippen Sie auf Klingelton.
Jetzt können Sie aus der Liste der Klingeltöne denjenigen auswählen, der abweichend vom allgemein eingestellten Klingelton nur bei Rufnummern dieses speziellen Kontaktes abgespielt wird.

Kontaktfotos zuweisen

Neben dem benutzerspezifischen Klingelton gibt es noch eine weitere Möglichkeit, die Kontakte „persönlicher" zu machen: Sie können jeder Kontaktkarte ein Foto zuweisen. Dazu sollten Sie natürlich ein entsprechendes Bild auf Ihrem Gerät gespeichert haben oder es mit der Kamera Ihres Windows Phones schießen.

1 Wenn Sie den Kontakt zur Bearbeitung öffnen, finden Sie ganz oben ein Viereck mit dem Text Foto hier. Tippen Sie darauf, dann öffnet sich automatisch die Liste aller Bilder auf Ihrem Telefon und Sie können eines aus der Liste auswählen.

2 Wenn Sie stattdessen ein neues Bild mit der Kamera aufnehmen möchten, tippen Sie das Kamera-Symbol unten am Bildschirm an. Mehr über die Möglichkeiten, die sich Ihnen dabei bieten, lesen Sie ab Seite 113 („Kamera").

3 Die meisten Bilder sind nicht quadratisch, darum wird Ihnen über dem ausgewählten Bild ein quadratischer Ausschnitt angezeigt. Bewegen Sie diesen mit dem Finger, bis genau der Ausschnitt ausgewählt ist, den Sie als Kontaktfoto

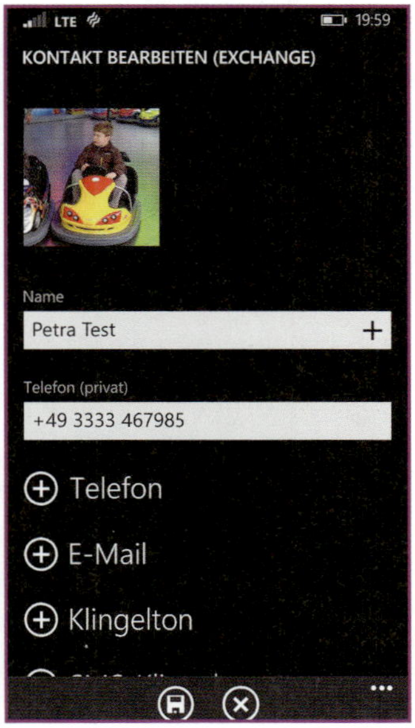

verwenden wollen, dann tippen Sie auf den Haken am unteren Bildschirmrand, um ihn auszuwählen.

4 Schon wird Ihnen das Bild oben in der Kontaktkarte angezeigt. Aber nicht nur das: Künftig wird, wenn dieser Kontakt Sie anruft, dieses Bild auch neben dem Namen auf dem Bildschirm angezeigt.

Verknüpfen von Kontakten

Vielleicht ist es Ihnen aufgefallen: Peter Test war schon als Kontakt auf dem Telefon, und zwar im Konto Exchange. Gerade haben Sie einen neuen Kontakt angelegt, der denselben Namen hatte, diesmal aber im Konto Google. Das ist etwas, das öfter vorkommt: verschiedene Kontaktquellen, die aber Informationen zur selben Person beinhalten. Windows Phone erkennt dies und versucht automatisch, gleiche Kontakte zu einer Kontaktkarte zusammenzufassen – damit Sie „Test, Peter" nicht fünfmal in der Kontaktliste abgespeichert haben.

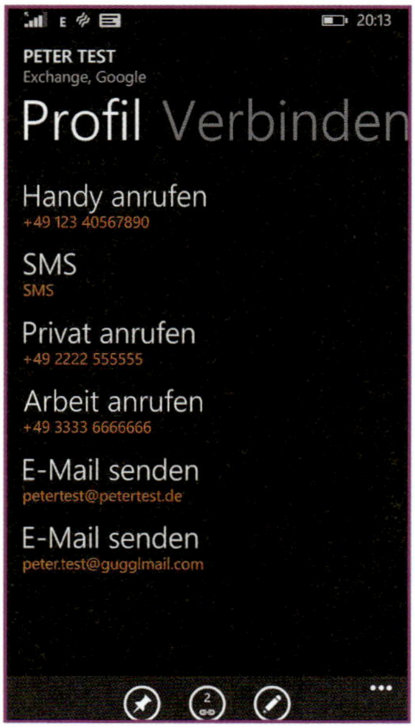

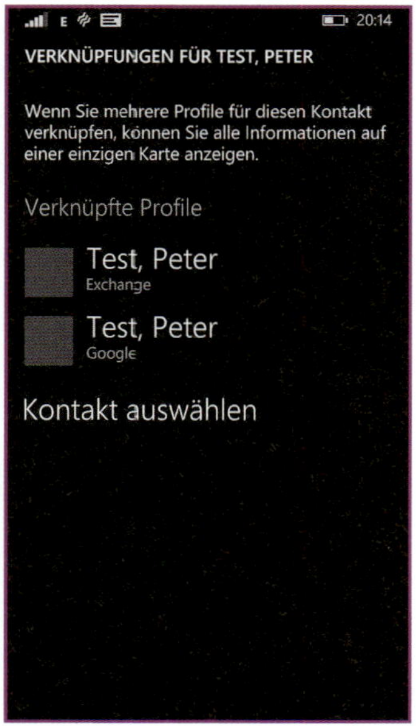

Einen verknüpften Kontakt erkennen Sie daran, dass in der Übersicht die Informationen aller Konten angezeigt werden und am unteren Bildschirmrand in der Mitte ein Kettensymbol mit einer kleinen Zahl darin erscheint. Diese Zahl zeigt, aus wie vielen verschiedenen Konten der Kontakt zusammengesetzt ist. Tippen Sie darauf und Sie bekommen eine detaillierte Übersicht:

Trennen der Verknüpfung von Kontakten

Ihr Windows Phone ist nicht unfehlbar, und so kann es sein, dass es versehentlich die Kontaktkarten zweier unterschiedlicher Personen zu einer zusammengefasst hat. Das ist aber kein Problem: Tippen Sie einfach in dieser detaillierten Übersicht das Konto an, für das Sie eine separate Kontaktkarte haben möchten, und tippen Sie dann auf die Nachfrage Ihres Gerätes auf Trennen. Schon haben Sie zwei separate Karten, an den Inhalten wird nichts verändert.

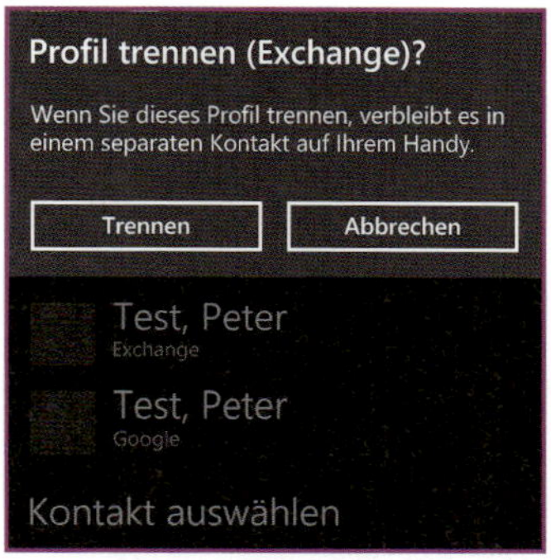

Manuelles Verknüpfen von Kontakten

Natürlich gibt es auch den anderen Fall: Ihr Windows Phone hat nicht erkannt, dass zwei Kontaktkarten zum selben Kontakt gehören. Dann tippen Sie einfach auf das Kettensymbol unten auf dem Bildschirm (in dem sich in diesem Fall keine Zahl befindet) und dann auf Kontakt auswählen. Jetzt können Sie wie gewohnt einen Ihrer Kontakte heraussuchen. Wenn Sie ihn antippen, dann wird er mit dem vorher aufgerufenen verknüpft.

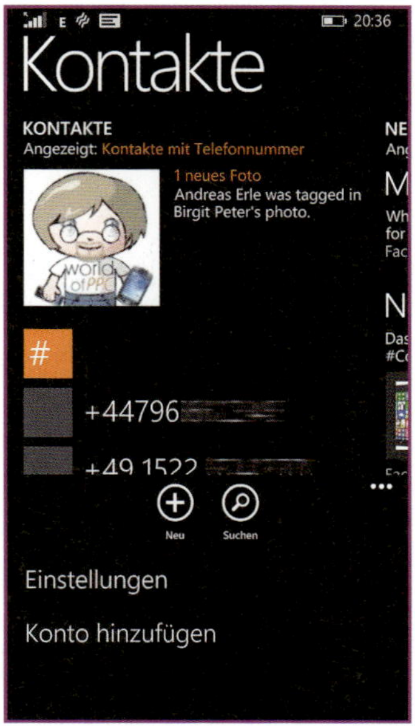

Anpassen der Anzeige von Kontakten

Der Kalender wie auch die Kontaktliste werden Ihre wichtigsten Hilfsmittel während der Arbeit mit Ihrem Windows Phone sein, darum ist es wichtig, dass Sie sich genau die Informationen anzeigen lassen, die Sie benötigen. Es gibt nicht die eine „richtige" Darstellungsweise, nur die „für Sie richtige", weshalb Windows Phone diverse Einstellungsmöglichkeiten bietet. Um diese festlegen zu können, tippen Sie in der Kontaktliste auf die drei Punkte unten links, dann auf Einstellungen.

Filtern von Kontakten

Da Kontakte aus ganz unterschiedlichen Quellen stammen können, kann es vorkommen, dass Sie Hunderte, gar Tausende von Kontakten in der Kontaktliste finden, von

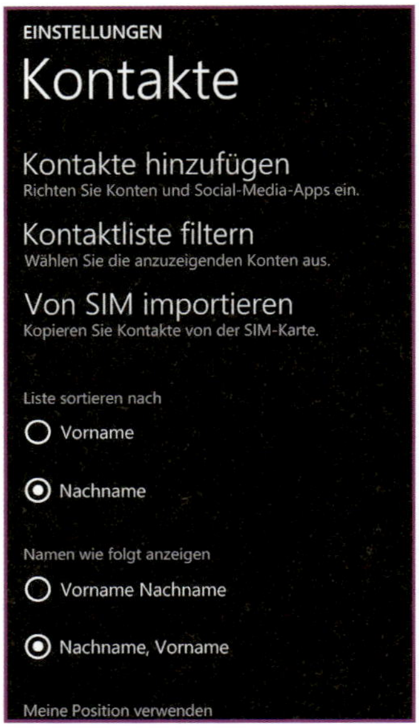

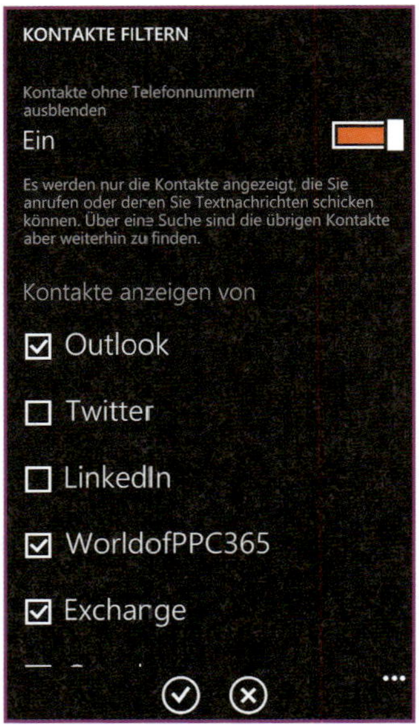

denen Sie aber nur einige wenige interessieren. Auf Twitter beispielsweise folgen Sie möglicherweise einer Vielzahl von Teilnehmern, würden diese aber niemals kontaktieren. Da macht es Sinn, solche Karteileichen direkt herauszufiltern.

Tippen Sie dazu auf Kontakte filtern. Sie sehen nun alle Ihre Konten, in denen sich Kontakte befinden. Wenn Sie den Haken neben einem Konto entfernen, erscheint dieses nicht mehr in der Kontaktliste. Es ist damit aber nicht aus der Welt: Wenn Sie einen Kontakt über das Lupensymbol suchen, dann wird er gefunden, egal, ob er nun gefiltert ist oder nicht.

Ebenso verhält es sich mit Kontakten ohne Rufnummern: Da Sie die Kontaktliste meist verwenden werden, um jemanden anzurufen, können Sie Kontakte ohne Rufnummern ausblenden, unabhängig von dem Konto, zu dem sie gehören.

Sortierung der Kontakte

Traditionell werden Kontakte in der Reihenfolge „Nachname, Vorname" eingetragen. Manche Unternehmen sind da ein wenig anders gestrickt und stellen den Vornamen in den Vordergrund. Genauso kann es sein, dass Sie Ihre Freunde per Vor- oder gar Spitznamen eingetragen haben. Dann werden Sie natürlich eher den Vornamen eines Kontaktes nachsehen wollen. Rollen Sie in den Einstellungen der Kontakte nach unten, dann finden Sie zwei Möglichkeiten, die Auflistung der Kontakte dahingehend zu verändern:

Liste sortieren nach sortiert die Kontaktliste nach dem Vor- oder dem Nachnamen, abhängig davon, was Sie auswählen.
Namen wie folgt anzeigen ändert nicht die Sortierung der Liste, sondern gibt Ihnen nur die Auswahl, der Vornamen oder den Nachnamen als Erstes (und den jeweils anderen als Zweites) anzeigen zu lassen.

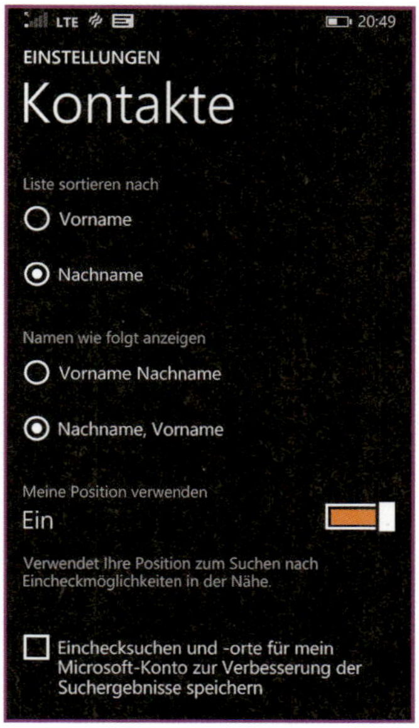

Kontaktgruppen und Neuigkeiten

Aufgrund der Verknüpfung von Kontakten verschiedener Konten haben Sie nicht nur statische Inhalte (also sich nicht von alleine verändernde Informationen) zu einem Kontakt verfügbar. Wenn ein Kontakt beispielsweise bei Twitter oder bei Facebook ist, können Sie sich ganz gezielt die Neuigkeiten, die er dort einstellt, anzeigen lassen oder sogar Gruppen von Kontakten zusammen im Blick behalten.

Neuigkeiten eines Kontaktes ansehen

Rufen Sie den Kontakt, dessen Neuigkeiten Sie sehen möchten, wie gewohnt auf. Dann wischen Sie mit dem Finger so lange nach links, bis Sie oben die Überschrift Neuigkeiten sehen.
Sie sehen nun eine zeitlich sortierte Liste der Neuigkeiten, die dieser Kontakt in den sozialen Netzwerken eingestellt hat. Sollte eine Kommentierung erlaubt sein, können Sie direkt auf die Sprechblase rechts vom Eintrag tippen, dann öffnet sich das zugehörige Programm (zum Beispiel Facebook) und erlaubt Ihnen, einen Kommentar einzugeben.

Kontaktgruppen verwalten

So schön das Verfolgen eines einzelnen Kontaktes ist, Ihr Anspruch liegt meistens dazwischen: Sie wollen nicht von der Informationsflut der Neuigkeiten all Ihrer Kontakte

überrollt werden, sondern bestimmte Gruppen sehen: die Familie, den Freundeskreis, die Kollegen. Windows Phone bietet Ihnen hierzu die Möglichkeit, Kontakte zu Gruppen zusammenzufassen.

1 Wechseln Sie in Ihre Kontaktliste. Nun wischen Sie zweimal mit dem Finger von rechts nach links über den Bildschirm, bis Sie unten das Wort Gruppen sehen. Tippen Sie dann auf das +-Zeichen und danach auf Gruppe.

2 Geben Sie einen Namen für die Gruppe ein und speichern Sie die noch leere Gruppe durch Tippen auf das Diskettensymbol. Nun können Sie wie gewohnt aus der Kontaktliste die Teilnehmer der Gruppe auswählen und in der Gruppe speichern.

3 Die Neuigkeiten einer Gruppe können Sie dann wie bei einem einzelnen Kontakt durch ein Wischen nach links über den Bildschirm auf Neuigkeiten anzeigen lassen.

BITTE RECHT FREUNDLICH: DIE KAMERA

Moderne Smartphones versuchen immer mehr, Funktionen verschiedenster Geräte zu vereinen und Ihnen die Möglichkeit zu geben, nur ein einziges Gerät mitzunehmen, und damit alle Ansprüche unterwegs erfüllen zu können. Zwei wichtige Funktionen dabei sind das Aufnehmen eigener Bilder über die Kamera und die Wiedergabe von Musik und Videos (siehe „Im Rhythmus der Zeit: Musik und Videos", Seite 126).

Bedienen der Kamera

Wenn Sie noch auf dem Stand sind, dass eine Smartphone-Kamera höchstens für Schnappschüsse taugt, dann sollten Sie schleunigst umdenken: Windows Phones haben – besonders bei den höherwertigen Nokia-Geräten – hervorragende Kameras und können durchaus die normale Kompaktkamera ersetzen. Die folgenden Beschreibungen basieren auf dem Kamera-Programm der Nokia-Geräte („Nokia Camera"), die Handhabung bei anderen Geräten ist aber sehr ähnlich und ebenso intuitiv.

Aufnehmen eines Fotos

Microsoft hat bei Windows Phone viele Vorgaben gemacht, was die Technik und die Hardware der Geräte angeht. Und so hat der größte Teil der Windows Phones eine eigene Taste für die Kamera. Ergonomisch geschickt befindet sich diese rechts unten am Gehäuse des Gerätes. Wenn Sie sich nun fragen, was daran geschickt ist: Drehen Sie Ihr Windows Phone einfach mal ins Querformat: Dann ist diese Taste genau an der Position, an der der Auslöser einer normalen Kompaktkamera ist, nämlich an Ihrem rechten Zeigefinger (siehe „Die Kamerataste", Seite 17).
Das Tolle an der Kamerataste ist, dass Sie im Handumdrehen ein Foto schießen können. Halten Sie die Kamerataste selbst bei ausgeschaltetem Gerät gedrückt: Das Gerät geht nun an, startet die Kamera und zeigt Ihnen ein Live-Bild an. Im allereinfachsten Fall halten Sie die Kamera auf das Objekt, das Sie ablichten wollen,

und drücken Sie ein wenig länger. Sollten Sie keine Kamerataste haben, dann tippen Sie auf das kleine Kamera-Symbol auf dem Bildschirm: Schon ist das Foto geschossen.

INFO

Hilfe – keine Kamerataste!

Einige wenige Windows Phones haben keine dedizierte Kamerataste, so beispielsweise das Nokia Lumia 630. Das bedeutet nicht, dass Sie keine Fotos damit machen können: Statt der Kamerataste müssen Sie dann entweder Kamera aus der Programmliste auswählen oder aber sich die Kamera als Kachel auf die Startseite legen, damit sie schnell darauf zugreifen können.
Auf diese Weise können Sie die Kamera natürlich auch starten, wenn Ihr Gerät eine Taste dafür hat!
Ein Foto können Sie dann schießen, indem Sie das kleine Kamera-Symbol auf dem Bildschirm antippen. Der Einfachheit halber werden beide Möglichkeiten im Folgenden unter „den Auslöser durchdrücken" zusammengefasst.

Manueller Fokus

Die Kamera eines Windows Phones stellt sich automatisch auf das Objekt scharf, das in der Mitte des Bildschirmes ist. Wenn Sie dies vor dem Aufnehmen des Bildes kontrollieren möchten, dann drücken Sie den Auslöser nur leicht und kurz: Das Bild wird in der Mitte scharf gestellt und Ihr Gerät piept einmal kurz. Damit soll signalisiert werden, dass die Fokussierung abgeschlossen ist.
Wenn Sie eine besondere Bildkomposition möchten, in der das scharfe Objekt sich irgendwo anders auf dem Bild, aber eben nicht in der Mitte befindet, dann tippen Sie das entsprechende Objekt einfach mit dem Finger auf dem Display an. Auch hier gibt es wieder einen kurzen Ton, wenn die Fokussierung abgeschlossen ist, und ein Tippen auf den Auslöser macht dann das Foto.

Aufnehmen von Videos

Ähnlich einfach können Sie mit der Kamera Ihres Windows Phones auch Videos aufnehmen. Wenn Sie die Kamera gestartet haben (und das Telefon quer in der Hand halten), dann haben Sie rechts über dem größer dargestellten Kamera-Knopf einen kleineren Knopf, der eine Videokamera darstellt. Ziehen Sie diesen einfach mit dem Finger nach unten, und schon schaltet die Kamera in den Videomodus.

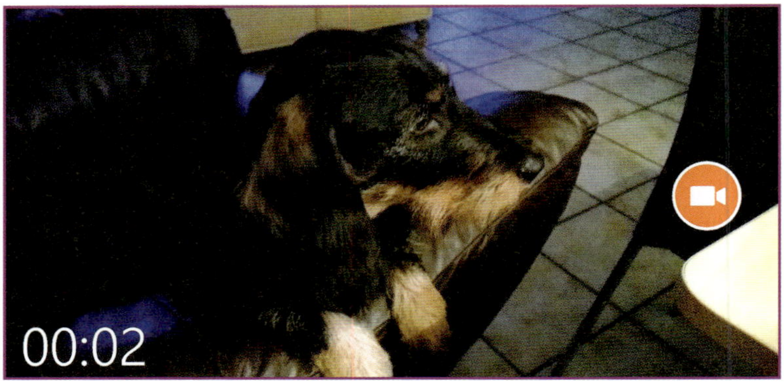

Tippen Sie mit dem Finger den Video-Auslöser an, und die Filmaufnahme startet, tippen Sie ihn erneut an, und die Filmaufnahme wird abgeschlossen.

Manuelle Einstellungen bei der Aufnahme

Im Standard sind alle Einstellungen der Kamera auf Automatik gestellt. Wenn Sie manuell bestimmte Einstellungen korrigieren beziehungsweise verändern wollen, dann ziehen Sie mit dem Finger den Auslöser vom rechten Bildschirmrand nach links. Schon erscheinen vier Regler, mit denen Sie Weißabgleich, Blende, Belich-

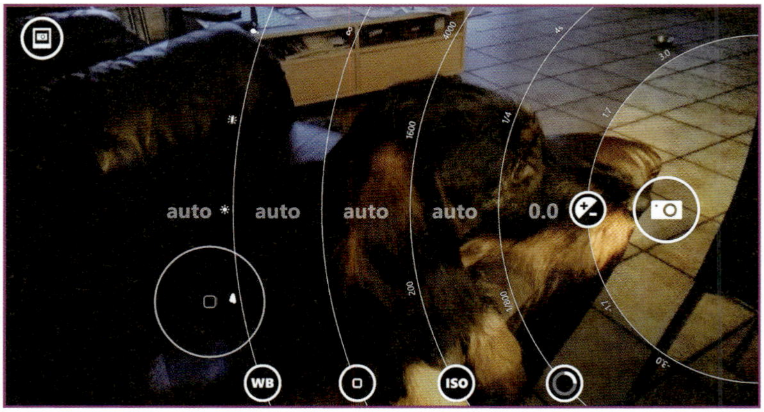

tung und ISO-Wert einstellen können. Wenn Ihnen diese Werte nichts sagen, dann macht das gar nichts: Bewegen Sie mit den Fingern die Regler über den Bildschirm: Die Änderung, die dieser Wert verursacht, werden Ihnen live im Voransichtsbild auf dem Bildschirm angezeigt. Mit ein wenig Probieren finden Sie schnell die richtige Einstellung für die jeweilige Bildsituation!

Blitz und Belichtungsprogramm

Oben in der Mitte des Bildschirms haben Sie ein kleines Oval, in dem ein Blitz-Symbol und ein kleines a stehen.
Tippen Sie auf den Blitz, um durch die einzelnen Blitzmodi zu wechseln. Wird nur das Blitzsymbol dargestellt, dann ist der Blitz immer aktiviert, egal, ob er benötigt wird oder nicht. Dies macht beispielsweise bei Aufnahmen in die Sonne hinein (sogenannten Gegenlichtaufnahmen) Sinn.
Wird im Blitzsymbol noch ein „a“ angezeigt, wird der Blitz nur dann eingesetzt, wenn Ihr Gerät erkennt, dass es zu dunkel ist und es Unterstützung braucht, um ein brauchbares Bild zu machen.
Ist der Blitz durchgestrichen, dann wird er nie benutzt, auch wenn es zu dunkel ist. Das macht beispielsweise Sinn, wenn das Objekt weit weg ist und der Blitz es nicht erreichen, aber die Belichtung negativ beeinflussen würde, beispielsweise bei einem Konzert.
Das Tippen auf das Symbol neben dem Blitz wechselt durch die einzelnen Belichtungsprogramme, die sich durch ihre Symbole selbst erklären. Belichtungsprogramme stellen die einzelnen Voreinstellungen für die jeweilige Situation (z.B. Nacht, Sport etc.) automatisch optimal ein.

Spezielle Einstellungen der Kamera

Einfacher geht es doch kaum, oder? Natürlich haben Sie noch viele weitere Einstellmöglichkeiten, um die Aufnahme von Bildern individuell zu gestalten. Einmal mehr dienen die drei Punkte auf dem Bildschirm als Zugang zu den Menüs. Wenn Sie das Gerät quer halten, sind diese ausnahmsweise oben rechts in der Ecke. Tippen Sie darauf und dann auf Einstellungen.

Das Kamera-Programm nutzt zum Scharfstellen des zu fotografierenden Objektes den Blitz als sogenanntes Fokus-Hilfslicht. Im Standard wird dieses immer verwendet, wenn der Blitz zugelassen ist. Tippen Sie die Einstellung an, um es entweder immer ein- oder immer auszuschalten.

Das Bildverhältnis, also das Verhältnis von Höhe und Breite des aufgenommenen Bildes, ist im Standard auf 16:9 eingestellt, so wie beispielsweise ein Fernseher. Alternativ können Sie es durch Antippen der Option auf 4:3 einstellen. Der Vorteil dabei: Die Auflösung ist etwas höher (weil beim 16:9-Bild einfach oben und unten etwas abgeschnitten wird), allerdings haben Sie, wie bei der Darstellung auf einem normalen Fernseher, gegebenenfalls links und rechts einen schwarzen Rand.

INFO **Schießen von Selfies**

Ein Trend, der in den vergangenen Jahren immer stärker geworden ist, ist das Aufnehmen von sogenannten „Selfies", also Bildern von sich selbst vor irgendwelchen Sehenswürdigkeiten. So ein Selfie macht natürlich nur dann Sinn, wenn Sie sich selbst und den Hintergrund sehen können. Dafür hat jedes Windows Phone eine sogenannte „Frontkamera" eingebaut, die vom Bildschirm auf Sie zeigt. Um von der Hauptkamera auf die Frontkamera zu wechseln, gehen Sie in die Einstellungen und tippen Sie auf Frontkamera. Auf demselben Weg können Sie dann wieder auf die Hauptkamera zurückwechseln.

Allgemeine Einstellungen der Kamera

Die obigen Einstellungen unterscheiden sich leicht, ob nun das Standard-Kamera-Programm von Microsoft genommen wird oder das deutlich ausgeklügeltere des Herstellers. Einige grundsätzliche Einstellungen für die Kamera, die Windows Phone selber mitbringt, sollen aber nicht unerwähnt bleiben.

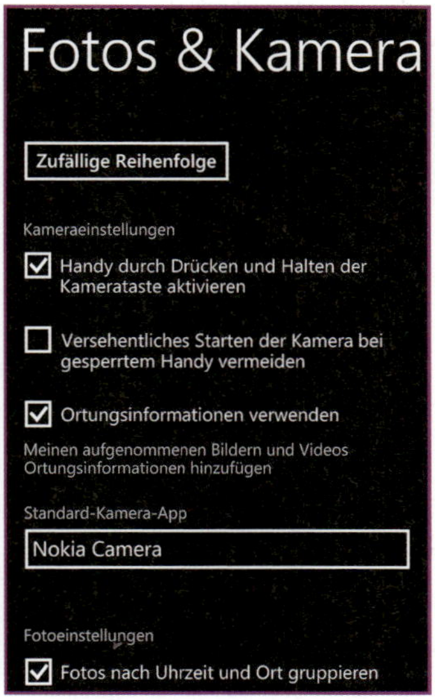

Wechseln Sie aus der Programmliste in Einstellungen, dann wischen Sie mit dem Finger nach links über den Bildschirm und wählen dann Fotos & Kamera.

Wichtig sind hier zum einen die Optionen, die Sie anhaken können: Handy durch Drücken und halten der Kamerataste aktivieren, im Standard aktiviert, erlaubt das vorhin beschriebene Starten des Kamera-Programms durch Drücken der Kamera-Taste. Wenn Sie häufiger versehentlich bei der normalen Bedienung des Gerätes die Kamera starten, dann schalten Sie diese Funktion besser aus, indem Sie den Haken entfernen.

Wenn Sie öfter mal Fotos vom Inneren Ihrer Hosentasche machen, dann liegt das wahrscheinlich daran, dass die Kamerataste versehentlich gedrückt wird. Statt diese nun komplett auszuschalten, aktivieren Sie Versehentliches Starten der Kamera bei gesperrtem Handy vermeiden. Dabei überprüft Ihr Windows Phone, ob der Annäherungssensor (den Sie beim Telefonieren schon kennengelernt haben) verdeckt ist, und startet in dem Fall die Kamera nicht, auch wenn die Kamerataste versehentlich gedrückt wird.

Beim ersten Start der Kamera werden Sie gefragt, ob Sie der Kamera die Ortung erlauben wollen. Ist die Option Ortungsinformationen verwenden aktiv, dann wird die aktuelle Position Ihres Gerätes in die Metadaten des Bildes geschrieben und ist von entsprechenden Programmen auslesbar. Eigentlich eine schöne Funktion, für den einen oder anderen Anwender aber ein Datenschutz-Problem.

Ansehen, Bearbeiten und Vorzeigen von Bildern

Das Fotografieren und Filmen mit einem Windows Phone ist kinderleicht, aber natürlich nur der halbe Spaß. Weiter geht es mit dem Betrachten und Bearbeiten der Bilder – und nicht zuletzt wollen Sie auch anderen gezeigt werden.

Aufrufen der Bildergalerie

Die Bilder auf Ihrem Windows Phone sind zentral erreichbar: Entweder tippen Sie mit dem Finger auf die Fotokachel auf der Startseite, oder aber Sie tippen auf Fotos in der Programmliste.

Sie sehen nun eine Übersicht Ihrer Aufnahmen, ordentlich sortiert nach Datum. Dazu gehören sowohl die Fotos als auch die Videos, die Sie mit Ihrem Gerät gemacht haben. Videos werden durch ein kleines, eingekreistes Dreieck kenntlich gemacht, dem Play-Symbol.

Ansehen von Bildern und Videos

Wenn Sie die Bildergalerie aufgerufen haben, dann können Sie wie nahezu überall im System hindurchnavigieren, indem Sie mit dem Finger nach oben oder unten wischen und das gewünschte Minibild mit dem Finger antippen. Auch hier macht es wieder Sinn, Ihr Windows Phone ins Querformat zu drehen, denn sowohl Bilder als auch Videos sind ja deutlich breiter als hoch und füllen im Querformat das Display besser aus.

Bei der Ansicht von Bildern lernen Sie eine Bedienart des Windows Phones kennen: Das sogenannte „Pinch and

Zoom" (wörtlich übersetzt: „Kneifen und Vergrößern") wird Ihnen später beispielsweise auch beim Surfen im Internet begegnen. Öffnen Sie ein Foto, dann halten Sie Daumen und Zeigefinger aneinandergedrückt auf den Bildschirm. Wenn Sie nun die beiden Finger auf dem Bildschirm auseinanderbewegen, vergrößert sich die Ansicht auf den Bildbereich unter Ihren Fingern. Bewegen Sie die Finger wie in einer Kneifbewegung wieder aufeinander zu, dann verkleinert sich die Ansicht wieder.

INFO **Die hochauflösenden Bilder der Nokia Lumias**

Mittlerweile gibt es Windows Phones von Nokia, die eine 20- oder gar 41-Megapixel-Kamera eingebaut haben. Damit für die normalen Anwendungen die Bilder nicht zu groß sind und zu viel Datenvolumen verwenden, speichern diese Geräte jeweils zwei Bilder ab: Eines in geringerer Auflösung (meist um die 5 Megapixel), ein zweites in der hohen Auflösung.

In der Bildergalerie wird immer nur das kleinere der beiden Bilder angezeigt. Um das hochauflösende sehen und bearbeiten zu können, tippen Sie auf Öffnen mit Nokia Camera.

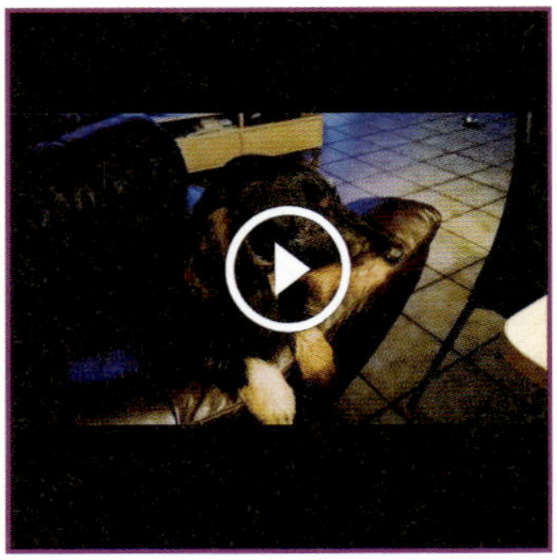

Alternativ können Sie auch zweimal schnell hintereinander mit dem Finger auf den Bildschirm tippen, dann wird der Bereich unter Ihrem Finger maximal vergrößert. Tippen Sie dann wieder doppelt auf den Bildschirm, und das Bild wird wieder so verkleinert, dass es ganz auf den Bildschirm passt.

Wenn Sie stattdessen ein Video öffnen, dann können Sie dieses durch Antippen des eingekreisten Symbols in der Mitte abspielen lassen.

Bearbeiten von Bildern

Natürlich ist ein einmal gemachtes Bild nur der Rohdiamant, den Sie jetzt noch polieren und verfeinern können. Beim Öffnen des Bildes erhalten Sie im unteren Bildschirmrand eine Symbolleiste, in der unter anderem ein kleiner Stift abgebildet ist. Tippen Sie diesen an. Sollte die Symbolleiste nicht sichtbar sein, tippen Sie einmal in das Bild, um sie einzublenden. Dies geht nur, wenn das Bild ganz verkleinert dargestellt ist.

Abhängig davon, welche Programme zur Fotobearbeitung Sie auf Ihrem Windows Phone installiert haben, bekommen Sie jetzt eine Liste von Bearbeitungsmöglichkeiten angezeigt. Auf jeden Fall aber haben Sie Zuschnitt und Optimieren, mit denen Sie die wichtigsten Schnellbearbeitungs-Schritte durchführen können.

Je nach der Belichtungssituation kann es vorkommen, dass das Bild zu dunkel oder zu hell oder der Kontrast zu gering ist. Bevor Sie jetzt ein umfangreiches Foto-Bearbeitungsprogramm starten, lassen Sie Windows Phone doch einfach per Zauberhand eine automatische Optimierung vornehmen. Passenderweise ist das entsprechende Symbol für diese Funktion der Zauberstab unten rechts in der Symbolleiste. Tippen Sie diesen an.

Im Normalfall ist das Bild jetzt so, wie Sie es eigentlich hätten schießen wollen. Wenn Ihnen das Ergebnis doch nicht gefällt,

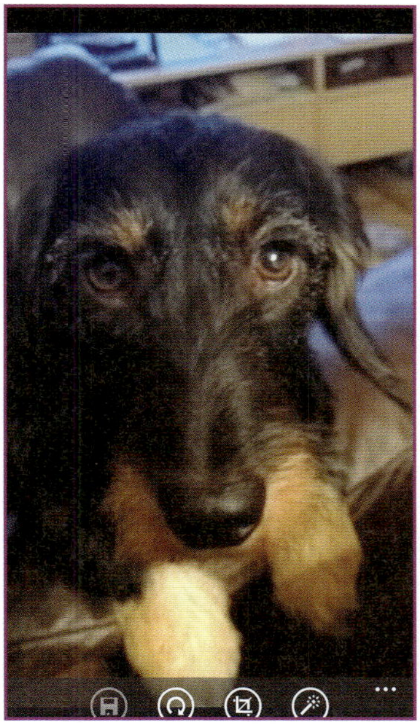

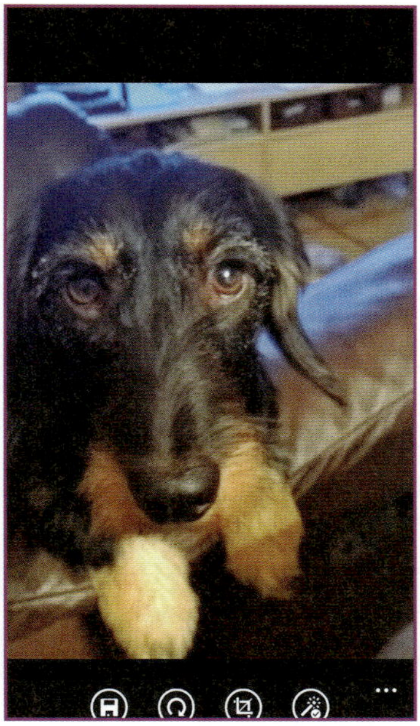

dann können Sie den Zauberstab erneut antippen, und die Änderungen werden rückgängig gemacht.

Nun kann es vorkommen, dass Sie in einem Bild nicht nur das Motiv Ihrer Begierde abgelichtet haben, sondern noch den einen oder anderen unerwünschten Gegenstand. Wenn das der Fall ist, dann beschneiden Sie das Foto einfach. Dazu tippen Sie auf das zweite Symbol von rechts in der Symbolleiste.

Auf dem Bild erscheint jetzt ein kleiner Rahmen, dessen Ecken etwas dicker dargestellt sind. Halten Sie den Finger auf eine der Ecken und bewegen Sie ihn, um Form und Größe des Rahmens zu verändern.

Halten Sie den Finger mitten in den Rahmen und bewegen Sie ihn, um das Bild darunter so zu positionieren, dass der Teil im Rahmen ist, den Sie behalten möchten. Und natürlich können Sie auch wieder mit den eben kennengelernten Fingerbewegungen (Pinch and Zoom) das Bild im Ausschnitt vergrößern oder verkleinern.

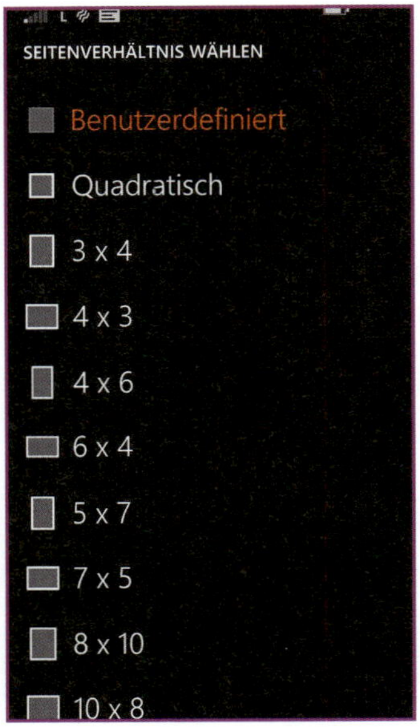

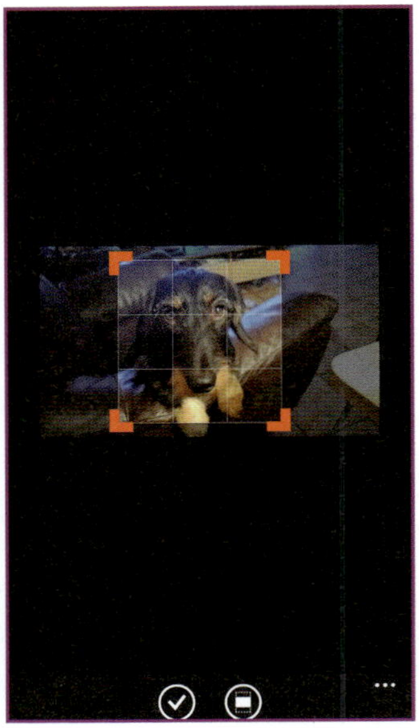

Wenn Sie ein bestimmtes Seitenverhältnis benötigen (quadratisch, 4:3 etc.) dann können Sie dies direkt einstellen, statt mühsam manuell den Ausschnitt zu ändern. Tippen Sie dazu unten im Beschneiden-Bildschirm auf das rechte Symbol. Aus der nun erscheinenden Liste können Sie dann das entsprechende Seitenverhältnis auswählen.
Schließen Sie die Auswahl des Ausschnittes durch ein Tippen auf das Diskettensymbol ab.

Löschen von Bildern und Videos

Ist ein Bild mal nicht so geworden wie gewünscht, oder haben Sie das sprichwörtliche Foto vom Inneren Ihrer Hosentasche gemacht, dann können Sie Bilder ganz einfach wieder vom Gerät löschen und damit wertvollen Speicherplatz freigeben:

1 Öffnen Sie das Bild, das Sie von Ihrem Gerät entfernen möchten.

2 Tippen Sie jetzt auf die kleine Mülltonne am unteren Bildschirmrand. Das war's, das Foto ist gelöscht.

Teilen von Bildern und Videos

Wenn Sie ein besonders schönes Bild gemacht und das dann noch mit Leidenschaft nachbearbeitet haben, wollen Sie sicherlich auch andere Menschen daran teilhaben lassen. Im Laufe der Zeit werden Sie einige Programme (Apps) installiert haben, die genau dies unterstützen wie Facebook, Twitter, Instagram und viele mehr. An diese Programme können Sie Bilder direkt aus der Fotogalerie weitergeben.

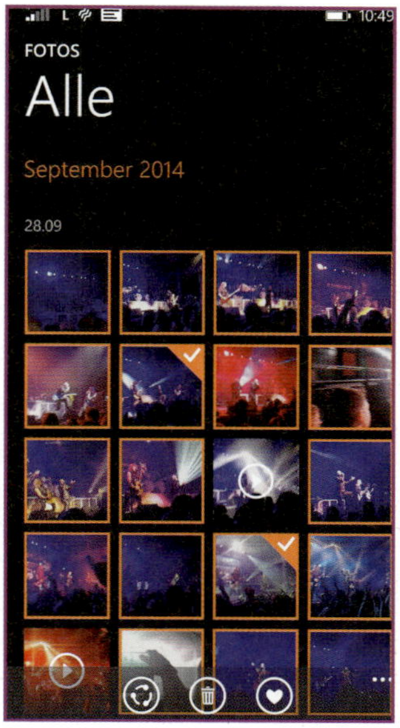

1 Wenn Sie gleich mehrere Bilder oder Videos teilen möchten, dann tippen Sie auf das Symbol mit den Aufzählungszeichen unten auf dem Bildschirm. Sie bekommen dann alle Bilder angezeigt, können aber einzelne Bilder durch Antippen markieren, statt Sie direkt zu öffnen. Markierte Bilder haben einen Haken in dem sie umgebenden Rahmen.

2 Alternativ öffnen Sie das eine Bild, das Sie teilen möchten. Dann tippen Sie in der Symbolleiste auf das Symbol mit dem Kreis. Wenn Sie auf Ihrem PC Windows 8 einsetzen, dann kennen Sie dieses bereits: Es dient dazu, Inhalte zu teilen.

3 Windows Phone öffnet nun eine Liste der Programme, die das Teilen unterstützen. Dazu gehören alle Ihre E-Mail-Konten, die einzeln aufgeführt werden, aber eben auch viele zusätzlich installierte Programme.

4 Tippen Sie beispielsweise ein E-Mail-Konto an, dann werden die markierten Bilder automatisch in eine neue E-Mail kopiert. Sie können diese nun wie gewohnt mit Empfängern, Betreffzeile und Inhalt versehen und versenden.

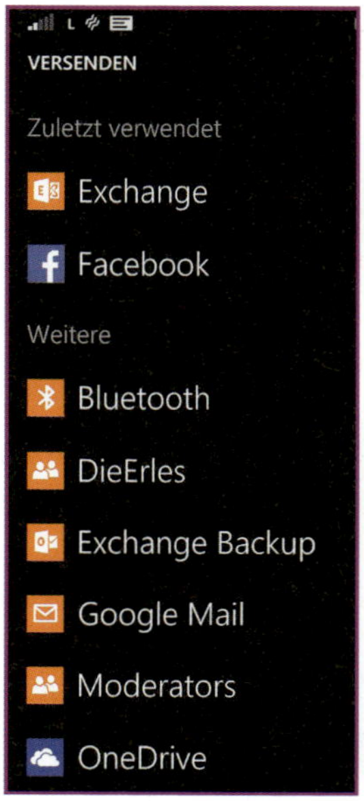

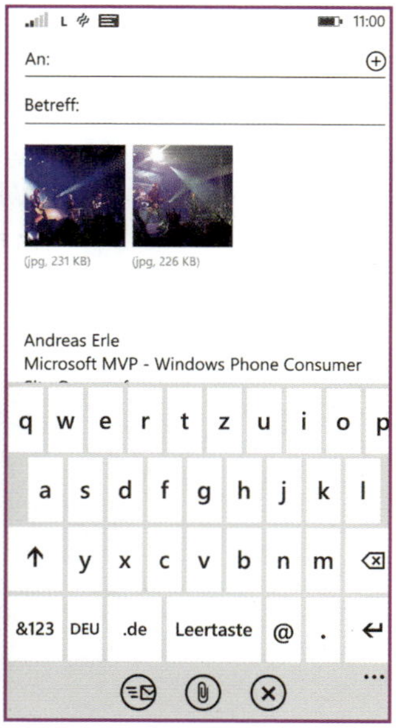

INFO **Die Menge bestimmt die Größe**

Natürlich ist es reizvoll, gleich auf einen Schlag die gesamten Urlaubsfotos zu teilen. Dabei sollten Sie aber eines bedenken: Bilder haben meist eine Größe von 200–500 KB. Videos sind noch deutlich größer. Je mehr Bilder Sie gleichzeitig teilen wollen, desto mehr Datenvolumen benötigt dieser Vorgang, was besonders unterwegs im Mobilfunknetz durchaus ein Thema ist. Hinzu kommt, dass bei dem Versand und dem Empfang von E-Mails je nach Anbieter Grenzen für die Größe der E-Mail samt Anlagen existieren: Im schlimmsten Fall haben Sie minutenlang die E-Mails zum E-Mail-Server übertragen (und dabei den Akku belastet), und dieser weist Sie lapidar als „zu groß" ab. Eine Faustformel: Mehr als zehn Bilder sollten Sie nicht in eine E-Mail packen, Videos immer nur einzeln verschicken.

IM RHYTHMUS DER ZEIT: MUSIK UND VIDEOS

Während Fotografieren eine aktive Tätigkeit ist, möchten Sie sicher dann und wann auch einfach entspannen. Da bietet es sich an, eine Musikdatei oder einen Film unterwegs anzuschauen. Eine Funktion, die Windows Phone ebenfalls aus dem Stegreif beherrscht. Wie Sie die Mediendateien auf Ihr Windows Phone bekommen, haben Sie ja bereits im Kapitel rund um die Synchronisation gelesen (ab Seite 46).

Die eigene Musiksammlung

Früher war XBOX Music ein Teil des Systems Windows Phone und konnte nur durch ein Komplettupdate des Geräts aktualisiert werden. Mit Windows Phone 8.1 sind sowohl Musik als auch Video eigenständige, separate Programme, die deutlich häufiger aktualisiert und dadurch stetig verbessert werden.

Um Musik zu hören, tippen Sie in der Programmliste auf Musik. Beim ersten Start durchsucht Ihr Gerät den Speicher und nimmt alle Musikstücke und Videos in die Sammlung auf. Stellen Sie sich diese einfach wie ein Inhaltsverzeichnis vor, das die wichtigen Daten der Musikdateien ausliest und abspeichert. Damit können Sie später Ihre Musik beispielsweise sehr schnell nach Interpreten, Alben, Titeln und Genres auswählen.

Abspielen von Musik

Wie bei vielen anderen Windows-Phone-Anwendungen haben Sie bei XBOX Music einmal mehr eine Panorama-Funktion, in der Sie sich durch Wischen mit dem Finger nach links und rechts über den Bildschirm verschiedene Funktionen und Ansichten anzeigen lassen können.

- Aktuelle Wiedergabe zeigt ihnen das aktuelle Album und den aktuellen Titel an. Sie können über die darunter angezeigten Bedienknöpfe die Wiedergabe starten oder anhalten und zum nächsten beziehungsweise vorherigen Titel springen.

Übrigens können Sie die Wiedergabe auch ganz einfach aus einem beliebigen Programm steuern: Drücken Sie einmal die Lauter- oder Leiser-Taste, dann erscheint unter dem Lautstärkeregler ein Feld mit den Wiedergabetasten, dem aktuellen Interpreten und Titel.

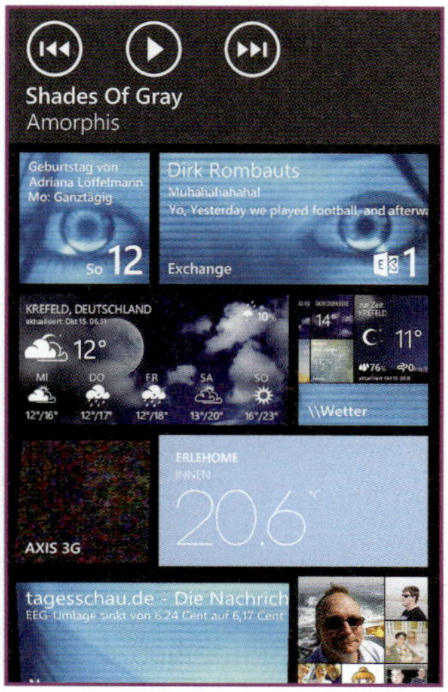

- **Neueste Wiedergaben** listet Ihnen die letzten wiedergegebenen Alben auf, sodass Sie schnell wieder hineinspringen können. Ein Tippen auf das Bild des Albumcovers startet die Wiedergabe direkt.
- Die **Sammlung** schließlich ermöglicht Ihnen den Zugriff auf Ihre Musik nach den aus den Musikstücken ausgelesenen Informationen. Wenn Sie beispielsweise ein Album von Peter Gabriel hören möchten, dann tippen Sie auf **Künstler** und suchen Peter Gabriel heraus. Wenn Sie wissen, dass das Album „So" hieß, dann tippen Sie auf **Album** und suchen nach diesem Album.

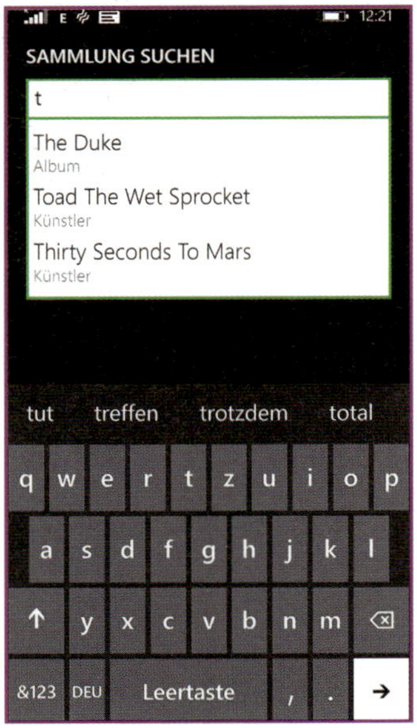

Gezielte Suche nach Musik

Ihre ganze Musiksammlung auf einem Gerät: Da kann man schon einmal den Überblick verlieren. Wenn das der Fall ist und Sie sich nur noch an einen Teil des Titels oder des Künstlers erinnern, dann haben sie in den meisten Ansichten am unteren Bildschirmrand eine kleine Lupe. Wie gewohnt können Sie hier den Teil des gesuchten Musikstücks eingeben, und Ihr Windows Phone zeigt ihnen alle Elemente an, die diesen Namensteil enthalten.

Klein darunter finden Sie die Angabe, ob es sich um einen Titel, einen Künstler oder ein Album handelt. Bei einem Titel starten Sie durch Antippen direkt dessen Wiedergabe, bei Alben und Künstlern gelangen Sie in die entsprechende Übersicht.

Anlegen und Nutzen von Wiedergabelisten

Oft wird es Ihnen passieren, dass Sie in einem Album ein Lied hören, das Ihnen besonders gut gefällt. Später erinnern Sie sich aber nicht mehr daran und ärgern sich schwarz. Eine Abhilfe dafür ist das Anlegen einer Wiedergabeliste, in die Sie all Ihre Lieblingsstücke aufnehmen.

Aus der Wiedergabe eines Stückes tippen Sie auf die **drei Punkte** unten rechts, dann auf **Hinzufügen zu …**

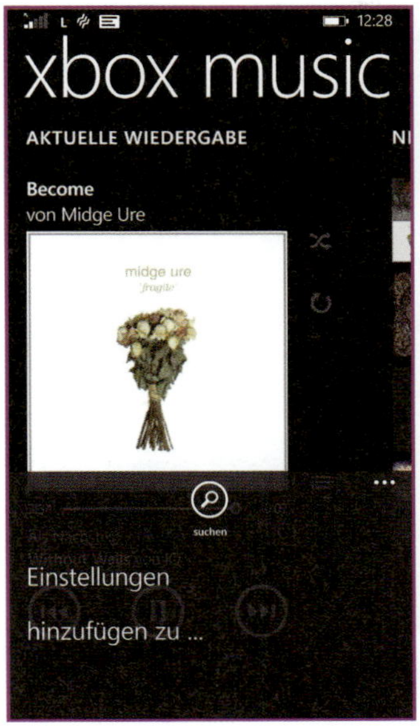

XBOX Music zeigt Ihnen nun eine Liste der vorhandenen Wiedergabelisten. Wenn Sie nun eine neue Wiedergabeliste anlegen möchten, dann tippen Sie auf Neue Wiedergabeliste. Natürlich können Sie den Titel alternativ auch zu einer bereits bestehenden Wiedergabeliste hinzufügen, indem Sie diese antippen.

Wiedergeben können Sie die Titel Ihrer Wiedergabelisten übrigens ganz intuitiv: Tippen Sie in der Sammlung einfach auf Wiedergabelisten und wählen Sie die gewünschte aus.

Als Nächstes geben Sie den Namen der neuen Wiedergabeliste ein. Sie sollten ebenfalls die Funktion Wiedergabeliste offline lassen ausschalten, denn dann wird diese Wiedergabeliste über Ihr OneDrive für alle Geräte (und damit beispielsweise auch Ihren Windows-8-PC) verfügbar gemacht. Speichern Sie diese dann durch ein Tippen auf das Disketten-Symbol.

Nutzen Ihrer Cloud-Sammlung

Wenn Sie einen Windows-8-PC oder eine XBOX 360 bzw. One besitzen, dann haben Sie dort die Möglichkeit, die lokale Musik auf den Geräten in die Cloud zu kopieren. Damit sind alle Musikstücke, die Ihr PC oder Ihre Konsole identifizieren können, auch abspielbar, auch wenn Sie auf dem abspielenden Gerät nicht lokal gespeichert sind. Um dies auch auf einem Windows Phone nutzen zu können, tippen Sie während der Wiedergabe auf die drei kleinen Punkte unten rechts auf dem Bildschirm, dann auf Einstellungen. Aktivie-

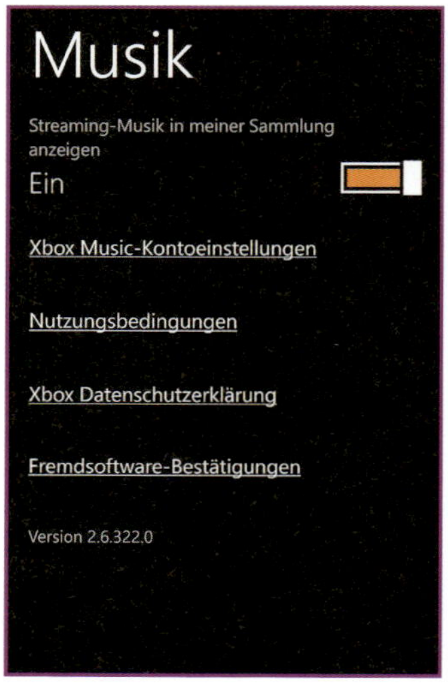

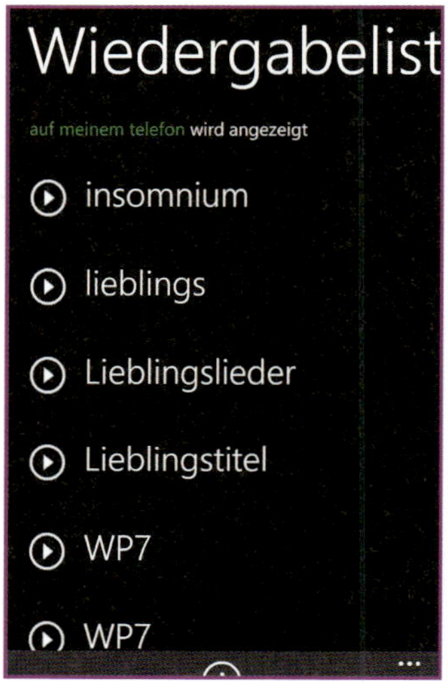

ren Sie dann den Schalter neben Streaming-Musik in meiner Sammlung anzeigen.

Musik, die aus der Cloud wiedergegeben wird, hat neben dem Titel ein kleines Antennensymbol.

Eines sollten Sie dabei allerdings beachten: Wenn Sie im Mobilfunknetz sind, dann kostet das Abspielen gestreamter Musik so viel Datenvolumen, wie die Musikdateien groß sind. Sie sollten also darauf achten, dass Sie diese Funktion nur nutzen, wenn Sie in einem WLAN sind.

Sollten Ihnen nur die lokalen Musikstücke angezeigt werden, dann gehen Sie in die Wiedergabe eines Stückes, und tippen Sie oben auf auf meinem Telefon, dann wählen Sie Gesamte Musik, um lokale wie gestreamte Musik angezeigt zu bekommen.

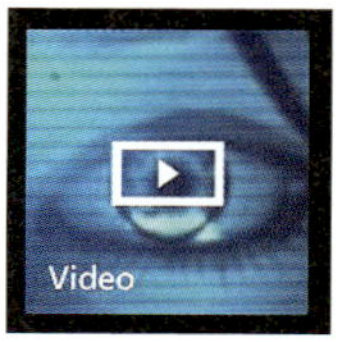

Abspielen von Videos

Genauso wie Musik können Sie auch Videos und Filme auf Ihr Gerät bekommen und abspielen. Die Handhabung ist nahezu identisch zu der der Musikwiedergabe. Starten sie die Video-App, indem Sie aus der Programmliste auf Video tippen.

INFO **Verlustfrei: „Lossless"-Musik abspielen**

Windows Phone spielt die normalen komprimierten Musik-Formate wie beispielsweise MP3 ab. Der ein oder andere Nutzer mit audiophilen Ansprüchen würde stattdessen gerne unkomprimierte Dateiformate abspielen. Das bekannteste ist hier FLAC. Das ist auf einem Windows Phone auch möglich, allerdings nicht direkt mit XBOX Music. Laden Sie sich dazu die App „MoliPlayer Pro" aus dem Windows Phone Store herunter und platzieren Sie die FLAC-Dateien im Standard-Musikverzeichnis des Gerätes.

EINKAUFEN LEICHT GEMACHT: DIE STORES

Sie möchten ein Programm, eine CD, ein Video nutzen, haben diese aber noch nicht in Ihrem Besitz? Da hilft Windows Phone natürlich gerne und bietet Ihnen verschiedene Einkaufsmöglichkeiten an, mittels derer Sie direkt von Ihrem Gerät an den Inhalt Ihrer Wahl kommen.

Herunterladen von Apps: Der Windows Phone Store

Ein Smartphone ist ein großer Baukasten: Erst nutzen Sie die Möglichkeiten, die es ab Werk bietet, und je länger sie es nutzen, desto mehr fällt Ihnen ein, was Sie noch damit tun könnten. Das Zauberwort in diesem Zusammenhang lautet „Apps".

Apps (eine Abkürzung für Applications, also Anwendungen) sind kleine Zusatzprogramme, die heruntergeladen und dann aus der Programmliste heraus gestartet werden können, genauso wie die vorinstallierten Programme.

Installieren einer App

Aus der Programmliste können Sie den Windows Phone Store durch ein Tippen auf Store starten. Nehmen wir an, Sie möchten Facebook nutzen und dazu dann die benötigte App installieren.

1 Tippen Sie dazu auf die Lupe am unteren Bildschirmrand und geben dann einen Text ein, der die gesuchte App identifiziert. Das muss nicht notwendigerweise der Name sein, auch eine Funktion wie „Chat" oder „Messenger" kann zum Ziel führen.

2 Der Store zeigt Ihnen schon bei der Eingabe eine Kurzliste von möglichen Begriffen an, die Sie meinen könnten. Tippen Sie darin einfach den an, der Ihnen am sinnvollsten erscheint.

3 Aus der Liste der dadurch gefundenen Apps wählen Sie in diesem konkreten Fall Facebook aus. Interessant dabei: Steht unter einer App Installiert, dann haben Sie sie bereits auf dem Gerät. Steht darunter Meine Apps, dann haben Sie sie schon auf einem anderen Gerät einmal heruntergeladen, aber auf dem aktuellen Gerät ist sie noch nicht installiert.

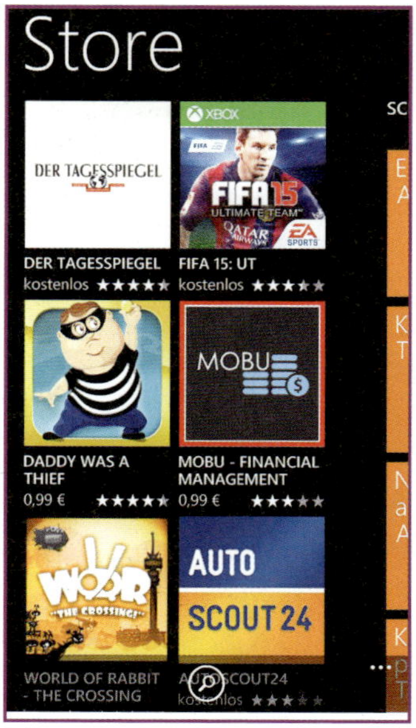

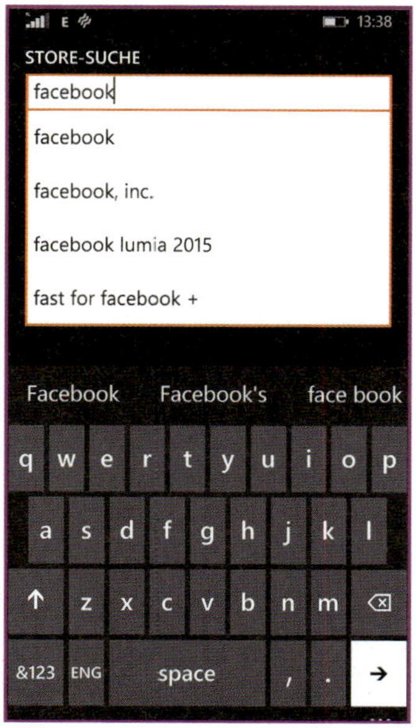

INFO **Eine für alle: Universal Apps**

Eine Tendenz im Microsoft Universum ist es, möglichst viele Dinge auf unterschiedlichen Geräten wie einem Windows 8 Tablet oder Notebook, einem Windows Phone und einer XBOX Spielekonsole gleich oder zumindest ähnlich machen zu können.
Ein Mittel dazu sind die sogenannten Universal Apps: Diese laufen auf allen Plattformen und zählen für den Store als eine App. Es kann also sein, dass Sie eine App auf dem PC installiert haben und diese Ihnen deshalb in der Store-Übersicht unter Meine Apps angezeigt wird.

4 Um die App zu installieren, tippen Sie in der Übersicht unten links auf Installieren, wenn es sich um eine kostenlose App handelt, oder auf Kaufen, wenn es eine kostenpflichtige App ist. Bei manchen kostenpflichtigen Apps gibt es die Möglichkeit, diese kostenlos (und meist zeitlich oder funktional begrenzt) auszuprobieren. Um dies zu nutzen, tippen Sie auf Testen.

5 Wenn eine App besondere Berechtigungen benötigt (beispielsweise die Ortung verwendet, wie es bei Facebook der Fall ist, auf Kontakte zugreift etc.), dann bekommen Sie dazu einen Hinweis, den Sie mit Zulassen bestätigen müssen. Es bleibt Ihnen allerdings wenig Auswahl: Be-

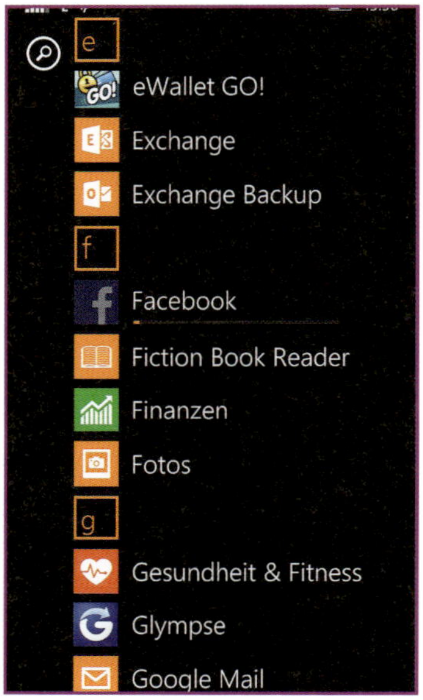

stätigen Sie die Rechte der App nicht, dann können Sie sie schlicht nicht nutzen.

6 Je nach Einstellungen und Größe der App kann es sein, dass Ihr Windows Phone sich weigert, diese über eine Mobilfunkverbindung herunterzuladen. In einem solchen Fall wird diese automatisch heruntergeladen, wenn Sie sich das nächste Mal in einem WLAN befinden.

7 Das Herunterladen der App können Sie in der Programmliste verfolgen: Schon währenddessen finden Sie sie alphabetisch eingeordnet, als wäre sie bereits installiert. Darunter befindet sich ein kleiner Balken, der den Installationsfortschritt anzeigt. Ist der Balken voll und verschwindet, dann können Sie die App wie gewohnt durch Antippen starten.

Einstellungen für den Windows Phone Store

Auch der Windows Phone Store bietet Ihnen wieder diverse Einstellungen, und die ein oder andere ist durchaus wichtig. Tippen Sie im Store auf die drei Punkte, dann auf Einstellungen. Einmal mehr möchte der Store im Standard die aktuelle Position Ihres Gerätes verwenden, um Ihnen passende App-Vorschläge machen zu können. Das ist eine nette Funktion, wenn Sie lokalisierte App-Empfehlungen haben möchten. Wenn Ihnen dies jedoch unan-

genehm ist, stellen Sie einfach den Schalter neben Meine Position verwenden aus.

Eine weitere wichtige Einstellung, die Sie etwas weiter unten in der Liste finden, hilft Ihnen, den Datenverbrauch unter Kontrolle zu halten. Im Standardfall erkennt ein Windows Phone automatisch, dass für eine App eine Aktualisierung (ein sogenanntes Update) vorliegt. Ihr Telefon geht davon aus, dass Sie damit gar nicht belästigt werden möchten, darum ist der Schalter neben Apps automatisch aktualisieren eingeschaltet. Wenn Sie stattdessen auf der Store-Kachel auf der Startseite darüber informiert sein möchten, dann schalten Sie diese Funktion einfach aus.

Für die Installation neuer Apps vergibt Windows Phone automatisch eine Obergrenze. Ist diese erreicht, funktioniert das Herunterladen nur noch über eine WLAN-Verbindung. Da Updates potenziell „unwichtiger" sind, können Sie an dieser Stelle festlegen, dass das Gerät Updates nur über WLAN abrufen soll.

Aktualisierungen von Apps

Gerade, wenn Sie die automatische Aktualisierung eingeschaltet haben, ist es von Interesse, zu sehen, wann welche App heruntergeladen beziehungsweise aktualisiert wurde. Tippen Sie im Store wieder auf die drei Punkte, dann auf Downloads.

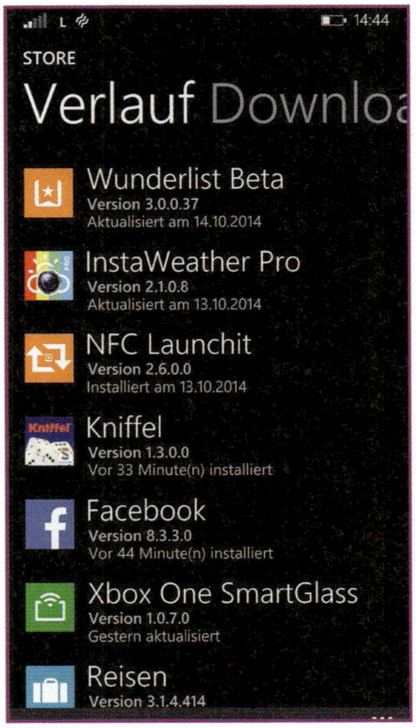

Wischen Sie einmal mit dem Finger nach links über den Bildschirm, dann bekommen Sie eine zeitlich sortierte Übersicht, wann welche App installiert beziehungsweise aktualisiert wurde.

Mobile Videothek: Der Music und Video Store

Während Sie mit neuen Apps die Funktionalität Ihres Windows Phones erweitern, dienen die in der XBOX Music und XBOX Video App versteckten Einkaufsmöglichkeiten hauptsächlich Ihrer Entspannung. Stöbern Sie nach Herzenslust, und dann besorgen Sie sich die Unterhaltung Ihrer Wahl.

Der XBOX Music-Dienst

Eine Besonderheit gibt es bei der Musik: Microsoft bietet nicht nur die XBOX Music App, die Sie ja schon kennengelernt haben, sondern auch einen gleichnamigen Dienst an. Mehr Informationen über den Funktionsumfang und die Kosten finden Sie hier: http://www.xbox.com/de-DE/Music.

Um zu den Angeboten zu gelangen, wischen Sie mit dem Finger so oft nach links über den Bildschirm, bis sie den Bildschirm Musik holen sehen.

Wenn Sie diesen Dienst abonniert haben, dann können Sie kostenlos aus einem riesigen Angebot aktueller Musik wählen, und diese entweder streamen lassen oder aber sogar auf Ihr Gerät herunterladen und auch ohne Datenverbindung hören.

Nutzen Sie den Dienst XBOX Music nicht, dann können Sie Musikstücke auch kaufen – genau so, wie Sie es mit Apps machen würden.

Ausleihen von Filmen bei XBOX Video

Für Filme ist das Ganze noch deutlich ausgeklügelter: Ihr Windows Phone geht davon aus, dass man einen Film nicht notwendigerweise mehrfach ansieht, sondern in den meisten Fällen nur einmal. Im wahren Leben würden Sie dazu in eine Videothek gehen, auf dem Windows Phone nutzt man einfach den XBOX Video Store.

Starten Sie XBOX Video, dann wischen Sie so lange nach links über den Bildschirm, bis Sie Filme-Store sehen. Suchen Sie sich nun einen Film aus und tippen Sie ihn an.
Im Standard wird Ihnen die SD-Version (Standard Definition, also normale Auflösung) angeboten. Wenn Sie stattdessen die HD-Version (High Definition, hohe Auflösung) verwenden möchten, dann tippen Sie einfach auf Zu HD wechseln.
Nun können Sie durch einen Klick auf SD/HD leihen den günstigeren Weg wählen und den Film zeitlich begrenzt ausleihen oder aber sich entscheiden und ihn über SD/HD kaufen dauerhaft erwerben.
Gekaufte wie geliehene Musik und Filme erscheinen dann ganz normal in Ihrer Sammlung.

DAS MOBILE BÜRO: MOBILE OFFICE

In den vergangenen Abschnitten haben Sie intensiv mitbekommen, wie groß der Unterhaltungswert Ihres Windows Phones ist. Das ist aber natürlich noch nicht alles: ein Windows Phone ist nicht umsonst ein Teil der Microsoft-Produktfamilie. Im Standard finden Sie auch mobile Versionen der Textverarbeitung Word, der Tabellenkalkulation Excel und des Präsentationsprogrammes PowerPoint auf Ihrem Gerät, also der Programme, die auf dem PC zusammengefasst als Office bekannt sind.

Öffnen eines Office-Dokumentes

Egal, welchen Typ von Dokument Sie ansehen, erstellen oder bearbeiten möchten, der Weg führt über den sogenannten Office Hub. Diesen erreichen Sie, indem Sie in der Programmliste auf Office tippen.

Wahl des Speicherortes

Wenn Sie Office am PC und am Windows Phone effektiv nutzen möchten, dann empfiehlt es sich, die Dokumente nicht lokal auf dem Windows Phone zu speichern, sondern auf Ihrem automatisch mit dem Microsoft-Konto installierten Online-Speicher OneDrive. Um den Speicherort zu bestimmen, von dem Sie ein Dokument öffnen möchten, wischen Sie aus dem Office Hub einmal nach links über den Bildschirm.
Hier können Sie alle Dokumente anzeigen lassen, die sich auf dem Handy oder auf dem OneDrive befinden, indem Sie den entsprechenden Eintrag antippen. Wie im Explorer auf Ihrem PC zu Hause bekommen Sie nun alle Ordner und Dokumente in diesem Speicherort angezeigt und können durch die Liste hindurchnavigieren und ein Dokument durch Antippen öffnen.

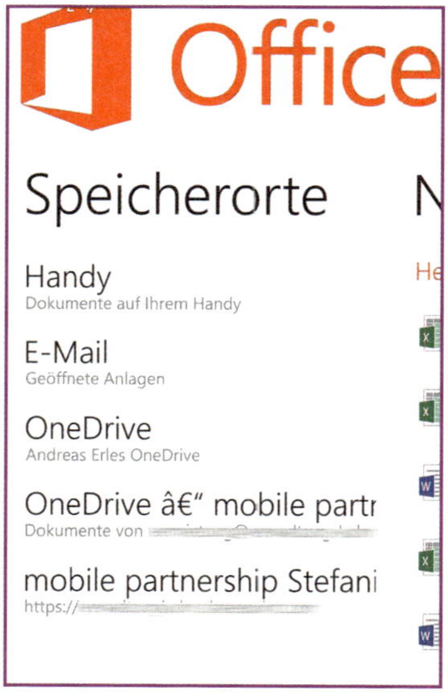

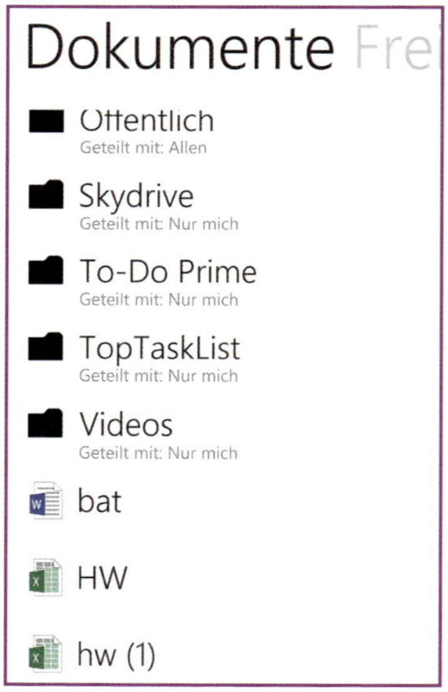

Bearbeiten eines Office-Dokumentes

Nachdem Sie den Speicherort für das zu öffnende Dokument festgelegt und es geöffnet haben, werden Sie sich sehr schnell heimisch fühlen: Egal ob ein Word-Dokument oder eine Excel-Arbeitsmappe, die mobilen Versionen der Office-Programme sind ihren Geschwistern auf dem PC sehr ähnlich.

Sie sehen den Inhalt des Dokuments oder der Tabelle, können mit Fingerwischen hindurchrollen, um den Inhalt zu lesen beziehungsweise eine Stelle, an der Sie etwas verändern möchten, zu finden. Diese Stelle müssen Sie dann nur noch antippen, dann öffnet sich die Bildschirmtastatur und Sie können Neues eingeben oder Altes löschen oder verändern.

Auch das Bearbeiten einer PowerPoint-Präsentation ist möglich, allerdings beschränken sich die Bearbeitungsmöglichkeiten rein auf das Ändern von Textfeldern. Das reicht, um eben noch mal schnell vor der Präsentation einen Rechtschreibfehler zu korrigieren, gestalterischen Einfluss können Sie damit aber kaum nehmen.

INFO **Markieren von Text und Zellen**

Wenn Sie eine Schriftart ändern oder einen ganzen Bereich löschen möchten, dann müssen Sie Text markieren. Das geht auch ohne Maus ganz einfach: Tippen Sie mit dem Finger ein Wort an, dann wird dieses markiert. An Anfang und Ende der Markierung finden sie jeweils eine kleine Kugel.

Halten Sie den Finger darauf und bewegen Sie ihn, um diese Markierung zu verschieben. Wenn Sie diesen Vorgang für den Anfang und das Ende des zu markierenden Bereichs durchgeführt haben, haben Sie genau den Bereich markiert, den Sie benötigen. Bei Excel funktioniert das Markieren nahezu genauso: Sie tippen die obere linke Zelle des zu markierenden Bereiches an, dann halten Sie den Finger auf die kleine Kugel, die unten rechts an der Zelle erscheint, und ziehen die Markierung bis zur unteren rechten Zelle der gewünschten Markierung.

Formatieren eines Office-Dokumentes

Um das Aussehen eines Word-Dokumentes zu verändern, markieren Sie erst den Textbereich, dem Sie zum Beispiel eine andere Farbe oder Hervorhebung zuweisen möchten. Dann tippen Sie unten in der Symbolleiste auf den Pinsel. Im sich jetzt öffnenden Bildschirm können Sie das neue Format des markierten Textes (also Fettdruck, Kursivschrift etc.) festlegen. Über Hervorheben gehen Sie mit einem virtuellen Textmarker über den markierten Text und machen den Hintergrund farbig, über Schriftfarbe ändern Sie – wie der Name schon sagt – die Farbe des Textes.

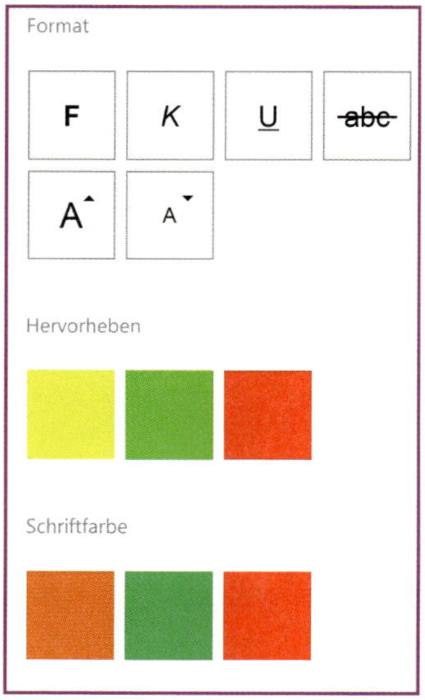

Bei einer Excel-Arbeitsmappe führt der Weg zu den Formatierungen über die drei Punkte unten rechts auf dem Bildschirm und dann ein Tippen auf Zelle formatieren.

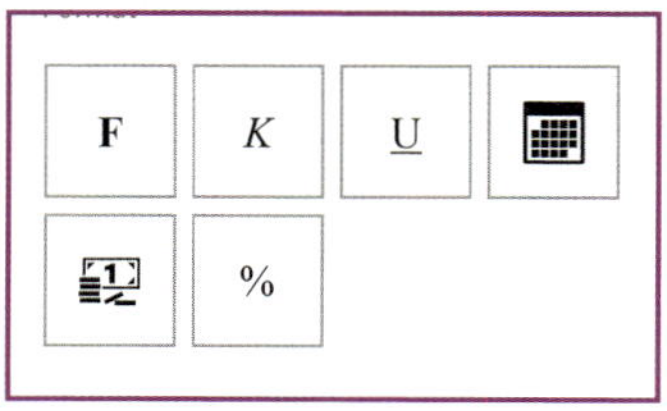

Auch hier ist natürlich vorher die Anwahl der Zelle oder des Zellbereiches nötig, damit Ihr Windows Phone weiß, worauf sich Ihr Änderungswunsch bezieht.

Speichern eines Office-Dokumentes

Das mobile Office eines Windows Phones mag nicht alle Funktionen der großen Geschwister auf dem PC haben, aber sehr viele davon. Es macht also durchaus Sinn, unterwegs ein neues Word-Dokument oder eine neue Exceltabelle anzulegen.

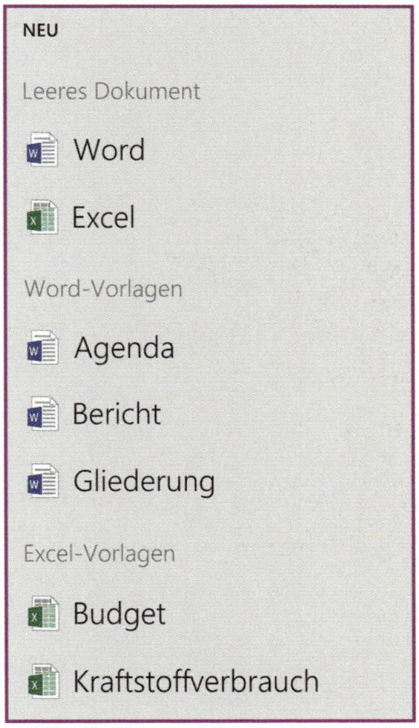

Anlegen eines neuen Office-Dokumentes

Tippen Sie dazu nach dem Start von Office auf das kleine +-Zeichen in der Symbolleiste unten auf dem Bildschirm. Sie können nun auswählen, ob das neue Dokument für Word oder für Excel sein soll. Wenn Sie nicht ganz leer beginnen möchten, dann finden Sie hier auch diverse Vorlagen, die Sie durch ein Antippen als neues Dokument öffnen können.
Wenn Sie mit der Gestaltung des Dokumentes zufrieden und fertig sind, dann können Sie dieses speichern.

Speichern eines Dokumentes

Sie haben sich sicherlich schon gewundert, warum Sie nicht angeben mussten, ob das neue Dokument im Speicher Ihres Windows Phones liegen soll oder auf dem OneDrive: Im Standard liegt dieses erst einmal auf dem zuletzt ausgewählten Speicherort.
Tippen Sie nun auf die drei Punkte unten rechts auf dem Bildschirm, dann auf Speichern unter. Hier können Sie nun nicht nur festlegen, wie das Dokument heißen soll – gleichzeitig legen Sie durch das Tippen auf Speichern unter auch fest, ob die Datei im Telefon lokal oder auf dem OneDrive liegen soll.

WEGWEISER UNTERWEGS: BANK, BAHN, KARTEN

Beschäftigen können Sie sich jetzt wunderbar mit Ihrem Windows Phone, Langeweile kommt also schon gar nicht mehr auf. Allerdings gibt es ein paar Situationen, in denen man unverhofft unterwegs zeitkritisch etwas erledigen muss: Seien es Bankgeschäfte, sei es das Herausfinden der besten Verbindung mit Bus und Bahn oder sei es die Orientierung, wie Sie am schnellsten zu Ihrem nächsten Termin gelangen. In all diesen Situationen kann Ihr Windows Phone Sie unterstützen.

Ab zur Bank

Online-Banking ist ein viel diskutiertes Thema: Die einen können nicht ohne leben, die anderen haben Sicherheitsbedenken. Am Ende ist es Ihre persönliche Entscheidung, ob Sie Ihre Bankgeschäfte lieber vor Ort erledigen oder Ihren PC oder sogar Ihr Windows Phone dafür verwenden. Sollten Sie sich für die mobile Nutzung entscheiden, dann müssen Sie als Allererstes mit Ihrer Bank sprechen und sich diese Funktion freischalten lassen, denn im Standard ist sie gesperrt. Sie bekommen dann auch – abhängig vom Kreditinstitut – gesonderte Zugangsdaten.

Banking im Internet

Die meisten Banken bieten den Zugang zum Online-Banking über das Internet an. Dazu müssen Sie nur den Internet Explorer auf Ihrem Windows Phone aufrufen und die entsprechende Internet-Adresse aufrufen. Bei den meisten Banken kann der Internet Explorer des Gerätes alle nötigen Inhalte darstellen. Das allerdings sollten Sie vorher einmal zu Hause ausprobieren, damit Sie nicht später dringend eine Überweisung machen müssen, unterwegs aber gar nicht auf die entsprechende Seite kommen!

Banking-Apps

Immer mehr Banken bieten auch für Windows Phone eine eigene App an, mit der Sie Ihre Bankgeschäfte erledigen können. Ob das der Fall ist, kann Ihnen der nette Herr (oder die nette Dame) am Schalter beantworten. Einen ersten Eindruck können Sie sich aber selber verschaffen: Suchen Sie im Windows Phone Store einfach nach „Bank" oder dem Namen Ihrer Bank.

Sie sollten sich allerdings zusätzlich noch einmal bei der Bank rückversichern, ob die App auch wirklich eine offizielle App aus deren Haus ist. Wenn Sie keine separate App für Ihre Bank bekommen, dann ist noch nicht aller Tage Abend: Einige Apps können die Konten verschiedener Institute verwalten. Ob Sie etwas taugen, zeigen oft die Nutzerbewertungen, ob Ihre Bank zu den unterstützten gehört, dazu lohnt eine kurze Anfrage bei den Programmierern. Sind deren Kontaktdaten in der App-Beschreibung im Windows Phone Store nicht verfügbar, ist das wenig seriös.

Wo bin ich? HERE Maps

Wenn Sie in einer fremden Stadt sind, tut eine Orientierungshilfe not. Die Zeiten der Papierstadtpläne sind lange vorbei, und Ihr Windows Phone ist ein hervorragender Pfadfinder. War es in den ersten Versionen von Windows Phone noch eine App mit dem Namen Karten, so hat Nokia hier in den vergangenen Jahren eine deutliche Verbesserung eingebracht. Die App HERE Maps, die erst nur auf den Nokia-Lumia-Telefonen installiert war, ist seit einiger Zeit kostenlos im Windows Phone Store zu bekommen, und Sie bietet noch mehr hilfreiche Funktionen.

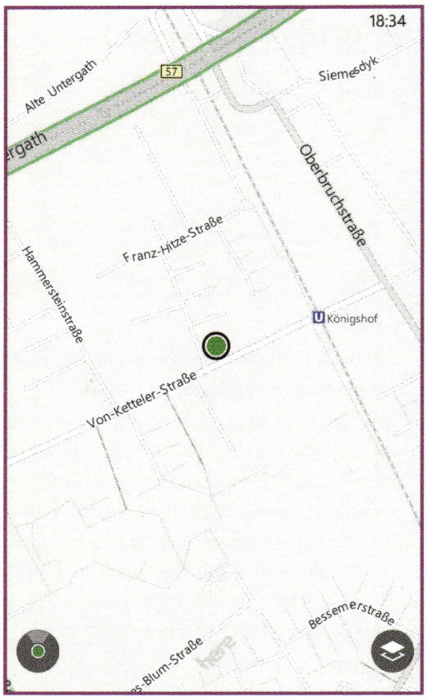

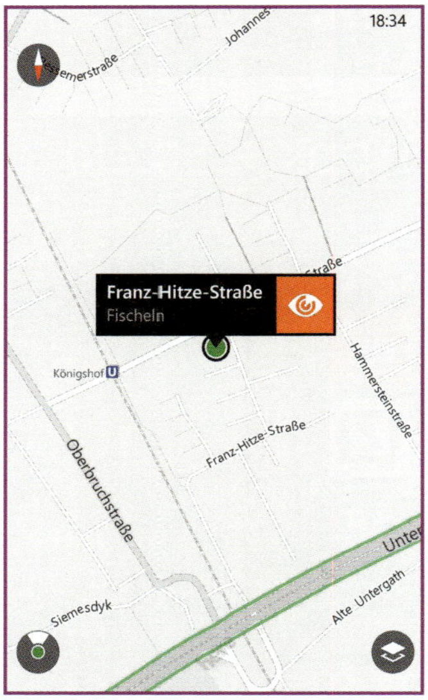

Die Position auf der Karte

1 Wenn Sie die App starten, bekommen Sie als Allererstes Ihre aktuelle Position in Form eines kleinen grünen Punktes auf der Karte angezeigt. Wie bei den Fotos können Sie nun durch Pinch and Zoom mit Daumen und Zeigefinger hinein- und hinauszoomen, um die optimale Sicht auf die Umgegend zu haben.

2 Sie kennen sicherlich das Problem einer Papierkarte: Sie wissen, wo sie sind – aber in welcher Richtung Sie sich bewegen, das wissen Sie nicht. HERE Maps ist da klüger: Tippen Sie den kleinen Kreis unten links an, dann wird der Kompass eingeschaltet, den die allermeisten Windows Phones eingebaut haben. Oben links erscheint zur Bestätigung eine Kompassnadel und die Ansicht dreht sich so, dass der Kartenausschnitt, der über Ihrer Position auf dem Bildschirm angezeigt wird, in der Realität genau vor Ihnen liegt. Drehen Sie sich, dann dreht sich die Karte auf dem Bildschirm mit Ihnen.

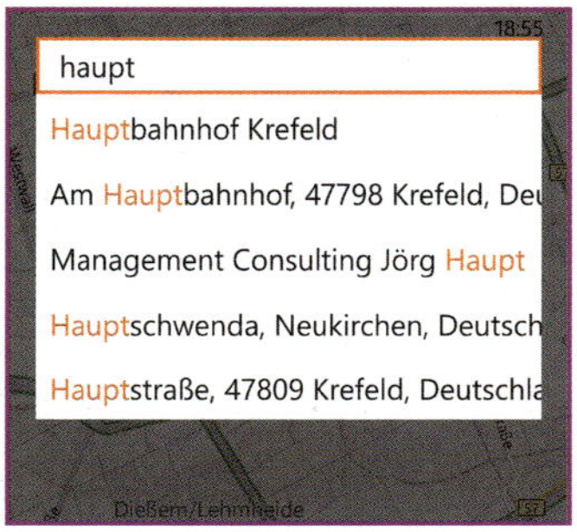

Die Wegberechnung

3 Nun wissen Sie, wo Sie sind, das hilft Ihnen aber im Zweifel noch nichts, wenn Sie von dort aus zu Fuß irgendwohin müssen, Sie sich aber nicht auskennen. Für Ihr Windows Phone ist das eine der leichteren Übungen: Tippen Sie auf die Lupe unten in der Kartendarstellung und geben Sie dann die Adresse Ihres Ziels ein.

4 Drücken Sie auf der Tastatur die Pfeiltaste ganz unten rechts, und HERE Maps sucht Ihnen die Adresse und zeigt sie auf der Karte an. Rechts neben dem Schild mit der Adresse und der Entfernung von Ihrem aktuellen Standort finden Sie einen Pfeil in der eingestellten Akzentfarbe. Tippen Sie darauf, um einen Weg berechnen zu lassen.

5 Dieser wird Ihnen nun angezeigt und auch während Sie sich bewegen weiter aktualisiert. Sie können also ganz genau nachverfolgen, wo Sie sind, wie weit es noch bis zum Ziel ist und wie lange Sie noch brauchen (denn diese Informationen stehen unten links auf dem Bildschirm).

6 Wischen Sie mit dem Finger nach oben über den Bildschirm, nun bekommen Sie die Wegbeschreibung angezeigt. Was Ihnen im Beispiel auffällt: Ihr Windows Phone erkennt, dass Sie nicht zu Fuß gehen müssen, sondern auch mit der U-Bahn fahren können! Es beschreibt den Weg zur nächsten Haltestelle, dann die Station, an der Sie aussteigen und wie Sie von dort weitergehen müssen.

7 Wenn Sie das nicht möchten, können Sie unten rechts in der Kartenansicht beziehungsweise oben rechts in der Routenansicht den

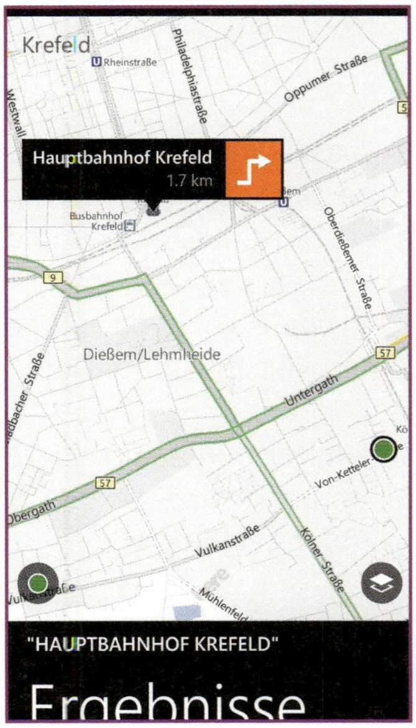

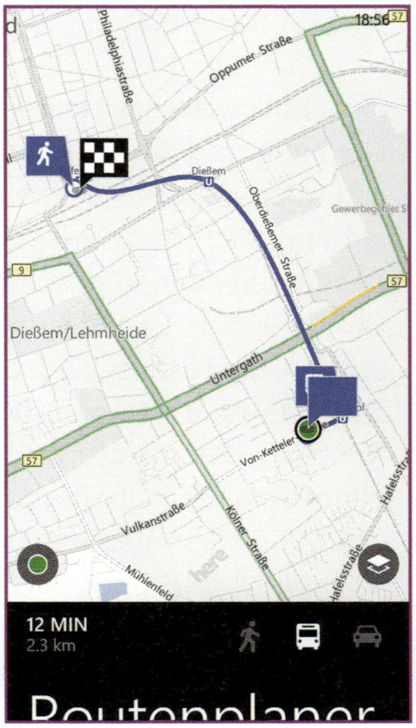

kleinen Fußgänger antippen, um einen reinen Fußweg angezeigt zu bekommen, oder das Auto, um den Weg über befahrbare Straßen zu sehen.

HERE Maps ist kein Navigationssystem und taugt auch nur bedingt dazu: Sie bekommen keine Sprachanweisungen, sondern müssen kontinuierlich den Bildschirm Ihres Telefons im Blick haben. Für einen Beifahrer machbar, für den Fahrer keine gute Idee. Aber keine Sorge: Für den Fahrer gibt es mit HERE Drive ebenfalls eine entsprechende App.

Öffentliche Verkehrsmittel? Der Bahn Connector

Es gibt immer wieder Diskussionen darüber, ob es noch zeitgemäß ist, Apps zu verkaufen, wo es doch so viele kostenlose Apps gibt. Eine legitime Frage. Aber die Entwicklung guter Produkte kostet – und solche sind ihr Geld einfach wert sind. Den Bahn Connector finden Sie ebenfalls im Windows Phone Store. Dieser ist weniger Wegplaner als vielmehr Ihr immer aktueller Fahrplan für die öffentlichen Verkehrsmittel.

Aktuelle Verbindungen finden

Der einfache Fall: Sie möchten wissen, wann an einer bestimmten Haltestelle der nächste Bus oder die nächste U-Bahn fährt? Dann tippen Sie in der App auf Zeittafel und geben den Namen der Station ein. Sie können noch das Datum und die Zeit festlegen, und ebenso entweder Züge suchen, die zu dieser Zeit abfahren oder ankommen (über die Taste Abfahrt/Ankunft).

Nach einem kurzen Tippen auf den Haken unten auf dem Bildschirm zeigt Ihnen der Bahn Connector alle möglichen Verkehrsmittel und deren Abfahrtszeiten an.

Eine komplexe Route finden

Auch in dieser Kür überzeugt die App: Wenn Sie von einem beliebigen Startort zu einem Ziel gelangen wollen,

tippen Sie im Hauptmenü auf Verbindung. Wählen Sie dann Start- und Zielhaltestelle und Abfahrtszeit und schränken Sie durch ein Tippen auf Verkehrsmittel ein, dass Sie beispielsweise nur richtige Züge oder eben nur U- und S-Bahnen verwenden möchten.
Einmal mehr bringt das Tippen auf das Häkchen am unteren Bildschirmrand Ihr Windows Phone zum Nachdenken. Das dauert aber nicht lange – vorausgesetzt, dass Sie eine Mobilfunk- oder WLAN-Verbindung haben: Der Bahn Connector fragt die ganz aktuellen Daten ab und berechnet so die für Sie infrage kommenden Züge. Verspätungen und Störungen auf der Strecke werden hierbei automatisch berücksichtigt. Eine absolute Garantie gibt es zwar nicht, deutlich aktueller aber als ein angeschlagener Fahrplan ist die berechnete Route schon.
Wenn Sie dann eine der vorgeschlagenen Verbindungen in der Liste antippen, bekommen Sie eine detaillierte Auflistung der Stationen und der Zeit, wann Sie diese erreichen werden. Damit können Sie beispielsweise während der Fahrt verfolgen, ob Sie noch pünktlich sind oder schon eine Verspätung eingefahren haben.

DER SPRACHASSISTENT CORTANA

Mittlerweile ist die Hardware eines Smartphones so leistungsfähig, dass es ein Leichtes ist, es nicht nur durch Tippen, sondern gar mit Sprachanweisungen zu bedienen. Apple hat dies bereits mit seiner „Siri" vorgemacht – bei Microsoft heißt dieser Dienst „Cortana". Einige Zeit funktionierte die Ein- und Ausgabe der Sprache nur auf Englisch, aber seit Dezember 2014 gibt es eine erste Version des Sprachassistenten auf Deutsch.

Wichtig zu wissen: Der Dienst ist noch in der Entwicklung. Wer möchte, dem bietet Microsoft allerdings die Möglichkeit, ihn schon einmal auf Deutsch auszuprobieren. Dazu müssen Sie die „Developer Preview" auf Ihrem Windows Phone aktiviert und installiert haben (siehe Kasten, Developer Preview). Cortana ist dann nicht separat als App zu installieren, sondern Teil des Betriebssystems. Wir beschreiben hier den Sprachassistenten, wenn diese Funktion aktiviert wurde – in den kommenden Monaten wird Cortana aber auch für alle anderen Benutzer freigeschaltet werden.

INFO **Die Apps „Developer Preview" und „Windows Insider"**

Hinter der sogenannten „Entwickler-Vorschau" verbirgt sich das Angebot von Microsoft, Funktionen ausprobieren zu können, die erst in den kommenden Monaten offiziell freigeschaltet werden. Risiko besteht kaum: Alles wurde bereits intensiv von Microsoft getestet und für Hersteller freigegeben. Interessierte müssen lediglich die „Preview for Developers-App" aus dem Windows Phone Store installieren.

Evtl. wird in Zukunft eine neue App namens „Windows Insider" diese Funktionen übernehmen. Noch ist diese aber im Store nicht für alle verfügbar. Weiterführende Informationen zum Thema Vorab-Versionen erfahren Sie hier:
http://www.worldofppc.com/news/item/betaversionen-von-windows-phone-preview-for-developers

Aktivieren von Cortana

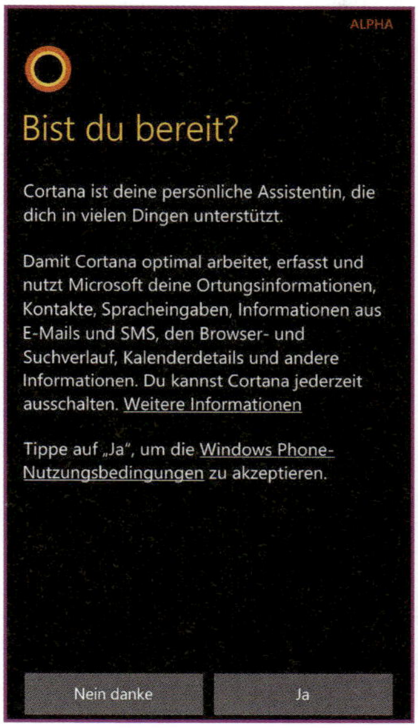

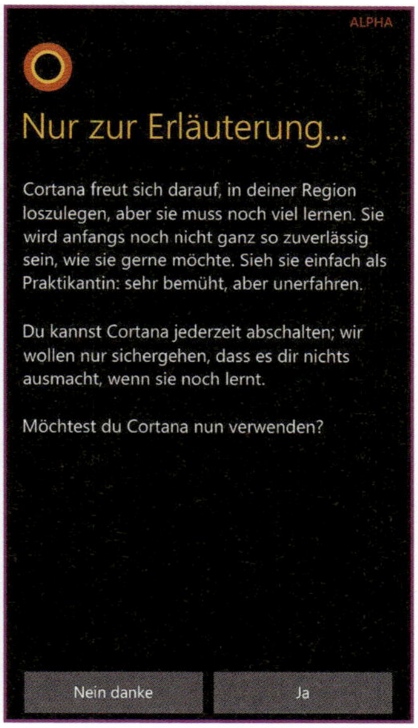

Ist Cortana einmal auf dem Gerät vorhanden, kann das Programm für die erste Einrichtung durch Antippen von Cortana in der Programmliste gestartet werden. Zuallererst holt es sich die Erlaubnis, auf die diversen Daten auf Ihrem Windows Phone zugreifen zu dürfen. Sie müssen hier auf Ja tippen, sonst können Sie Cortana nicht nutzen.

Die erste Version ist noch in einem frühen Stadium, also eine ganz rudimentäre Version, die noch viel lernen muss. Dazu müssen Sie die Funktionsweise Ihrer neuen Assistentin verstehen: Je mehr Sie sie nutzen, desto mehr erkennt Sie Ihre Vorlieben und Interessen und gibt Ihnen immer zielgerichtetere Empfehlungen und Antworten. Dadurch, dass sie noch neu in Deutschland ist, muss sie noch die besten Informationsquellen kennenlernen, die sie fragen kann (was durch Updates seitens Microsoft stattfinden wird).

Natürlich ist Cortana keine echte künstliche Intelligenz, sondern ein Programm, das Ihre Anfragen über eine unbedingt benötigte Internetverbindung zu einem Server bei Microsoft übermittelt und von diesem auch die richtigen Antworten bekommt.

Einrichten von Cortana

Zum Starten von Cortana drücken sie – wie auch bisher für eine Suche auf Ihrem Gerät nötig – die (Hardware-)Taste mit der Lupe unten rechts am Bildschirm. Cortana wartet nun auf Ihre Frage. Da das Programm im Idealfall aber nicht nur antworten, sondern auch

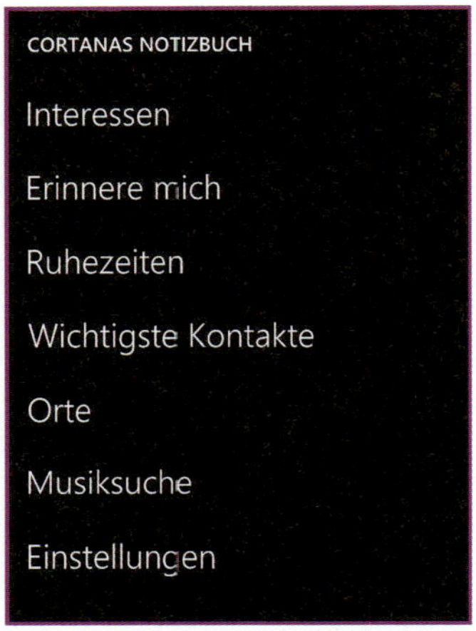

für Sie mitdenken soll, müssen Sie ihm ein paar Informationen über sich geben: Tippen Sie auf die drei Striche oben rechts am Bildschirm. So gelangen Sie in das Notizbuch, in der alle Ihre Vorlieben zusammengefasst sind, die Kladde einer guten Sekretärin quasi.

Was sind Ihre Interessen?

Ganz wichtig für Cortana sind Ihre persönlichen Interessen. Informationen derart, wie Sie zur Arbeit kommen (per Auto oder mit den öffentlichen Verkehrsmitteln), ob Sie Verkehrsmeldungen für relevant halten, welche Nachrichten Sie bevorzugen und vieles mehr. All diese Informationen können Sie Cortana unter Interessen zur Verfügung stellen. Je häufiger Sie sie nutzen, desto genauer stellt Sie Ihnen diese Informationen schon von alleine zur Verfügung.

Welche sind Ihre wichtigsten Kontakte?

Der Sprachassistent kann dazu genutzt werden, einen Ihrer Kontakte anzurufen und diesem etwa eine SMS oder E-Mail zu schreiben. Tippen Sie auf Wichtigste Kontakte. Cortana versucht – aufgrund der Häufigkeit der Anrufe, des (Nach-)Namens und der Kacheln auf dem Startbildschirm – schon vorzuselektieren, welche Kontakte Ihnen besonders wichtig sind. Tippen Sie auf das +-Zeichen, um einen weiteren Kontakt aus Ihrer Kontaktliste hinzuzufügen.

Nun wäre es ja wenig intuitiv, wenn Sie „Schreibe Stefanie Erle eine Nachricht" sagen müssten, wenn der Rufname eigentlich „Schatz", „Frau" oder „Drache" ist. Deshalb können Sie für Ihre Kontakte jeweils bis zu drei Spitznamen festlegen, die Sie alternativ zum „normalen" Namen verwenden können.

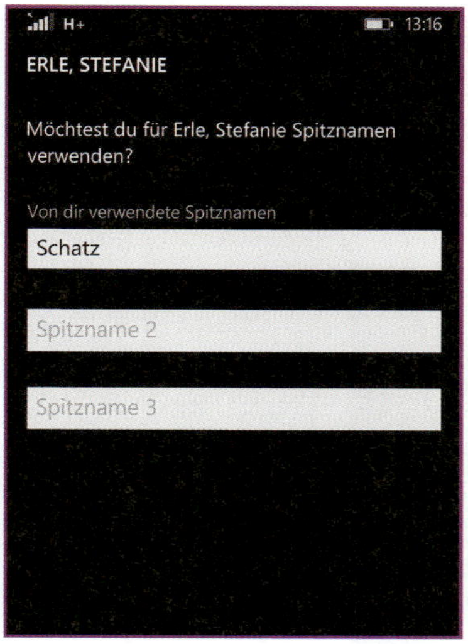

Wo sind meine wichtigsten Orte?

Cortana kann sich mit dem Stauservice und den Karten des Microsoft-eigenen Kartenservices bing verbinden und so feststellen, ob es auf der Strecke von Ihrem Zuhause bis zur Arbeit – oder zu einem anderen Ihrer Lieblingsorte – einen Stau gibt. Das führt etwa dazu, dass Cortana Sie auffordert, früher loszufahren oder eine andere Route einzuschlagen. Dazu muss das Programm aber die wichtigsten Orte kennen: Tippen Sie auf Orte, dann fügen Sie durch Tippen auf das +-Zeichen Orte hinzu, die Sie dann mit Cortana verwenden.

Wie bei Ihren Lieblingskontakten können Sie die Namen dieser Orte dann auch während der Spracheingabe verwenden.

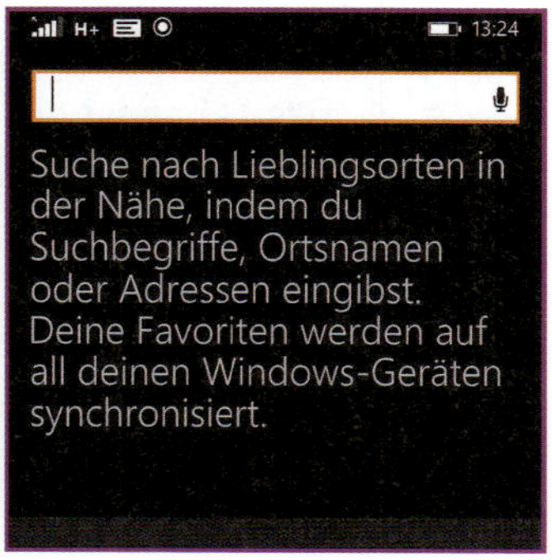

Verwenden von Cortana

Nach der ersten Aktivierung von Cortana ist diese nur noch einen Tastendruck entfernt: Drücken und halten Sie die Lupe unten rechts unter dem Bildschirm wie die Ruftaste an einer Rufanlage, und Cortana hört aufs Wort. Sprechen Sie dann ganz normal in das Mikrofon, dazu müssen Sie das Gerät nicht einmal ans Ohr halten.

Cortana analysiert nun Ihre Anfrage, sendet diese an die Microsoft-Server und gibt Ihnen dann eine Antwort. Kann in der Anfrage ein direkt ausführbarer Befehl identifiziert werden („Rufe XY an", „Erinnere mich morgen um 12 Uhr an das Treffen" etc.), kann es sein, dass Sie noch einige Fragen gestellt bekommen.

Hat Cortana keinen ausführbaren Befehl erkannt, wird automatisch eine Suche nach dem gesprochenen Begriff im Internet gestartet und die Suchergebnisse von bing werden Ihnen präsentiert.

Wann immer Sie eine Anfrage bei Cortana starten, stellt sie Ihnen eine Übersicht des Tages zusammen. Diese beinhaltet das aktuelle Wetter und die Wettervorhersage, aktuelle Nachrichten sowie Orte in der Nähe, die sich gegebenenfalls zu entdecken lohnen. Auch hier gilt wieder: Je häufiger und länger Sie Cortana nutzen, desto besser und genauer auf Ihre Bedürfnisse zugeschnitten werden die Rückmeldungen.

INFO **Das Leben ist ein Lernprozess**

Es ist davon auszugehen, dass Cortana nach und nach viele weitere Funktionen bekommen wird. Seit der Einführung der Ur-Version 2014 hat sich die Zahl der Funktionen und Aktionen, die das Programm ausführen kann, bereits vervielfacht. Da Cortana mit einer permanenten Verbindung ins Internet arbeitet, wächst ihr Programmumfang – man könnte sagen: ihre Persönlichkeit – kontinuierlich. Geben Sie ihr Zeit und probieren Sie einfach Dinge aus!

Willkommen in der Zukunft

In den kommenden Jahren wird sich der Funktionsumfang voraussichtlich immer weiter ausdehnen: Cortana wird bald auch auf dem Windows-PC zu finden und in immer mehr Programme integriert sein.

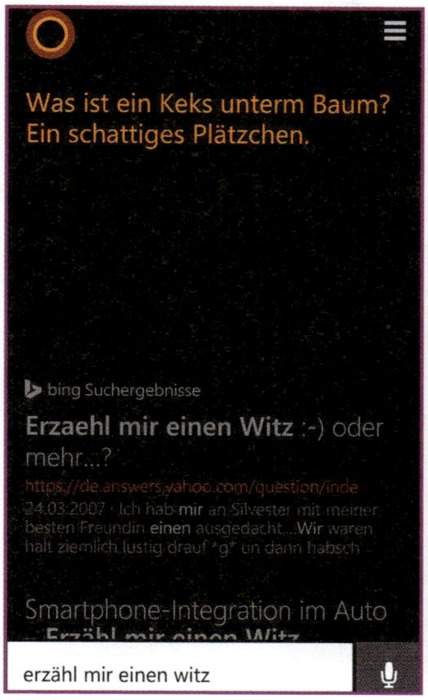

Ihre Daten bei Cortana

Einerseits benötigt die Sprach-App möglichst viele Informationen über Sie, um Ihnen möglichst zuverlässig im Alltag helfen zu können. Andererseits kann es natürlich vorkommen, dass Sie eine einmal gegebene Information wieder löschen möchten. Im Notizbuch der App können Sie deshalb nachschauen und gegebenenfalls entfernen, was Sie bereits über sich mitgeteilt haben.

Spaß mit Cortana

Wer jetzt aber glaubt, Cortana sei ein trockenes Texterkennungsprogramm ohne Witz, der liegt weit daneben: Sie beweist eine Menge Humor, wenn man die richtigen Fragen stellt. Ein Beispiel gefällig? Fordern Sie Cortana doch auf: „Erzähl mir einen Witz!“ Oder sagen Sie ihr: „Sing mir ein Lied!“
Von diesen kleinen Schmankerln gibt es eine Menge zu entdecken und es kommen von Woche zu Woche neue hinzu. Ein Argument mehr, sich regelmäßig mit Cortana zu beschäftigen.

DIE ONLINE-WELT NUTZEN

Nun sind Sie bei Ihren E-Mails auf dem aktuellen Stand, der Kalender ist eingerichtet und Ihre Lieblingsmusik ist aufgespielt. Zeit also, aktiv über die Grenzen Ihres Smartphones hinauszugehen. Sind die verschiedenen Verbindungsmöglichkeiten eingestellt, eröffnet Ihnen der Internet Explorer die Weiten und vielfältigen Möglichkeiten des Internets.

DIE VERSCHIEDENEN VERBINDUNGSMETHODEN

Grundsätzlich haben Sie zwei Möglichkeiten, mit einem Windows Phone ins Internet zu gehen: über eine WLAN-Verbindung oder über die mobile Datenverbindung Ihres Mobilfunk-Netzbetreibers. Bei der Erstkonfiguration Ihres Windows Phones haben Sie sich bereits um die Grundlagen dafür gekümmert. Einige Feinheiten und die Anwendung kommen in diesem Kapitel hinzu.

Die mobile Datenverbindung

Die mobile Internetverbindung wird automatisch eingerichtet, sobald Sie eine neue SIM-Karte in Ihr Windows Phone einlegen – sei es während der Ersteinrichtung oder zwischendurch, wenn Sie eine neue Karte verwenden wollen. Für Sie also gar kein Aufwand.

Manuelle Einrichtung der Datenverbindung

Es kann aber sein, dass Ihre SIM-Karte nicht korrekt erkannt wird und die Einstellungen daher nicht korrekt vorgenommen werden.
1 Um in einem solchen Fall die mobile Internetverbindung manuell einzurichten, tippen Sie in der Programmliste auf Einstellun-

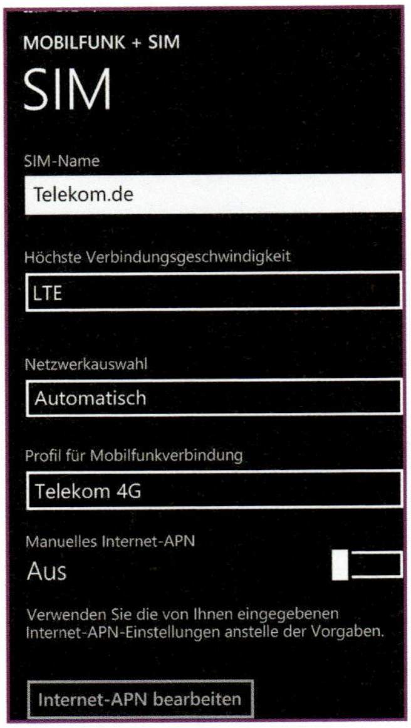

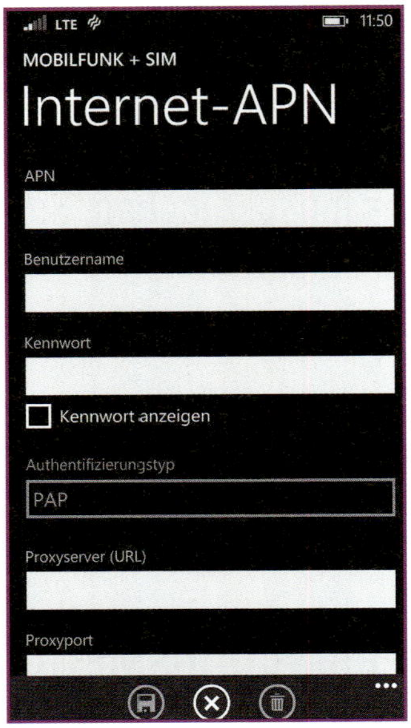

gen, Mobilfunk + SIM. Auf der sich nun öffnenden Seite wischen Sie mit dem Finger nach unten und tippen dann auf SIM-Einstellungen.

2 Tippen Sie nun auf den Schalter neben Manuelles Internet-APN, um ihn auszuschalten, und geben Sie danach die technischen Zugangsdaten ein, die Sie vom Kundenservice Ihres Netzbetreibers erfahren können.

3 Am wichtigsten (und für den Internetzugang meist ausreichend) ist der Zugangspunkt (APN, Access Point Name), quasi die Adresse zu und von der Ihr Windows Phone die Daten aus dem Internet sendet und bekommt.

4 Nach der Eingabe tippen Sie auf das kleine Disketten-Symbol am unteren linken Bildschirmrand.

Die Qualität der Verbindung

Ist die Internetverbindung einmal sehr langsam, kann das mehrere Ursachen haben. Schauen Sie auf die Empfangs-Anzeige oben links auf dem Bildschirm. Diese besteht aus einer Anzeige mit fünf kleinen Balken, die die Signalstärke angeben: Je mehr Balken zu sehen sind, desto stabiler ist das Signal und desto schneller können die Daten fließen. Im Allgemeinen merken Sie eine deutliche Verschlechterung der Datenübertragung, wenn nur ein oder zwei Balken sichtbar sind. Abhilfe schafft hier meist nur ein Ortswechsel, dahin, wo der Empfang besser ist.

Wenn Sie in einem Bereich sind, in dem viele andere Menschen parallel mit ihren Geräten surfen, dann kann auch das – trotz guter Signalstärke – Auswirkungen auf die Qualität der Datenübertragung haben. Vergleichbar mit einem Mehrfamilienhaus: Die Frischwasserleitung mag noch so groß sein, wenn alle gleichzeitig die Dusche nutzen, dann tröpfelt es bei jedem Einzelnen nur noch.

Die Art der Verbindung

Die reine Signalstärke ist aber noch nicht ausschlaggebend für die Geschwindigkeit der Datenübertragung: Auch die Art der Verbindung, die als kleiner Buchstabe neben der Empfangsanzeige dargestellt wird, hat darauf Einfluss.

- G (für GPRS) und E (für Edge) bedeuten eine langsame Datenverbindung, die zwar für das Senden und Empfangen von E-Mails ausreicht, aber das Surfen im Internet so langsam macht, dass man es auch bleiben lassen kann.
- 3G (für UMTS), H (für HSDPA) und H+ (für HSDPA+) sind schnelle Datenverbindungen, die für alle mobilen Datenübertragungen ausreichen.
- L (für LTE) schließlich ist die schnellste momentan verfügbare Internetverbindung. Sie muss allerdings explizit beim Netzbetreiber freigeschaltet werden und kostet oft zusätzliche Gebühren im Monat. Genauere Informationen zu den von Ihnen nutzbaren Datenverbindungen in Ihrem Vertrag bekommen Sie bei der Kunden-Hotline Ihres Anbieters.

Im Ausland im Internet

Früher war folgendes Horror-Szenario durchaus nicht selten: Sie sind mit Ihrem Smartphone im Ausland, verlassen sich auf Ihre Internet-Flatrate, die Sie mit Ihrem Vertrag mitgebucht haben, und bekommen am nächsten Abrechnungstermin das dicke Ende: Eine Rechnung über horrende Summen für Datentransfer im Ausland. Die Ursache dafür: Ihre Datenflatrate gilt nur im eigenen, in-

ländischen Netz, nicht aber im Ausland – dafür fallen separate Kosten an. Hierfür gibt es mittlerweile zwar Begrenzungen von der EU, sie sind aber immer noch erheblich.

Ein-/Ausschalten des Datenroamings

Für die Nutzung Ihres Gerätes im Ausland gibt es einen immer wieder verwendeten Fachbegriff, das sogenannte „Roaming" (englisch für „Wandern"). Für die Telefonie ist dies der Standard: Sobald im Ausland Ihr Heimatnetz nicht mehr empfangbar ist, springt Ihr Windows Phone in ein anderes verfügbares Netz und ist dort unter Ihrer normalen Rufnummer erreichbar.

Für die Daten muss das Roaming separat eingeschaltet werden. Dazu tippen Sie in der Programmliste auf Einstellungen, Mobilfunk + SIM und wählen dann in Datenroamingoptionen die Einstellung Roaming.

Wählen des Datenpakets

Für die meisten Netzbetreiber ist aber damit der Vorgang noch nicht abgeschlossen: Bisher haben Sie nur die Berechtigung erteilt, dass Ihr Gerät mobil ins Internet darf. Sobald Ihr Gerät nun eine Internetverbindung aufzubauen versucht, sollte Ihr Netzbetreiber Ihnen automatisch eine SMS senden. Auf diese können Sie dann antworten und wie im Text der SMS angegeben das für sie passende Paket wählen.

Das Buchen eines vorab bezahlten Paketes ist in den allermeisten Fällen um ein Vielfaches günstiger als die Megabyte-genaue Abrechnung der verbrauchten Datenmenge. Wie immer aber gilt auch hier: Vergleichen Sie die Preise!

Nutzen von WLAN

Die günstigere Variante zum Surfen ist die Nutzung eines WLANs. Wenn Sie zu Hause ein eigenes Netzwerk eingerichtet haben, dann sollten Sie das WLAN an Ihrem Windows Phone immer eingeschaltet lassen, denn dann verbindet sich Ihr Gerät nach der ersten Einrichtung automatisch damit, statt die mobile Datenverbindung zu nutzen. Das spart eine Menge an begrenztem mobilen Datenvolumen. Übrigens: Im Ausland wird WLAN „WiFi“ genannt.

Ein- und Ausschalten von WLAN

Der schnellste Weg, den WLAN-Sender Ihres Windows Phones ein- oder auszuschalten, führt über die Schnellzugriffsliste: Wenn Sie vorsichtig von oben nach unten über den Bildschirm streichen, dann wird das Infocenter geöffnet. Im oberen Bereich finden Sie diverse Abkürzungstasten zu Funktionen, im Standard ist die linke davon diejenige für das WLAN.

Alternativ dazu können Sie aus der Programmliste auch über Einstellungen, WLAN in die WLAN-Einstellungen kommen.

Schalten Sie dann über den Schalter WLAN-Netzwerke das WLAN-Modul Ihres Gerätes ein oder aus. Im Normalfall kann es immer eingeschaltet bleiben, denn der Stromverbrauch ist in erster Linie nicht abhängig vom eingeschalteten Modul, sondern von der übertragenen Datenmenge. Ist das Modul eingeschaltet, es werden aber keine Daten darüber übertragen, dann macht das dem Akku so gut wie nichts.

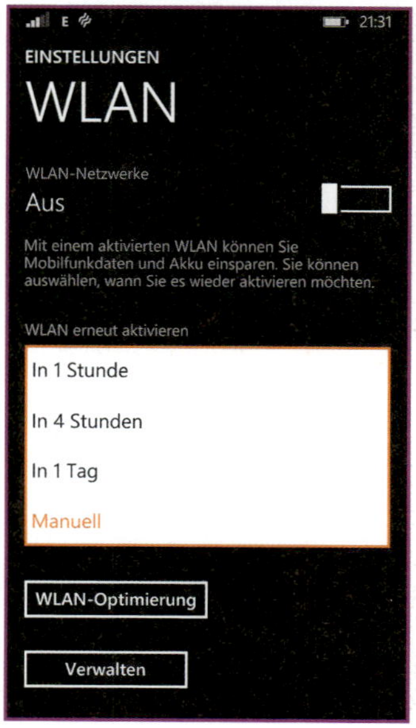

Automatische Reaktivierung des WLANs

Es kann jedoch durchaus mal sinnvoll sein, statt des heimischen WLANs die Mobilfunkverbindung zu nutzen: Beispielsweise, wenn Ihr PC zu Hause bereits große Datenmengen herunterlädt und damit nicht mehr viel Bandbreite (gleichzeitig verfügbare Datenmenge) für Ihr Windows Phone bleibt.

In einem solchen Fall macht es Sinn, das WLAN-Modul nicht dauerhaft zu deaktivieren, sondern nur für eine bestimmte Zeit, und es dann automatisch wieder angehen zu lassen. Dafür wählen Sie unter WLAN erneut aktivieren einen Zeitraum, nach dem Sie das WLAN wieder nutzen wollen. Wenn Sie tatsächlich manuell entscheiden möchten, wann das der Fall ist, dann wählen Sie Manuell aus.

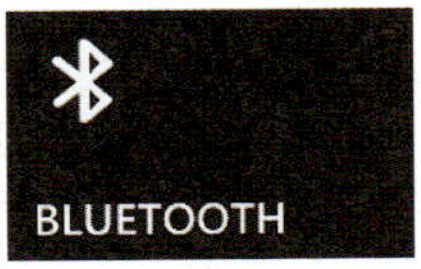

Bluetooth

Eine weitere Verbindungsmethode, die auch zur Datenübertragung genutzt wird, ist Bluetooth. Bluetooth ist ein Kurzstreckenfunk, der vor allem zur schnellen Übertragung von Daten zwischen zwei Geräten genutzt wird. Der Abstand dieser Geräte darf dabei maximal 100 Meter betragen, eher aber im Bereich von weniger als 10 Metern liegen. Das klassische Anwendungsfeld sind Bluetooth-Lautsprecher ohne Kabel oder Freisprecheinrichtungen in einem Fahrzeug.

Aktivieren von Bluetooth

Bluetooth ist ein Funksender wie das WLAN-Modul Ihres Windows Phones. Die Einstellungen finden Sie ebenfalls sowohl im Infocenter als auch in der Programmliste unter Einstellungen, dann Bluetooth.

Ein- oder ausschalten können Sie den Bluetooth-Sender wieder über den kleinen Schalter.

Darunter finden Sie alle Geräte, die bereits mit Ihrem Windows Phone über Bluetooth gekoppelt worden sind und damit kommunizieren können.

Koppeln von Bluetooth-Geräten

Ein Datenaustausch über Bluetooth ist immer eine Vertrauenssache: Damit zwei Bluetooth-Geräte miteinander kommunizieren können, müssen Sie miteinander gekoppelt werden und damit festlegen, dass sie sich gegenseitig vertrauen und Daten ohne weitere Nachfragen austauschen möchten.

Nehmen wir an, Sie wollen Ihr Windows Phone mit der Freisprecheinrichtung Ihres Fahrzeugs verbinden, um darüber zu telefonieren. Schalten Sie dazu die Freisprecheinrichtung ein (über die Zündung). Damit Ihr Windows Phone diese finden kann, muss sie noch „erkennbar" gemacht werden, sprich: in die Welt „Hallo, hier bin ich, jemand sonst da?" hineinrufen. Konsultieren Sie dazu das Handbuch des Gerätes. Schalten Sie nun Bluetooth am Handy über den Schalter im Einstellungsbildschirm einmal aus und wieder ein, damit Ihr Gerät ohne weitere Verzögerung beginnt, nach anderen Geräten in der Umgebung zu suchen. Nach kurzer Zeit erscheint eine Liste, aus der Sie den gewünschten Partner durch Antippen auswählen können.

Um nun sicherzustellen, dass die beiden Geräte sich tatsächlich physisch sehen, müssen Sie als Nächstes eine PIN, eine persönliche Identifikationsnummer, eingeben. Diese wird Ihnen entweder auf dem Bildschirm des Gerätes angezeigt, oder Sie finden sie in der Dokumentation des Gerätes. Oft klappt 0000.

Danach können Sie nach Herzenslust kommunizieren, in diesem Fall also im Auto ohne das Risiko eines Knöllchens mit beiden Händen am Steuer telefonieren.

INFO **Der Name Ihres Gerätes**

Ihr Windows Phone meldet sich mit seinem Namen bei anderen Geräten an. Nun hilft es wenig, wenn jedes einzelne Windows Phone „Windows Phone" heißt, denn dann können Sie kaum unterscheiden, welches denn nun das Ihre ist.

Im System selbst haben Sie keine Möglichkeit, den Namen zu ändern. Das geht nur, wenn Sie die Verbindung mit der Desktop App auf dem PC aufbauen und den Namen dort (oder im Windows Explorer) in einen eindeutigen, für Sie erkennbaren Namen umbenennen.

NFC: Near Field Communication

War Bluetooth im Vergleich zu WLAN schon wegen des maximal möglichen Abstands der Geräte sehr eingeschränkt, so besitzen die modernen Windows Phones (und andere Smartphones auch) eine noch sicherere Kommunikationsmöglichkeit: NFC („Near Field Communication“, also „Nahfeld-Kommunikation“). Um über NFC zu kommunizieren, müssen Sie die Geräte in einem Abstand von wenigen Zentimetern aneinanderhalten. Diese Verbindungsmethode macht Sinn, wenn Sie beispielsweise eine Datei wie beispielsweise ein Foto schnell an ein anderes Gerät weitergeben möchten oder eine mobile Zahlung autorisieren möchten.

Einschalten von NFC

In den Einstellungsbildschirm von NFC gelangen Sie aus der Programmliste durch tippen auf Einstellungen, NFC.
Im Gegensatz zu Bluetooth findet dabei keine dauerhafte Kopplung statt, die Kommunikation via NFC ist darauf ausgelegt, dass die Vertrauensbasis durch das direkte Aneinanderhalten beider Geräte gegeben ist.

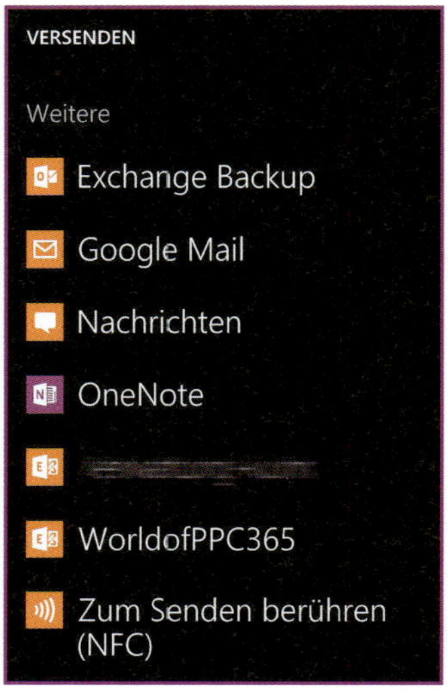

Teilen von Daten via NFC

Das Teilen von Inhalten via NFC funktioniert quasi aus jeder App heraus. Laden Sie beispielsweise eine Internetseite im Internet Explorer Ihres Windows Phones, tippen Sie auf die drei Punkte, dann auf Seite versenden und als Ziel auf Zum Senden berühren (NFC). Für weitere Dateitypen wie Bilder, Dokumente und andere mag die Option zum Senden anders heißen, das Prinzip ist aber exakt dasselbe. Wenn beide Geräte nun nah aneinandergehalten werden – vorausgesetzt, dass auch beim empfangenden Gerät NFC eingeschaltet ist –, dann wird das gewünschte Objekt übertragen und ist dann ganz normal benutzbar.

Der Flugmodus

Eine wichtige Funktion in unserer heutigen, kommunikationsintensiven Zeit ist das Recht auf Nichterreichbarkeit. Ob Sie einfach Ihre Ruhe haben wollen oder Ihre Umgebung es erfordert: Windows Phone kann mit einem Tastendruck alle ein- und ausgehenden Signale stoppen.
Die klassischen Situationen dazu sind das Flugzeug und das Krankenhaus – denn dort sind keine Funksender wie Telefon, WLAN- oder Bluetooth-Modul zugelassen – oder die wichtige Besprechung (oder das Hochzeitsfest des besten Freundes), bei der Sie einfach nicht per E-Mail oder Telefon erreichbar sein möchten.
Um den Flugmodus zu aktivieren, wischen Sie entweder einmal von oben nach unten über den Bildschirm und tippen dann auf das Flugzeug-Symbol, oder wechseln Sie aus der Programmliste auf Einstellungen, Flugzeugmodus und schalten Sie dann den Schalter ein.
Alle Funksender werden damit ausgeschaltet. Im Unterschied zu einem komplett ausgeschalteten Gerät können Sie aber immer noch mit Windows Phone arbeiten, lediglich, ohne Daten aus dem Internet abzufragen.
Schalten Sie den Flugmodus einfach auf demselben Weg wieder aus, um den aktiven Status Ihrer Funksender wiederherzustellen.

TEILEN DER INTERNETVERBINDUNG

Eine großartige Funktion des Windows Phones ist die Möglichkeit, Ihre Internetverbindung mit anderen Anwendern zu teilen. Wenn Sie über eine Internetverbindung verfügen, für die Sie bezahlt haben, ergibt es ja durchaus Sinn, dass andere Personen dies nicht separat ebenfalls tun müssen, sondern nach Ihrer Freigabe an der bestehenden Verbindung teilhaben können. Diese Funktion wird oft auch als „Tethering" bezeichnet.

Die Internetfreigabe

Meist verwendet man ja nicht nur ein mobiles Gerät, sondern neben dem Smarthone vielleicht auch noch ein Tablet oder ein Notebook. Meistens haben diese kein eigenes Mobilfunkmodul und können deshalb nicht alleine ins Internet. Seine Internetfreigabe macht Ihr Windows Phone quasi zum portablen WLAN-Sender, über den die mobile Internetverbindung via WLAN verfügbar wird, mit dem sich Ihre anderen Geräte verbinden können.

Aktivieren der Internetfreigabe

Die Freigabe der Internetverbindung können Sie aus der Programmliste heraus über Einstellungen, Internetfreigabe aktivieren und einrichten. Aktivieren Sie den Schalter unter Freigabe, damit die Verbindung mit den aktuellen Einstellungen freigegeben wird.

Auf jedem anderen Gerät finden Sie nun ein WLAN des eingegebenen Namens und können sich mit Ihrem Windows Phone verbinden.

Am oberen Bildschirmrand erkennen Sie die eingeschaltete Internetfreigabe anhand eines kleinen Antennensymbols neben der Empfangsanzeige. Unten auf dem Bildschirm sehen Sie dann unter Verbundene Geräte, wie viel Geräte gerade mit Ihrem Windows Phone verbunden sind.

INFO Vorsicht mit dem Datenvolumen

Eines sollten Sie in jedem Fall im Hinterkopf behalten: Viele Einstellungen zur Aktualisierung von Diensten und Nutzung von Datenverbindungen bei mobilen Geräten gehen davon aus, dass bei einer „getakteten" (Mobilfunk-)Verbindung die Datenmenge gering gehalten wird. Ist ein Gerät mit Ihrem Windows Phone verbunden, dann wähnt es sich in einer normalen WLAN-Verbindung und nutzt alle Dienste entsprechend. Das kann Ihr Inklusiv-Datenvolumen durchaus schröpfen!

Einrichten der Internetfreigabe

Sie können die Internetfreigabe vollkommen frei einrichten. Starten Sie sie, dann tippen Sie mit dem Finger auf den Finger am unteren Bildschirmrand.

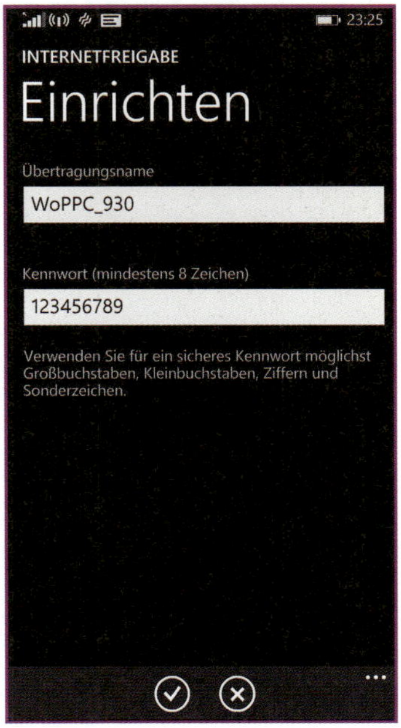

Sie können nun unter Übertragungsname den Namen des WLAN, wie er bei allen anderen Geräten in der Liste der verfügbaren WLANs in der Umgegend angezeigt wird, angeben. Wählen Sie einen sprechenden Namen, denn wenn Sie sich in einem Bereich aufhalten, in dem viele WLAN-Verbindungen verfügbar sind, wird die Liste schnell unübersichtlich.

Ebenso können Sie unter Kennwort das Kennwort für den Zugang zum WLAN frei festlegen. Hier macht es Sinn, kein Standard-Passwort auszuwählen, sondern ein wenig kreativ zu werden. Sie werden es das ein oder andere Mal an jemanden weitergeben müssen, der sich mit Ihrem Gerät verbinden soll, und da ist es sicherer, ein Passwort einzusetzen, das Sie für keine anderen Konten verwenden.

WLAN-Verbindung freigeben

Ähnlich gelagert ist die Freigabe der WLAN-Verbindung. Das eine oder andere WLAN, das Sie nutzen werden, ist auch mit Zugangsdaten geschützt und stünde anderen Anwendern, die diese Zugangsdaten nicht kennen, nicht zur Verfügung. Wenn Sie Ihre WLAN-Verbindung freigeben, dann können die festgelegten Kontakte diese über die WLAN-Optimierung automatisch nutzen, solange diese auch ein Windows Phone nutzen und die WLAN-Optimierung aktiviert haben.

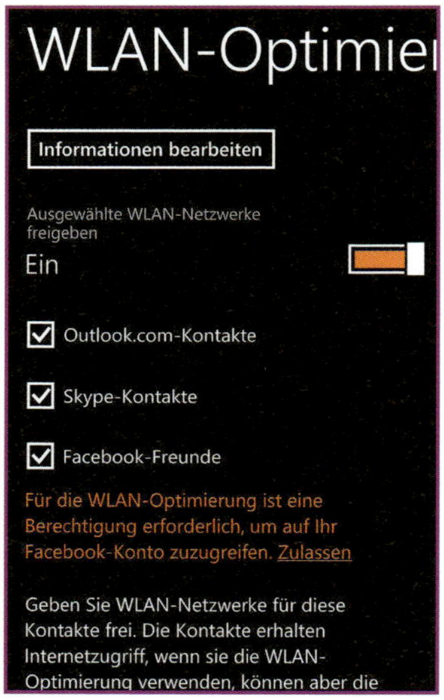

Um diese Funktion freizugeben, tippen Sie in den WLAN-Einstellungen auf WLAN-Optimierung und aktivieren unten in der Liste Ausgewählte WLAN-Netzwerke freigeben.

Sie können nun festlegen, welche Kontakte (Outlook.com, Facebook, Skype) in „Ihre" WLANs kommen sollen, indem Sie die Haken neben den einzelnen Konten durch Antippen setzen oder entfernen.

Ganz wichtig: Die Windows Phones unter Ihren Kontakten verbinden sich automatisch mit den freigegebenen WLANs, die zugehörigen Passwörter werden nicht übermittelt oder freigegeben!

ONLINE MIT DEM INTERNET EXPLORER

In den frühen Windows-Mobile- und sogar Windows-Phone-Versionen war der Internet Explorer ein sehr eingeschränktes Programm, das zwar den Zugang zum Internet erlaubte, sonst aber viel Einschränkungen hatte. Mit Windows Phone 8 hat sich das massiv geändert: Der Internet Explorer kann auch komplexe Seiten schnell und sicher darstellen.

INFO **Wo ist mein Flash-Player?**

Eine immer wieder gestellte Frage und Sorge der Anwender: Im Windows Phone Store gibt es keine Version des mobilen Flash-Players für Windows Phones. Das hat auch einen Grund: Er existiert schlichtweg nicht. Selbst Adobe hat die Entwicklung der mobilen Player für andere Plattformen mittlerweile eingestellt. Die Ressourcenlast von Flash ist so hoch, dass sich durch die Nutzung der Akku eines Gerätes sehr schnell leer saugt, und das ist natürlich kontraproduktiv, wenn man unterwegs ist.
Stattdessen stellen immer mehr Webseiten auf HTML5 als neuen (schon länger existierenden) Standard um, und dieser wird vom Internet Explorer auf dem Windows Phone ohne Probleme unterstützt.

Surfen mit dem Windows Phone

Voraussetzung für das Surfen im Internet mit einem Windows Phone ist natürlich, dass Sie wie bereits beschrieben eine Datenverbindung per WLAN oder Mobilfunk eingerichtet haben. Wenn dies der Fall ist, dann starten Sie den Internet Explorer aus der Programmliste durch ein Tippen auf Internet Explorer.

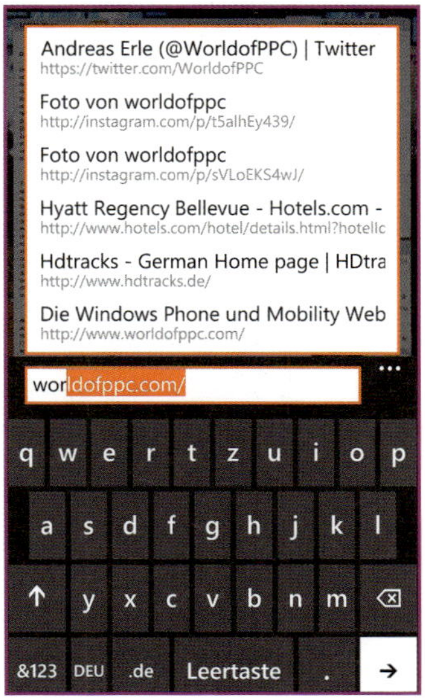

Aufrufen von Webseiten

Das Aufrufen von Webseiten auf einem Windows Phone ist ähnlich einfach wie auf dem PC: Tippen Sie mit dem Finger unten in die Adresszeile, dann öffnet sich die Bildschirmtastatur. Tippen Sie darüber die Adresse der gewünschten Webseite ein.
Anhand der Historie der bereits aufgerufenen Webseiten schlägt Ihnen Ihr Gerät schon während des Tippens mögliche passende Webseiten vor. Wenn eine davon die ge-

suchte ist, tippen Sie sie in der Liste einfach an. Ansonsten tippen Sie sie komplett ein, dann drücken Sie den hervorgehobenen Pfeil nach rechts auf der Tastatur.

Navigieren in Webseiten

Ein Webseite lässt sich genauso wie ein Foto verkleinern und vergrößern: Halten Sie Daumen und Zeigefinger zusammen auf den Bildschirm und bewegen Sie sie auseinander, um den Bereich darunter zu vergrößern. Bewegen Sie die beiden Finger wieder zusammen, um den Bereich zu verkleinern.
Das Antippen zum Vergrößern eines Bereiches bringt beim Internet Explorer ein Stück mehr Intelligenz mit: Viele Internetseiten sind in Bereiche aufgeteilt, die meist die Form von Rechtecken oder Spalten haben. Tippen Sie mit dem Finger zweimal schnell hintereinander in einen solchen Bereich, dann wird genau dieser so vergrößert, dass er den kompletten Bildschirm einnimmt. Natürlich können Sie die Ansicht dann noch durch Daumen und Zeigefinger „feinjustieren“.

Werbefrei: Die Lesemodus

Wir sind daran gewöhnt, dass die Informationen, die wir im Internet finden, kostenlos sind. Da das Betreiben von Internetseiten auch Geld kostet, sind die meisten Seiten mit Werbung durchsetzt, was das störungsfreie Lesen von Artikeln relativ schwierig macht. Das hat auch Microsoft erkannt und dem Internet Explorer den sogenannten Lesemodus spendiert.

Wenn eine Webseite diese Darstellung unterstützt, dann erscheint nach dem kompletten Laden der Seite unten in der Adresszeile ein kleines Buchsymbol. Tippen Sie mit dem Finger darauf, dann wird der Inhalt, der vom Internet Explorer erkannt wird, in einer neuen, viel einfacheren Darstellung angezeigt: Bilder, Text und Verknüpfungen sind natürlich vorhanden, aber die diversen bunten Werbebanner und Einblendungen werden ebenfalls nicht dargestellt, was das Lesen deutlich angenehmer macht.

Um wieder in die normale Ansicht der Webseite zurückzugelangen, drücken Sie einmal die Zurück-Taste Ihres Gerätes.

Tabs und Favoriten

Am heimischen PC sind Sie ja auch nicht nur auf einer einzigen Seite, sondern haben meist diverse Internetseiten parallel offen. Nun bietet der kleine Bildschirm Ihres Windows Phones natürlich nicht die Möglichkeiten, Platz durch Reiter für gleichzeitig offene Webseiten darzustellen, die Funktionalität hierfür ist aber trotzdem vorhanden.

Erstellen eines neuen Tabs

Links neben der Adresszeile sehen Sie ein Symbol, das wie übereinandergestapelte Blätter aussieht. Dieses ist der Zugang zu den geöffneten Webseiten. Tippen Sie es an, dann bekommen Sie eine Übersicht aller geöffneten Webseiten. Tippen Sie unten am Bildschirmrand das kleine +-Zeichen an, dann wird eine neue, leere Seite geöffnet.
Dort können Sie wieder über die Adresszeile die gewünschte Internetadresse eingeben und aufrufen.

Wenn Sie nicht möchten, dass die aufgerufene Webseite in den Verlauf eingeht und somit von anderen Benutzern Ihres Windows Phones (oder bei eingeschalteter Synchronisation Ihrer anderen Windows-Geräte) gesehen werden kann, dann tippen Sie auf die drei Punkte am unteren Bildschirmrand und dann auf Neue InPrivate-Registerkarte. Es wird ebenso ein neues, leeres Tab geöffnet – alles, was darin geschieht, bleibt aber auf Ihrem Gerät und wird selbst dort nicht über die Internetsitzung hinaus gespeichert.

Wechseln zwischen und Schließen von Tabs

Um nun zwischen geöffneten Webseiten zu wechseln, tippen Sie wieder das Symbol mit den übereinanderliegenden Blättern an, und tippen Sie einfach die Seite, auf die Sie wechseln möchten, an.

Um eine Internetseite zu schließen, tippen Sie einfach in das kleine Kreuz oben links in der Miniaturansicht, dann wird das Fenster geschlossen.

Nutzen von Registerkarten auf anderen Geräten

Wenn Sie bei Ihrem Windows-8-PC die Synchronisation Ihrer Daten auf das OneDrive eingeschaltet haben, dann können Sie in der Übersicht der auf dem Phone geöffneten Karten auch in aktuelle Webseiten auf dem PC wechseln: Wischen Sie mit dem Finger einmal nach links auf Andere, dann bekommen Sie eine Übersicht der PCs, die mit Ihrem Konto verknüpft sind, und darunter die zuletzt geöffneten Tabs. Tippen Sie einfach Ihre Auswahl an, und die Seite wird auf Ihrem Windows Phone geöffnet.

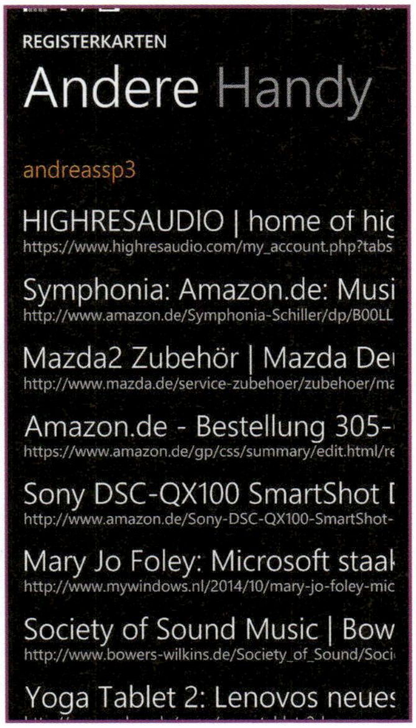

Nutzen von Favoriten

Auf dem PC sind Sie sicherlich als Vielsurfer daran gewöhnt, Favoriten zu verwenden, also die Adressen wichtiger Internetseiten abzuspeichern und bei Bedarf direkt wieder aufrufen zu können, ohne deren Adressen zu kennen oder manuell eingeben zu müssen.

Soweit Sie auf Ihrem PC und auf Ihrem Windows Phone die Synchronisation der Einstellungen aktiviert haben, werden die Favoriten automatisch zwischen den Geräten synchronisiert und stehen dann auf allen Geräten zur Verfügung.
Um einen Favoriten aufzurufen, tippen Sie auf die drei Punkte unten rechts im Internet Explorer, dann auf Favoriten.
Wählen Sie nun den gewünschten Favoriten aus und tippen Sie ihn an. Die Webseite, die mit diesem Favoriten verknüpft ist, wird automatisch aufgerufen.

Anlegen neuer Favoriten

Natürlich können sie auch Webseiten, die Sie unterwegs aufrufen, zu Ihren Favoriten hinzufügen. Rufen Sie dazu die entsprechende Webseite im Internet Explorer auf. Tippen Sie dann wieder auf die drei Punkte unten rechts und dann auf Zu Favoriten hinzufügen.

Einstellungen im Internet Explorer

Auch der Internet Explorer bietet einige Einstellungen, die das Surfverhalten Ihres Windows Phones beeinflussen. Tippen Sie auf einer beliebigen Webseite auf die drei Punkte unten rechts, um diese zu öffnen, dann auf Einstellungen.

Desktop- oder mobiler Modus

Die Darstellung einer Webseite auf Ihrem Windows Phone wird dadurch beeinflusst, wie sie das Gerät erkennt: Für ein mobiles Gerät werden viele Informationen vereinfacht dargestellt und komplexere Teile der Seite ausgeblendet, was durchaus ein Vorteil sein kann. Auf der anderen Seite gehen natürlich auch diverse Informationen verloren.
Unter Webseiteneinstellungen können Sie zwischen der Desktopversion und der Handyversion wählen.
Als Richtschnur sollten Sie am besten die folgende Abwägung im Kopf behalten: Ist der Bildschirm Ihres Geräts kleiner als 4,5 Zoll oder verfügt nur über eine geringe Auflösung, dann ist die Handyversion zu empfehlen. Bei größeren Bildschirmen und HD-Auflösung ist die Desktop-Version die bessere Wahl. Allerdings: Faustregeln müssen nicht für jeden Anwender passen, Ausprobieren schadet in keinem Fall.

Datenoptimierung

Jedes Element einer Webseite wird auf Ihr Windows Phone geladen und verbraucht dabei Datenvolumen. Gerade unterwegs im Mobilfunknetz kann es sinnvoll sein, den Datenverbrauch zu optimieren und Webseiten schon vor der Übertragung auf Ihr Gerät aufzubereiten.
Die zugehörigen Einstellungen finden Sie unter Einsparungen durch die Datenoptimierung. Je höher diese gesetzt sind, desto weniger Datenvolumen benötigt der Aufruf einer Internetseite, desto höher aber ist auch das Risiko, dass Inhalte nicht komplett korrekt dargestellt werden.

Datenschutz: Weg mit den Spuren!

Das Surfen im Internet hinterlässt Spuren auf jedem Gerät, das Sie nutzen. Jeder, dem Sie Ihr Smartphone kurz einmal ausleihen, kann sich mit wenigen Gesten anschauen, auf welchen Internetseiten Sie in den letzten Tagen und Wochen unterwegs waren. Unter Umständen sind Sie sogar noch irgendwo eingeloggt – etwa in einem Forum oder auf der Webseite eines sozialen Netzwerks – wodurch die Person nun Meldungen unter Ihrem Namen schreiben könnte.

Nicht, dass in jedem Freundeskreis Gestalten lauerten, die nur auf eine solche Situation warten würden. Aber getreu dem alten Sprichwort ist Vertrauen gut, Kontrolle hingegen besser. Selbst wenn Sie meinen, nichts zu verbergen zu haben, ist es schlicht eine Frage der Privatsphäre. Seine Wohnungstür würde man schließlich auch nicht einfach offen stehen lassen.

In der Praxis ist es auch ganz einfach. Sie können solche Spuren leicht vermeiden, indem Sie beim Surfen im Internet wie vorhin beschrieben die Funktion der InPrivate-Registerkarten verwenden

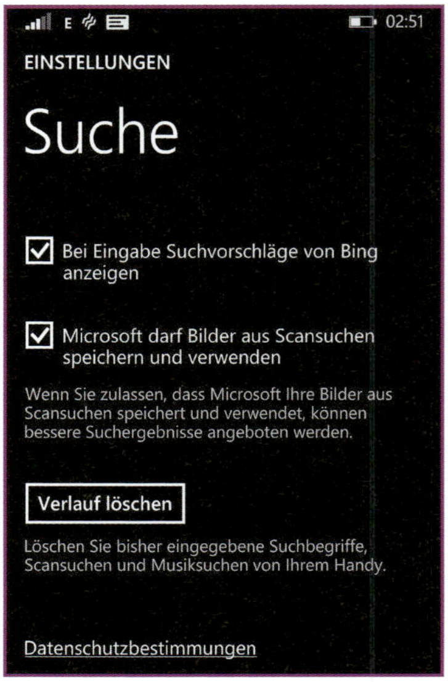

(„Erstellen eines neuen Tabs", S. 170 f.). Allerdings nützt Ihnen dies nichts, wenn die Spuren bereits aus einer vorigen Internetsitzung auf dem Gerät vorhanden waren. Diese müssen Sie manuell löschen.

Löschen des Verlaufs

Wenn Sie eine Internetseite aufrufen, dann wird diese in den Verlauf aufgenommen und taucht, wenn Sie das nächste Mal beginnen, Ihre Adresse einzutippen, direkt in der Vorschlagsliste auf. Wenn Sie das nicht möchten, löschen Sie diesen Verlauf einfach. In den Einstellungen des Internet Explorers tippen Sie dazu unten in der Liste auf Verlauf löschen.

Löschen der Suchvorschläge

Der ein oder andere Anwender wundert sich, wenn er den Verlauf gelöscht hat und trotzdem noch schon einmal aufgerufene Webseiten angezeigt werden. Der Hintergrund: Wenn Sie statt einer Internetadresse einen Begriff eingeben, dann wird zunächst die bing-Suche verwendet, um den Begriff im Internet zu suchen, danach werden entsprechende Webseite-Adressen vorgeschlagen. Diese erscheinen dann bei jeder Adresseingabe wieder.
Um diese Vorschläge zu löschen, wechseln Sie aus der Programmliste in die Einstellungen, dann wischen Sie nach links über den Bildschirm. Tippen Sie dann auf Suche und erneut auf Verlauf löschen. Damit ist dann auch der Suchverlauf gelöscht und keine von Ihnen aufgerufenen Webseiten sollten mehr vorgeschlagen werden.

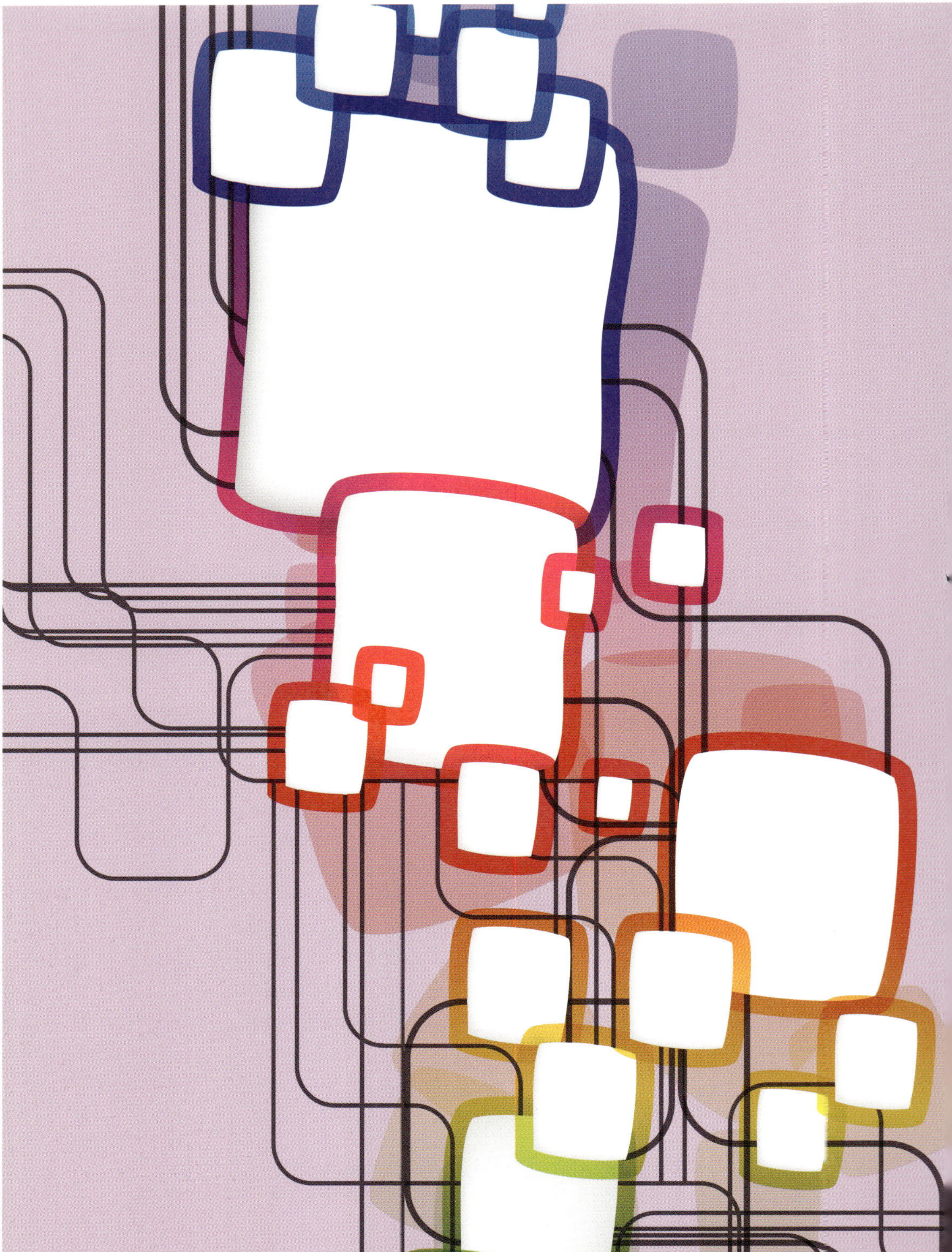

TIPPS UND TRICKS

Fast unbemerkt wurde Ihr Windows Phone zum zuverlässigen Begleiter in allen Lebenslagen. Erst wenn es über Unwohlsein klagt, bemerkt man, wie sehr man sich daran gewöhnt hat. Plötzlich ist der Akku nach einem halben Tag leer oder das Gerät stockt – kurz: Es versagt seinen Dienst. Aber keine Sorge: Oft sind es Kleinigkeiten, die für Heilung sorgen.

NETZ UND DOPPELTER BODEN: DAS BACKUP

Nicht nur für den Fehlerfall, sondern auch für Gerätewechsel, für Reparaturen und den jährlichen Frühjahrsputz des Gerätes ist eine Datensicherung hilfreich. Erst mit Windows Phone 8 wurde diese eingeführt, und sie nutzt einmal mehr das zum Microsoft-Konto gehörenden OneDrive als Speicher. Ohne ein eingerichtetes Microsoft-Konto ist keine Datensicherung, die über die Synchronisation Ihrer Konten hinausgeht, möglich.

Einrichten der Datensicherung

Die Datensicherung finden Sie, wenn Sie in der Programmliste auf Einstellungen, dann auf Sicherung tippen. Diese hat drei unterschiedliche Teile: Die Sicherung der Apps + Einstellungen, der SMS und die der Fotos und Videos, deren Einstellungen Sie durch Antippen des jeweiligen Eintrags im Menü vornehmen können.

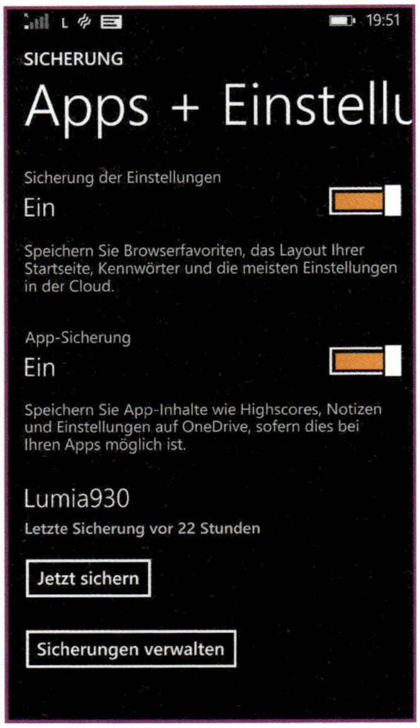

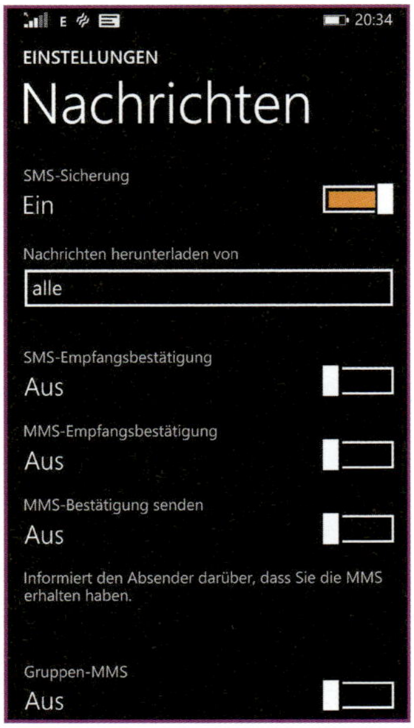

Sicherung der Apps und Einstellungen

Wann immer Sie ein Windows Phone neu einrichten müssen, ist einer der aufwendigsten Vorgänge dabei, die ganzen Apps wieder auf das Gerät zu bekommen. Daher ist es eine wunderbare Eigenschaft der Sicherung, dass die Appliste gespeichert werden kann. Dazu muss in den Sicherungseinstellungen App-Sicherung aktiviert werden. Wenn Sie Ihr Windows Phone zurücksetzen und mit demselben Microsoft-Konto wieder neu einrichten, dann können Sie diese Sicherung einspielen lassen und alle darin enthaltenen Apps werden neu installiert.
Damit die Sicherung nicht zu groß wird, werden nicht die Apps selbst gesichert, sondern „nur" ihre Verknüpfungen in den Windows Phone Store. Nach der Neueinrichtung wird also jede einzelne App automatisch aus dem Store heruntergeladen und installiert. Sollte eine App zwischen der Installation auf Ihrem Gerät und der Neuinstallation des Windows Phones aus dem Store gelöscht worden sein, dann kann diese natürlich nicht wieder installiert werden.
Neben den Apps werden auf diesem Weg auch die Einstellungen wie E-Mail-Konten, WLANs und deren Zugänge, Einstellungen von Apps, die dieses unterstützen, die Kacheln, deren Größe und Anordnung auf der Startseite und vieles mehr gesichert und später wieder hergestellt.

Sicherung der SMS

Auch wenn die Kurznachricht SMS als Kommunikationsmedium eigentlich schon lange durch E-Mail, WhatsApp, Facebook Messenger und andere Dienste abgelöst worden ist: Sie erfreut sich weiterhin ungebremster Beliebtheit. Leider gibt es keine Möglichkeit, vom System oder dem PC darauf zuzugreifen und sie zu sichern, es bleibt nur die Möglichkeit, die Sicherung zu nutzen.

INFO

Sicherungen aller Geräte verwalten

Die Sicherungen aller Geräte, seien es Windows Phones oder Windows-8-PCs oder Tablets, werden zentral auf dem OneDrive abgelegt. Auf diesen Speicherbereich können Sie von einem beliebigen Gerät zugreifen und die Sicherungen löschen. Rufen Sie dazu über den Internet Explorer http://onedrive.live.com auf. Auf einem Windows Phone tippen Sie ganz unten auf PC-Webseite anzeigen. Tippen Sie dann auf Mehr Speicher abrufen, dann auf Gerätesicherungen, und Sie bekommen alle Sicherungen angezeigt und können über den Namen identifizieren, zu welchem Gerät sie gehört. Ein Tippen auf Löschen entfernt die Sicherung vom OneDrive.

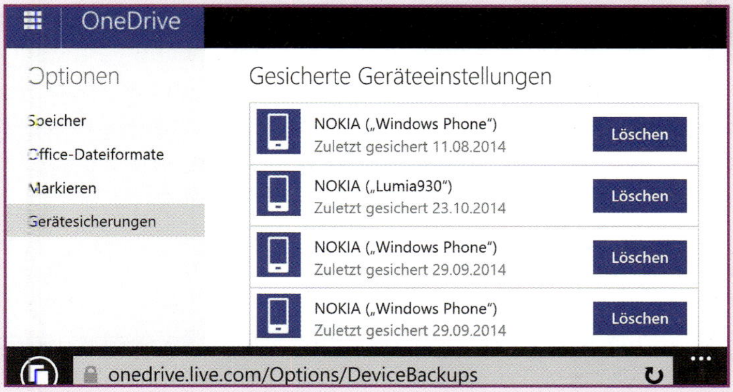

Wenn Sie auf SMS tippen und SMS-Sicherung aktivieren, dann werden die SMS Ihrer Geräte gesichert, gleichzeitig (mit einem geringen Zeitversatz) aber eben auch heruntergeladen. Somit haben Sie zum einen Ihre SMS auf verschiedenen Geräten mit demselben Microsoft-Konto verfügbar, auf der anderen Seite gehen sie Ihnen auch nicht verloren, wenn Sie Ihr Gerät zurücksetzen oder wechseln müssen.

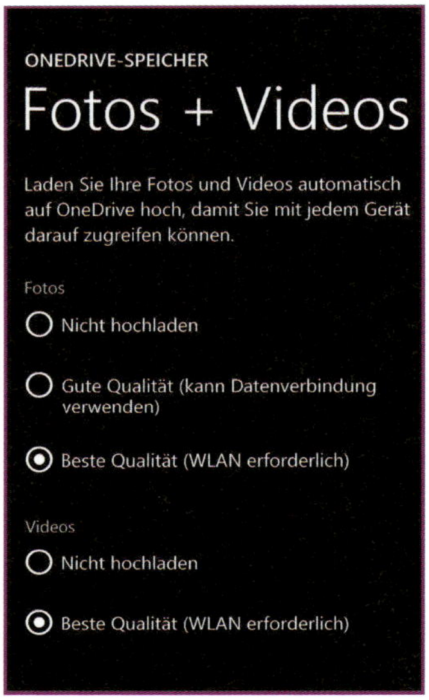

Sicherung von Bildern und Videos

Je länger Sie Ihr Windows Phone in Gebrauch haben, desto mehr Fotos werden Sie damit schießen. Im Gegensatz zur Digitalkamera, aus der Sie die Speicherkarte mal eben entnehmen und die Bilder auf die PC-Festplatte sichern, bleiben diese beim Smartphone eher unangetastet im Speicher. Auch hier bietet sich aber das OneDrive als automatisches Sicherungsmedium an: Auf dieses können Sie von jedem Rechner aus zugreifen, haben Ihre Bilder also immer zugreifbar. Netter Nebeneffekt: Auch bei einem defekten Windows Phone sind diese dann immer noch da.

Tippen Sie in den Sicherungseinstellungen auf Fotos + Videos, um die entsprechenden Einstellungen vornehmen zu können. Wenn Sie Das OneDrive als Sicherung nutzen möchten (statt die Bilder nur „auch" online verfügbar zu haben), dann sollten Sie bei Bildern und Videos Beste Qualität anwählen. Ansonsten verringert Ihr Windows Phone die Qualität automatisch beim Hochladen, und Sie haben Bilder und Videos nur in geringerer Auflösung zur Verfügung.

INFO **Sicherungen im Ausland ausschalten**

Wenn Sie sich mit Ihrem Windows Phone im Ausland aufhalten, dann sollten Sie alle Backup-Sicherungen, die über das Mobilfunknetz gehen, sicherheitshalber ausschalten. Vor allem die Sicherungen der Bilder nehmen eine Menge Datenvolumen in Anspruch, und das ist im Ausland teuer.

Wiederherstellung einer Datensicherung

Die Sicherung der Fotos ist jederzeit für Sie zugänglich, indem Sie auf Ihr OneDrive zugreifen. Auch die SMS synchronisieren sich zwischen Ihren Geräten, sind also nicht manuell wiederherzustellen. Muss Ihr Gerät aber zurückgesetzt werden, dann sind diese natürlich weg.

Eine Datensicherung lässt sich immer nur dann wiederherstellen, wenn Sie das Gerät auf Werkseinstellungen zurückgesetzt haben oder ein neues Gerät einrichten. Der Vorgang des Einrichtens ist derselbe, wie er im ersten Kapitel beschrieben ist (Seite 19). Nach der Konfiguration des Microsoft-Kontos bekommen Sie die auf dem zugehörigen OneDrive verfügbaren Sicherungen angezeigt und können Ihr Gerät daraus wiederherstellen.

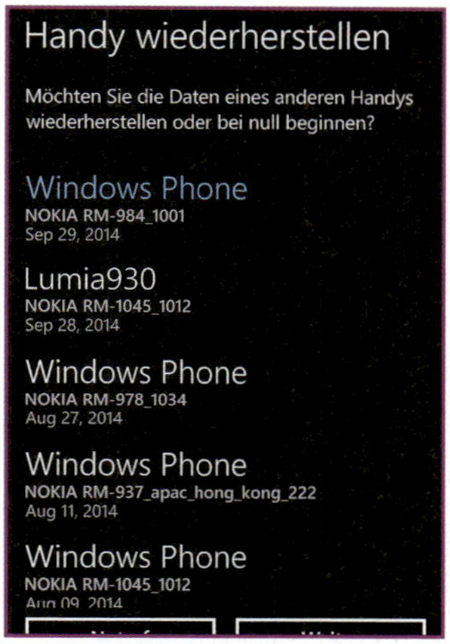

NEUSTART UND RESET

Manchmal hat sich Ihr Gerät einfach virtuell verschluckt. Dies kann an einer Dienststörung des Windows Phones selbst oder an einer unsauber programmierten App eines Drittanbieters liegen – für den Benutzer oft schwer auszumachen. So oder so: Ihr Telefon will nicht mehr. Oft hilft es dann, das Gerät zurückzusetzen.

Ausschalten und Neustart des Gerätes

Die erste Art des Zurücksetzens Ihres Windows Phones ist vollkommen unproblematisch und lässt die Inhalte darauf unangetastet. Es wird ein Neustart durchgeführt, der Dienste und Apps beendet und später wieder neu startet.

Der normale Neustart

1 Im einfachen Fall halten Sie einfach den Ein-/Aus-Schalter Ihres Windows Phones gedrückt, bis in der Mitte des Bildschirms Zum Ausschalten nach unten streichen erscheint.

2 Wischen Sie nun mit dem Finger vom Text aus nach unten an den Bildschirmrand, dann wird Ihr Windows Phone ausgeschaltet.
3 Schalten Sie es wieder über den Ein-/Aus-Schalter ein, dann sind alle Programme beendet und das Gerät neu gestartet. Keine Ihrer App-Daten gehen dabei verloren.

Der Softreset

Manchmal funktioniert dieses Vorgehen nicht, bspw., weil der Bildschirm oder die Tasten nicht mehr auf Ihre Eingaben reagieren oder das Gerät einfach nicht angehen mag. Dann hilft der Softreset, das „sanfte Zurücksetzen".
1 Drücken Sie gleichzeitig den Ein-/Aus-Schalter und die Leiser-Taste für mehr als 10 Sekunden, bis das Gerät einmal kurz vibriert. Dieses schaltet dann einmal die Stromversorgung aus und löscht während des Neustarts diverse temporäre Dateien (Systeminformationen, die keinen Einfluss auf Ihre Daten oder Apps haben).
2 Dieser Neustart dauert ein wenig länger als das Aus- und wieder Einschalten, löst aber die meisten Probleme.

Das komplette Zurücksetzen des Gerätes

Haben alle anderen Methoden nicht gefruchtet, ist es Zeit, ganz auf null zurückzugehen und einen sogenannten Hardreset durchzuführen. Er setzt Ihr Gerät auf die Werkseinstellungen zurück und löscht alles an Daten, Programmen und Einstellungen. Ihr Handy ist dann so jungfräulich wie am ersten Tag, als Sie es ausgepackt haben. Sichern Sie vorher also alle Daten (siehe „Backup", Seite 177).

Hardreset über das System

Ein Hardreset kann direkt aus Windows Phone heraus durchgeführt werden.
1 Tippen Sie dazu aus der Programmliste auf Einstellungen, Info und dann auf Handy zurücksetzen.

2 Nach einer kurzen Sicherheitsabfrage, die Sie vor versehentlichem Auslösen dieser weitreichenden Handlung schützen soll, schaltet sich Ihr Gerät aus, löscht sich komplett und installiert sich neu.

3 Nach einigen Minuten werden Sie dann mit demselben Willkommens-Bildschirm begrüßt wie bei der Ersteinrichtung und Sie können das Gerät neu einrichten beziehungsweise aus einer Sicherung wieder herstellen.

Hardreset per Tastenkombination

Nun nützt Ihnen ein Zurücksetzen des Gerätes über die Menüs relativ wenig, wenn Sie gar nicht erst in diese Menüs kommen – etwa, weil Ihr Telefon gar nicht mehr reagiert. Wenn der Softreset über die Tastenkombination nicht in der Lage war, Ihr Windows Phone wiederzubeleben, dann bleibt nur die Brachialmethode:

1 Führen Sie den Softreset per Tastenkombination wie oben beschrieben durch.

2 Wenn das Gerät neu startet, dann drücken Sie nacheinander folgende Tasten: Lauter, Leiser, Kamera, Leiser. Das Timing ist hier entscheidend, gegebenenfalls müssen Sie diesen Prozess mehrfach durchführen.

3 Nach erfolgreichem Abschluss ist Ihr Windows Phone wieder im Werkszustand und Sie können alles neu installieren oder eine Sicherung wiederherstellen.

Wiederherstellung von Nokia Lumias

Speziell für die Nokia Lumia Windows Phones gibt es ein eigenes Programm, das nicht nur einen Hardreset durchführt, sondern das Betriebssystem einmal komplett neu auf das Gerät spielt. Dieses Nokia Software Recovery Tool kann hier kostenlos heruntergeladen werden: http://download.fds-ncom.nokia.com/supportFiles/phones/files/recovery/NokiaSoftwareRecoveryToolInstaller.exe.
Nach Installation auf dem PC und Anschließen Ihres Lumias an den PC sucht es sich die aktuellste Windows-Phone-Version und Firmware für das Gerät von der Nokia-Seite und installiert es neu.

KLEINE PROBLEME – SCHNELLE LÖSUNGEN

Wenn Ihr Windows Phone mal nicht so will, wie Sie es sich vorstellen, dann ist das nicht notwendigerweise ein Problem, das sich mit einem Reset lösen lässt oder direkt einen Hardreset erfordert. In den meisten Fällen werden Sie sich über den Akku oder den Speicher ärgern, und hier gibt es einige Standard-Lösungsansätze:

Wenn der Akku nicht mehr hält

Der Akku Ihres Windows Phones ist der neuralgische Punkt: Im Normalfall ist er so dimensioniert, dass er Sie problemlos über den Tag bringt. Wenn dies nicht mehr der Fall ist, obwohl das Gerät nicht schon einige Jahre alt ist, dann kann das mehrere Ursachen haben:

Stromverbrauch durch Funksender

Normalerweise verbrauchen die Funksender eines Windows Phones (also das Telefon, WLAN, Bluetooth, NFC) nicht viel Strom und auch nur dann, wenn sie wirklich unter Last sind und große Datenmengen übertragen.
Trotzdem ist es einen Versuch wert, alle nicht benötigten Funksender zu deaktivieren. Dies können Sie wie gewohnt über das Infocenter oder über die Einstellungen der jeweiligen Sender machen. Besonders NFC wird hier häufiger als Schuldiger benannt.

Die Qualität der Netz- und Datenverbindung

Das Telefon-Modul Ihres Windows Phones braucht immer dann viel Strom, wenn es die Verbindung zum Netzwerk aufbauen muss. Jeder Anmeldevorgang in einer Funkzelle, jede Übergabe in eine andere Funkzelle kostet Energie. Das ist normalerweise kein Problem, denn entweder bleiben Sie an einem Ort (wo kein Wechsel der Zelle stattfinden muss) oder Sie bewegen sich mit dem Auto oder Zug, dann sind die Zellwechsel aber auch relativ selten. Problematisch wird das Ganze, wenn Sie sich an einem Ort aufhalten, an dem die Netzversorgung Ihres Mobilfunkanbieters sehr

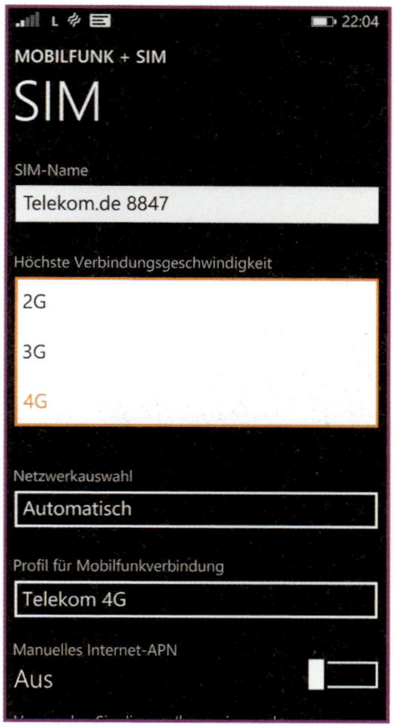

schlecht ist: Ihr Windows Phone muss immer und immer wieder die verloren gegangene Verbindung neu aufbauen – das belastet den Akku extrem.

Eine Lösung ist hier schwierig: Wenn Sie telefonisch erreichbar sein müssen, dann suchen Sie sich einen Ort im Raum, an dem die Empfangsanzeige kontinuierlich mindestens drei Striche beträgt. Wenn auch eine Datenverbindung reicht, dann schalten Sie das Telefon aus und wechseln in ein WLAN – soweit dieses verfügbar ist.

Eine Besonderheit im Zusammenhang mit dem Stromverbrauch ist die Nutzung des LTE-Netzes. Dieses ist nicht einheitlich gut ausgebaut, und hier tritt ebenfalls das Problem der Aufrechterhaltung der Verbindung auf: Je öfter ein Gerät von LTE auf eine der langsameren Verbindungsarten wechseln muss, desto mehr Strom verbraucht es. Zusätzlich verbraucht eine LTE-Verbindung aufgrund der hohen Geschwindigkeit generell mehr Strom als eine langsamere Verbindung.

Eine stromsparende Alternative ist es, die Datenverbindung auf UMTS (3G) oder GPRS (2G) einzubremsen. Das können Sie in der Programmliste über Einstellungen, Mobilfunk + SIM, SIM-Einstellungen. Dann tippen Sie auf Höchste Verbindungsgeschwindigkeit und wählen die entsprechende maximale Geschwindigkeit aus der Liste aus. Alleine für E-Mails reicht 2G, wenn Sie zusätzlich auch im Internet surfen möchten, dann sollten Sie 3G wählen (Seite 156).

„Hängende" E-Mails

Wenn die vorangegangenen Tipps nicht geholfen haben, dann gibt es manchmal eine ganz profane Erklärung für erhöhten Stromverbrauch: eine E-Mail, die nicht versendet werden kann. Dies kann daran liegen, dass der Mailserver des Empfängers nicht so richtig will, es kann aber auch an einem Anhang liegen, der zu groß ist. Ihr Windows Phone versucht immer und immer wieder, die E-Mail zu versenden, und braucht dafür endlos Energie.

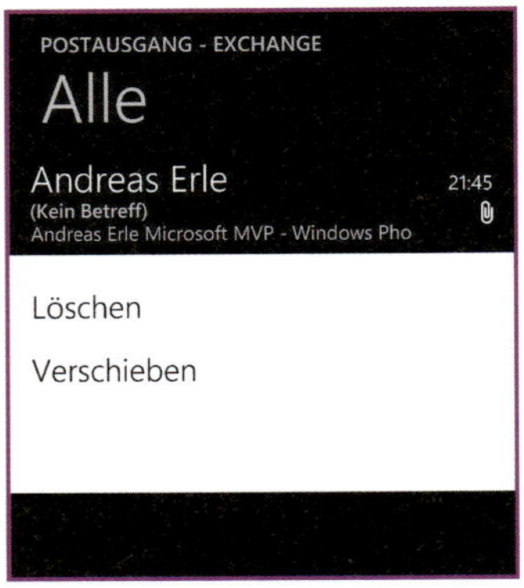

1 Um das Problem zu beheben, gehen Sie in den Posteingang Ihres E-Mail-Postfaches. Tippen Sie dort auf die drei Punkte unten rechts auf dem Bildschirm, dann auf Ordner und Postausgang. Dieser Ordner ist nur dann sichtbar, wenn tatsächlich eine E-Mail im Versendeprozess ist.
2 Falls Sie den Text der E-Mail behalten wollen, tippen Sie darauf. Markieren und kopieren Sie den Text.
3 Gehen Sie zurück in den Postausgang. Halten Sie den Finger auf die E-Mail und tippen Sie auf Löschen. Damit wird der Versand (und der einhergehende Stromverbrauch) gelöscht.
4 Falls Sie den Text kopiert haben, beginnen Sie nun eine neue E-Mail (Seite 75). Tippen Sie so lange in das Textfeld, bis Einfügen erscheint. Der zweite Versuch kann starten.

Der Stromsparmodus

Wenn Sie schon im Vorfeld wissen, dass der Akku Ihres Windows Phones auf eine schwere Probe gestellt werden wird, weil Sie einen langen und intensiven Arbeitstag vor sich haben, dann schalten Sie den Stromsparmodus ein. Dieser beendet alle unnötigen Dienste und Hintergrundsynchronisationen und versucht, den Akku so lange wie möglich am Leben zu erhalten.

Tippen Sie in den Einstellungen auf Stromsparmodus, dann schalten Sie ihn über den Schalter ein. Darunter finden Sie dann verschiedene Optionen:

- Bei niedrigem Akkustand schaltet den Stromsparmodus automatisch ein, wenn die Akkukapazität unter einen gewissen Schwellwert sinkt.
- Jetzt bis zum nächsten Laden aktiviert den Stromsparmodus sofort und deaktiviert ihn automatisch, wenn Ihr Windows Phone ans Netzgerät gehängt wird.
- Immer aktiviert ihn sofort, allerdings auch so lange, bis Sie ihn wieder manuell ausschalten.

Speicherprobleme lösen

Besonders bei den günstigeren Windows Phones kann es vorkommen, dass der Speicher des Gerätes voll wird, auch wenn Sie gar nichts an Daten hinzugefügt haben. Dies liegt an den sogenannten temporären Dateien, die von Apps und dem Windows Phone als System angelegt werden, um Daten zwischenzuspeichern. Wenn diese nicht gelöscht werden, „müllen" sie den Speicher zu.

1 Um dieses Problem zu umgehen, besitzt Windows Phone 8.1 die Option Speicheroptimierung, die Sie aus den Einstellungen des Systems erreichen.

2 Nach einer kurzen Untersuchung des Systems bekommen Sie alle Kategorien von Daten separat mit ihrem aktuellen Speicherbedarf angezeigt.

3 Tippen Sie auf Temporäre Dateien, dann auf Löschen, um die temporären Dateien zu entfernen und Speicher freizugeben. Dabei werden keine Ihrer wichtigen privaten Daten gelöscht.

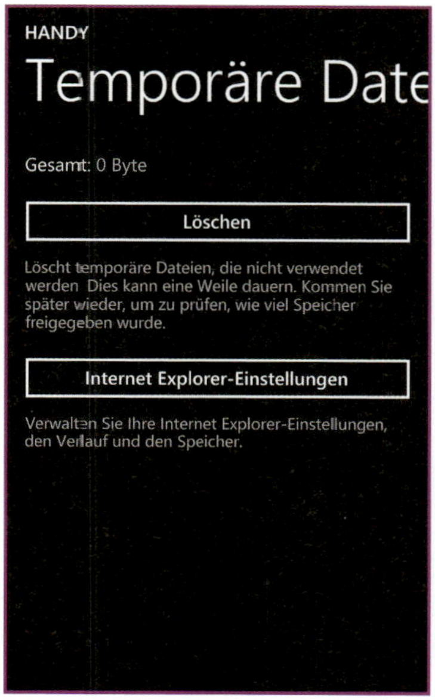

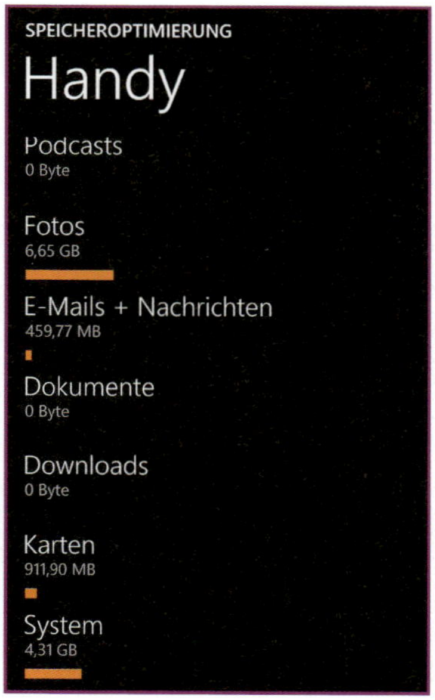

REGISTER

3

3G 157

A

Akku, leer 184

Akruto Sync 44, 45

Anpassen der Oberfläche 33

Anstupsen 26

Apps 131

– automatisch aktualisieren 135

– Bahn Connector 146

– Banking 142

– herunterladen 131

– installieren 132

– Universal Apps 133

– Updates nur über WLAN 135

App-Stores 131

Ausland, Internet im 157

Ausschalten, Handy 17

B

Backup 177

– Apps und Einstellungen 178

– Bilder und Videos 180

– SMS 178

– verschiedene verwalten 179

– Wiederherstellung 181

Bahn Connector siehe Apps 146

Benachrichtigungen 60

– Bannerbenachrichtigung 60

– Benachrichtigungsliste 62

– löschen 63

Benennung (des Geräts) 47

Bildbearbeitung 122

Bildschirmfoto 15

Bluetooth 160

– aktivieren 160

– koppeln 160

C

Cloud 11, 41

Cortana 148

– aktivieren 149

– Datenverwaltung 153

– einrichten 149

– Kontakte 150

– Orte 151

– persönliche Interessen 150

– verwenden 152

D

Datenaustausch 51

Datensicherung, siehe Backup

Datenvolumen 165

Datum und Uhrzeit einstellen 22

Desktop-App 46

Developer Preview 148

Dual-SIM-Geräte 33

E

Edge 157

Einschalten, Handy 17

E-Mail

– Abrufhäufigkeit 72

– Adressaten 75

– Adresse 69

– Anhang anfügen 77

– außerplanmäßiges Abrufen 77

– beantworten 79

– benutzerdefiniertes Konto 70

– senden 75

– Signatur 74

– Unterhaltungen einrichten 80

E-Mail Konto 68

– anlegen 69

– Einstellungen 71

Entsperren, Handy 26

Excel 141

F

Facebook 81, 87, 125, 132

Facebook Messenger 84

Filme 46

Flash-Player 167
Flatrate 20
Flugmodus 163
Fotos 49
– importieren 47

G
Geburtstage anlegen 106
Gestensteuerung 25
GPRS 157

H
Hardreset 24
HERE Maps 143, 144, 146
– Position bestimmen 144
– Wegberechnung 144
Hintergrundbild 35
HSDPA 157

I
Identifikation Ihres Telefons 13
Infocenter 59, 61, 62, 63
Instagram 125
Internet Explorer 166
– Datenschutz 174
– Einstellungen 173
– Favoriten 171
– In-Private-Registerkarten 174
– Tabs 170
Internetverbindung, Freigabe der 164
Internetzugang über das Mobilfunknetz 32
iTunes 47

K
Kacheln 36
– Benachrichtigungen 59
– bewegen und verändern 36
– gruppieren 38
– hinzufügen 36
– löschen 36
Kalender 87
– abonnieren 95
– Ansicht einstellen 90
– anzeigen und markieren 88
– Aufgabe anlegen 98
– Aufgabe erledigen 98
– Aufgaben als besondere Termine 97
– öffnen 88
– Online-Kalender 95
– Schreibschutz 88
– Termin anlegen 91
– Terminserien eingeben 92
– übertragen 97
– Verknüpfung mit Microsoft-Konto 95
Kamera 17, 113
– allgemeine Einstellungen 119
– Belichtungsprogramm 117
– Bildauflösung 121
– Bildbearbeitung 122
– Bildergalerie 120
– Bildverhältnis 118
– Blitz 117
– Fokus-Hilfslicht 118
– Foto aufnehmen 113
– Frontkamera 118
– Kamerataste 113, 114
– Löschen von Bildern und Videos 124
– manueller Fokus 115
– Selfie 118
– spezielle Einstellungen 117
– Teilen von Bildern und Videos 125
Karten, siehe HERE Maps
Klingelton 50, 53
– erstellen 50
– Kontakt zuweisen 106
Kontakte 99, 109, 109, 109, 109, 109, 109
– ändern 102, 105
– anlegen 102, 103
– Anzeige 109
– filtern 109
– Foto zuweisen 107
– Klingelton zuweisen 106
– Kontaktgruppen 111

– Kontaktgruppen verwalten 111
– Kontaktverlauf 102
– Kurzwahlliste 101
– löschen 105
– Navigation 100
– Neuigkeiten 111
– Nummernzuweisung 101
– ohne Rufnummern ausblenden 110
– sortieren 110
– verknüpfen 108, 109
– Verknüpfung trennen 109
– verwenden 101
– Vorwahlen 105
Kopfhörer 17
Kurznachrichten 65
Kurznachrichtendienste 67

L, M

Lautsprecher 56
Lautstärke 15, 63
LTE 157
Manuelles Internet-APN 156
Messengerdienste 67
Microsoft Konto 11, 12, 41, 87
– am PC anlegen 42
– anlegen 13
– verknüpfen 23
Mobile Datenverbindung 155
– Verbindungsqualität 156
Mobile Office 137
Music und Video Store 135
Musik 46, 49, 126
– abspielen 127
– Cloud-Sammlung 129
– Lossless-Musik 131
– Musiksammlung 126
– Suche 128
– Wiedergabelisten 128

N

Netzauswahl 19
Neustart 17, 181
NFC (Near Field Communication) 162

O

Office 12
– Dokument anlegen 141
– Dokument bearbeiten 139
– Dokument formatieren 140
– Dokument öffnen 137
– Dokument speichern 138, 141
– Schriftfarbe ändern 140
– Text markieren 139
OneDrive 12, 23, 47, 51, 129, 138, 141
Online-Banking 142
Outlook 11, 41, 92, 94
– Hotmail Connector 42, 43

P, R

Problemlösungen 184
Programmliste 27
Region einstellen 21
Reinigen 57
Reset 181
– Hardreset 182
– Hardreset per Tastenkombination 183
– Softreset 182
– Wiederherstellung 183
Roaming 67, 158

S

Screenshot, siehe Bildschirmfoto 15
Skype 11, 13, 81
– (Video-)Telefonate 82
– Nachricht verschicken 82
– Telefonate 83
– Unterhaltung starten 81
SMS 65, 67
– löschen 67
– Posteingang 65
– schreiben 66
– verschicken 65
– weiterleiten 67
– Zeichenanzahl 66
Speicherprobleme lösen 187
Speicherzugriff mit dem PC 51
Sperrbildschirm 25
Spracheinstellung 19
Startbildschirm 26

Startseite 34, 35, 36
Stromsparmodus 186
Stromversorgung 15
Stummschalten 56
Surfen 167
Synchronisation 41, 43, 46, 47, 48
Synchronisation ohne die Cloud 43

T

Telefonieren 55
– Anruf halten 56
– Anrufe verwalten 56
– Blockieren von Rufnummern 58
– Direktwahl 56
– eingehende Anrufe 55
– Löschen von Rufnummern 57
– Markieren von Rufnummern als Favoriten 58
– Andere einladen 93
– auf Einladungen reagieren 93
Termin bearbeiten 94
Termin löschen 94
Threema 68
Twitter 125

U, V

UMTS 157
Verbindungsmethoden 155
Verwaltung von Daten 49
Vibration 64
Video 49, 126
– aufnehmen 115
– abspielen 130
– importieren 47
– manuelle Einstellungen 116

W

Webseiten, navigieren 168
Webseiten, werbefrei 169
Wettervorhersage 89
WhatsApp 68
Windows Insider 148
Windows Phone Desktop-App 46, 47
Windows Phone Store 131
– Einstellungen 134
Windows-Bibliotheken 47
WLAN 19, 29, 30, 67, 158
– Ein- und Ausschalten 159
– Freigabe der Verbindung 166
– offenes Netz 31
– Reaktivierung 159
– Optimierung 30
Word 141

X, Z

XBOX Music 126, 127, 129
– Dienst 136
XBOX Video 136
Zeit einstellen 28
Zeitzone einstellen 21

Stiftung Warentest
Lützowplatz 11–13
10785 Berlin
Telefon 0 30/26 31–0
Fax 0 30/26 31–25 25
www.test.de
email@stiftung-warentest.de

USt.-ID-Nr.: DE 136725570

Vorstand: Hubertus Primus
Weitere Mitglieder der Geschäftsleitung:
Dr. Holger Brackemann, Daniel Gläser

Programmleitung: Niclas Dewitz

Autor: Andreas Erle
Projektleitung: Johannes Tretau
Lektorat: Florian Ringwald, Johannes Tretau
Korrektorat: Hartmut Schönfuß, Berlin

Titelentwurf: Sylvia Heisler
Layout: Sylvia Heisler
Bildredaktion: Andreas Erle, Sylvia Heisler
Bildnachweis: Ralph Kaiser (Titel); istock (S. 4); shutterstock (S. 5 seitlich, S. 40); shotshop (S. 5 oben); thinkstock (S. 6, 54, 86, 154, 176)

Produktion: Sylvia Heisler, Vera Göring
Verlagsherstellung: Rita Brosius (Ltg.), Susanne Beeh
Litho: tiff.any, Berlin
Druck: Rasch Druckerei und Verlag GmbH & Co. KG, Bramsche

ISBN: 978-3-86851-221-2